密閉空間救援與懸案鑑識調查紀實

你不知道的搜救與犯罪現場

WHAT LIES BENEATH

My Life as a Forensic Search and Rescue Expert

PETER FAULDING

彼得．福爾丁 著　麥慧芬 譯

謹以此書獻給老媽與老爸，兩老給了我所有的一切，讓我成為了今天的我。你們努力工作、端正行事、尊重待人、高標準作為與堅不可摧的家庭價值等指導原則，從我很小的時候開始，就潛移默化地滲入了我的骨血當中。永遠的感謝。

外孫席爾奧多（Theodore）二〇二一年出生。我希望這本書可以鼓勵他勇敢追夢。

目錄

詞彙解釋

- 電石燈（Carbide lamp）：一種礦工用燈，藉由碳化鈣與水之間的化學反應產生乙炔氣體；點燃乙炔氣體後，燃燒出明亮的白色火焰。
- 透地雷達（GPR）：穿透地面的雷達。
- 直升機緊急醫療救護系統（HEMS）：直升機緊急醫療救護系統。
- 安全衛生執行署（HSE）：安全衛生執行署。
- 警員（PC）：一般警員。
- 跳傘教官（PJI）：武裝部隊的跳傘教官。
- 警方搜尋顧問（PolSA）：警方搜尋方面的顧問，負責規劃和協調犯罪與失蹤人口搜尋。
- 無人潛水器（ROV）：進行搜尋任務的遙控機具。
- 國際專家集團（SGI）：英文全名為Specialist Group International，由彼得．福爾丁創立與經營的搜尋與救援公司。
- 資深調查員（SIO）：資深調查員，負責特定調查的警官。
- 高頻側掃聲納（SSS）：側掃聲納，這種設備發出遇物即回彈的聲波，再根據反饋資訊進行聲波處理，藉此建構出河床或湖床的圖像，顯示躺在水底的物品。

- 引張帶（Static line）：連結飛機與降落傘的織帶；當傘兵從飛機上往下跳時，降落傘會從跳傘者後背包中被拉開，傘面自動張開。
- 繩梯（Wire ladder）：一種輕量可捲收的梯子，洞穴探險者用於豎井內的攀爬；一般都是十公尺長，可串接其他繩梯，延伸長度。

序章

腳下這方土地守著自己的祕密，已整整守了四年。從我周遭的雜亂環境判斷，這塊地依舊不打算輕易放棄頑強抵抗。在這裡的某處，有一具屍體。屍體主人叫做凱特．普洛特（Kate Prout），她的丈夫是她陳屍在此的原因。前一週，她的丈夫終於承認弒妻，之後帶著警察到他宣稱處置妻子屍體的地點，也就是我現在所站立的位置。這裡是一個犯罪林地現場，林地面積大概有二．五公畝，已經由警方、一隻尋屍犬與其訓練員、挖掘技工、一名拿著雷達掃描器的人員，以及一位法醫考古學家進行了各種不同程度的仔細查驗。一堆活人，但就是找不到屍體。

凱特最後一次露面是在二〇〇七年的十一月五日。那天是煙火節（Bonefire Night）[1]，最後一次與外界聯絡是一通打給她銀行的電話，自那之後，她就人間蒸發了。五天之後，她丈夫亞卓安因她的失蹤而向警方報案。兩人當時正在辦理離婚手續，過程慘烈。各位讀者或許可以猜到其他的細節。

陪審團宣判亞卓安殺妻罪刑後，他在監獄裡連續好幾個月不斷堅持聲稱自己無辜。判刑四年後，他終於屈服，承認罪行。這正是我之所以與一群警察、犯罪現場調查人員與法醫考古學家，在此勘驗這一大片森林野地的原因。

我叫彼得・福爾丁（Peter Faulding），工作就是搜尋。當我接獲通知來到類似這塊位於格洛斯特郡（Gloucestershire）的土地時，對某些人來說，事情通常都已經撞上了南牆。幾乎沒有人會要我幫忙尋找活人，我總是在搜尋死者，或者搜尋可以讓有關單位知道他們之所以落到如此束手無策下場的線索。搜尋過程有時候挺單純的；屍體就在花園裡，或者就在屋子裡的地板下。然而有時候當凶手選擇空曠地點作案時——野外、森林、湖泊——工作困難度就會蹭蹭蹭地提升。大家鮮少能夠找出確切的地點。在這種時候，警方就會聯絡我。

我的搜尋能力來自於經驗以及好奇心。經過了這麼多年以及數不勝數的搜尋任務後，我找出人、物位置的能力，幾乎已成了一種直覺。在一塊野外的土地上，我知道該往哪兒去找、該問哪些問題。那塊窪地是排水地還是墳場？那個小丘是樹根還是埋在地下的肢體？處處都是蛛絲馬跡，我們需要解讀出這些線索代表的意義。我的世界存在於表象之下。二〇一一年十一月的那個陰霾寒涼日，我冷靜地掃瞄了現場後，開始消化我手上掌握的所有資訊。

1 譯註：一六〇五年十一月五日蓋・佛克斯（Guy Fawkes, 1570-1606）在英國國會地窖放置兩噸的火藥，打算炸死所有國會議員以及當時的英國國王詹姆斯一世，史稱「火藥陰謀」（Gunpowder Plot）。結果計畫失敗，詹姆斯一世頒佈詔令，定十一月五日為「解放之日」（the joyful day of deliverance），後來英國人就把十一月五日當成煙火節，施放煙火鞭炮。

當時在場的除了我之外，還有我所經營的搜救公司國際專家集團（Specialist Group International, SGI）三位同僚。這件案子的偵組警司茱利亞．馬洛格納（Giulia Marogna）前一天就已經把我叫來此處了。她心情並不好。整個搜尋行動照理說應該輕而易舉；在這個時候，大家應該早就找到了凱特、取出屍體，並已將屍體送到太平間去了，但是不知道為什麼，即使有亞卓安引路，帶著警方到他說他掩埋凱特的地點，大家就是找不到屍體，反而到處都是坑洞。現場還停了一台挖土機以及好幾個手拿鐵鏟的人，隨時準備接手重勞力工作。

「我們找她找得很辛苦──我需要你們在這件案子上施展魔法。」茱利亞這麼說。

搜尋工作就這樣在大家心裡疑惑不斷的狀況下展開。屍體是在多久前埋下的？大家這次要應付的是什麼種類的土質、地被植物？屍體遭到埋棄後，有沒有出現位置移動？這段期間內，改道的水流是否曾經流經這個區域？附近有野生動物嗎？所有的這些潛在變數都可能影響我們搜尋的方法與地點。

我蹲伏在地上，用每次執行搜尋任務時必然隨身攜帶的小鏟子，鏟起了一坏土，當下我就瞭解到了問題所在。當天已有人使用過雷達掃描設備，但這裡的土質屬於細礫沙石，並非使用透地雷達設備的理想條件。基於多年使用這類設備的經驗，我很清楚雷達設備在這類土質環境的侷限性。雷達掃描是要將地表下的干擾與異常狀態呈現出來，但在經過如雨水等狀況所造成的擾動後，這類土地中的沙礫會自行重新均勻分佈。試想沙灘上的沙雕，如何在潮水湧上後消失，不留任何痕跡。凱特的屍體在地下經過了四年的變化，壓在屍體上的所有沙土都會靠自己的力量平均再分配。

我們需要讓時光倒轉，從我們知道的唯一具體事情，也就是亞卓安帶警方到他埋葬屍體的特定位置，開始重新推估。在搜尋行動開始前，這兒原來有五個讓雉雞獲得庇護的雉雞欄，簡單地由四根柱子架成，以波浪鐵板做頂。亞卓安承認把妻子埋在其中一個雉雞欄前。我抵達時，五個雉雞欄圈已被全部拆除。

「我們可以把這些東西回歸原位嗎？」我這麼問茱利亞。她很樂意配合，而且還要求所有人離開現場，讓我和我的同僚得以重新回到他們當初抵達這個區域的初始狀態，把焦點放在亞卓安指認的地點。當現場恢復原狀後，我向我的組員簡報第二天早上他們必須做的事情，因為我得趕去參與另一場警方行動。

埋在淺土層的屍體通常都還戴著首飾，因此在犯罪現場完成還原重現後，我指派組員克里斯用我們高效金屬探測器掃瞄整個區域。幾分鐘內，探測器就發出了高頻率的刺耳聲響。第二次再掃瞄這個區域進行確認，機器依然叫個不停。

引發金屬探測器反應的區域被標示出來後，改由法醫考古學家上場。

在搜尋任務進行中，一旦目標已明確在望，時間似乎就變得靜止不動。隨著大家按部就班地慢慢撥開沙土，我們顯然的確找到了標的物。暴露出來的幾根人指從地裡的一個淺洞中伸出。在周遭滿是樹木的林地中，這些僵直而毫無生氣的手指，幾乎會令人感到恐懼。已腐爛的手指呈現爪型，骨頭與肌腱從褪了色的皮肉間透出。

現場沉入一片靜默。唯一的聲響來自於法醫考古學家用小鏟子輕輕鏟土的動靜，他們持續移除覆蓋於屍體上的沙土。有什麼東西在陽光下閃爍。隨著移除掉更多的沙土，凱特的手腕出現了。手腕上戴著一支手錶。

第一章

時間是一九六〇年代後期的某個萬聖夜，地點在薩里郡（Surrey）一條後來成了M25高速公路的安靜路旁。愈來愈圓的月亮在草地上投下了一片詭異的光芒。遠處牛群溫柔的哞哞叫聲劃破了寂靜。在接近梅爾薩姆（Merstham）的葛頓・巴屯（Gatton Bottom）路邊，一群成年人圍站在一個深洞旁，朝著洞裡看。洞周邊放了許多電石燈，照亮了穿岩挖出的洞穴最上面幾英呎見方之處。一條繩梯與一條纜繩就這樣在洞內消失。在大家腳下，地面下四十五呎的地方，光影在岩壁上躍動，一個孩子的聲音傳了出來。聲音的主人是個九歲的孩子，他正一吋一吋地往下爬，爬入一個怎麼看都是個夯實墳墓的洞穴當中。孩子的身上綁著一條安全繩，繩索的另一頭握在洞外一名成年人的手中，他正慢慢配合著孩子下降的速度放繩，讓孩子爬著繩梯向下進入一片黑暗當中。幾分鐘的辛勞之後，綁在孩子身上的安全索突然沒有了動靜。世界停滯。遠方有貓頭鷹在叫。

「彼得？」洞口的其中一名大人大喊。

在他們腳下的地底，孩子從一個遭到遺忘的古礦場頂棚跌了下去，站在一個已數百年未曾響起人類腳步聲的空間內。當這個孩子把頭燈照在中古時代末期由礦工所開鑿出來的坑道石壁這一刻，心臟因為興奮而噗通狂跳，腎上腺素也在狂噴。

這個小孩就是我，彼得・福爾丁。那天晚上我爬下去的那個洞穴豎井，是一個由建設高速公路承包商所挖出來的加大探測鑽孔，後來這條高速公路成為了整個歐洲最壅塞的倫敦環狀高速高路。圍在洞口的成年人是我的父母——老媽諾拉、老爸約翰，以及他們的朋友丹尼斯・馬斯托（Dennis Musto）、米克・克拉克（Mick Clark）與葛拉漢。對任何路人來說，這一幕似乎都顯得怪異非常，甚至會讓人感覺毛骨悚然，特別又是在萬聖節的夜晚，但是對於福爾丁家而言，這卻是再也正常不過的家庭出遊了。我們一家都愛好洞穴探險。老爸是個經驗超級豐富的地下探險者，多年來我總是陪著他一起踏上他的週末探險之行，在薩里郡內以及周遭，深入過許多個綿延數哩的廢棄礦坑。

那天晚上我們之所以會出現在那裡，是因為數月前，建造高速公路的工程承包商，在一個佈滿了有如蜂窩般廢棄燧石礦坑區域，鑽鑿了數百個探測鑽孔。老爸的朋友丹尼斯是這項工程的一位顧問，他同時也是當地的歷史學家與洞穴探險愛好者。他與我們這些成員用了許多個月的時間——每個週日早上與某些工作日的晚上——透過鑿挖的方式，擴大探測孔的口徑，讓我可以下去看看洞底的情況。他們將鑿挖出來的土礫，透過一個綁在繩子上的老舊前軍事用帆布桶，運到地上，然後將這些「廢土礫」倒在探測孔口周遭的一個四方形土堆上。

老爸和其他成員已經可以深入豎井，但距離地底空間還有最後兩呎的距離。他們急著知道地底的情況，所以迫不及待地將這最後兩呎的豎井口徑，鑿寬到足以讓一個小人擠下去。那個小人就是我。

對於大多數的孩子而言，在萬聖節的夜晚，爬進一個黑暗的地底深洞，應該是很令人恐懼的畫面，但我卻興奮極了。第一次挪動身體鑽進探測孔時，孔徑因為實在太窄，我的頭盔差點都過不去，只能把連在頭盔上的燈取下，拿在手上。

因為豎井是挖出來的，所以土塊、石礫會從數呎高的地方落下，在洞底的頂棚堆成一個小土堆，而我就是跌穿了這面頂棚，直接摔到了洞底。我摔在一堆土石堆上。爬下石堆後，我用燈照看著這條坑道的周遭。

「你可以看到什麼嗎？」老爸的聲音從上而下。

「一條長長的通道，緊實整齊的牆壁，老爸。」我這麼回答。

地底總是要比地表溫暖，然而儘管有探測孔通氣，空氣中的潮濕與陳腐之味依然撲鼻。頂棚很低，鑿痕滿佈。在燈光的照耀下，這面頂棚營造出了相當詭異的氣氛。我循著坑道往前走，發現了一個裡面全是水的老舊陶罐，不知道最後一個用過這個陶罐的人是誰。我繼續沿著坑道向前走，直到碰到一面緊實泥石牆，豎立在坑道的盡頭。數百年前曾在此工作的礦工封閉了這條坑道。

我往回走，經過那個頂棚探測孔入口後，又繼續走了五十呎，直到從礦坑頂掉落的土石堆完全封死了去路。洞穴探險的愛好者都知道這類的情況叫做石堵（boulder choke）。

我把情況回報給了洞口的大人。

「這裡是礦坑的一個部分，長約一百呎，一邊是死路，另一邊是落石堆。」我大聲向洞口報告。

「小心點！」爸在洞口朝下大喊。「離坍塌的頂棚遠一點。我們很快就會下去找你。」

我很熟悉這樣的環境，曾多次進到地道與地下空間中，也知道如果自己夠幸運，或許還能找到數百年前在這些地方工作的人所留下的遺物，譬如馬蹄鐵與破的泥瓦管。

探測孔口的成員繼續鑿著我剛才跌落而下的那個小洞，經過了大概一個小時，老爸、老媽與其他人也依次從洞口下到地底。每次出門，老爸都會把我們的去處告訴某人，並在車窗雨刷下留下字條，以防意外發生。我們探索這條坑道，搜尋可能可以挖穿並通往礦坑其他區域的地點。葛拉漢與米克開始動手測量。

遺憾的是，我第二天早上還要上學，所以時間到了就得「上樓」。我們在半夜時分重回月光之下。老媽點著了露營瓦斯爐，把水壺放在上面，給了我們一人一杯茶暖和身子。大夥兒興高采烈地討論著這個週末重回坑道，挖穿坑道盡頭的石堵。可惜我們的計畫從未付諸執行。

幾天後，在這個區域出現了一個神祕的、更大的漏斗型洞穴。我數天前爬下去的那個礦坑完全坍方，遭數噸土石填滿，地表只留下了一個大大的天坑。坍方的消息上了地區報紙，《薩里鏡報》（The Surrey Mirror）還刊登了老爸的評論。我至今仍留存著那份剪報。

老爸和我充分瞭解到大家躲過當下被活埋的運氣，想著必然是有守護天使在照看著我們。

*

我出生於一九六二年七月二十三日——騷動不安的一年。搖擺的六〇年代（Swinging Sixties）[2]才剛開始，蘇聯與美國不但在古巴飛彈危機期間，於一場可能是世界末日的懦夫博弈[3]中正面交鋒，兩國的太空競賽也進行得如火如荼。七月二十二日，太空總署才剛發射了美國第一個星際探測器《水手一號》（Mariner 1），隨即又終止了這項任務。老媽第二天在大西洋另外一邊的任務就進行得比較順利了，她在經過了長產程後，圓滿達成任務，生下了我。我是家中的獨子。為什麼沒有弟弟妹妹，多年來從來沒有人問過，說實話，因為我們家的生活實在太歡樂無憂了，所以我也從未想過這個問題。我們一家三口一起做了很多事，因此從來不

2　譯註：指一九六〇年代中後期，在經過了一九五〇年代二次大戰後經濟緊縮政策後，在英國以倫敦為中心所出現的一場年輕人推動的文化革命，強調現代主義、享樂主義與反戰思維，倫敦也因此成功地從戰爭之都轉變為時尚核心的「搖擺倫敦」，造就了藝術、音樂和時尚蓬勃發展的環境。披頭四（the Beatles）、滾石（the Rolling Stones）等樂團都是這段時間音樂方面的代表。

3　譯註：懦夫博弈（game of chicken）：一種賽局模型，當兩部車對向行駛，在即將對撞之際，先轉向者輸了比賽，被稱為懦夫。

會讓人覺得生活中缺少了什麼。雖然家裡只有一個孩子，但老爸老媽都過得很開心，身為獨子的我，也活得非常肆意。我有很好的朋友，從來不知道孤獨是什麼滋味。我們這群死黨冒險犯難、忙碌不堪，多出一個孩子，可能會拖住我們的後腿。

老媽的生活一開始挺艱困的。她的故鄉在南愛爾蘭卡洛郡（County Carlow），外婆在她十一歲的時候因肺結核去世。外公班・凱洛（Ben Carroll）是名泥水匠與建築工，無法一邊工作一邊照顧老媽與其他阿姨，於是把她們姊妹送到一所修道院裡，讓修女照顧扶養她們，而他則到英國去一面找工作，一面去找個孩子們將來可以搬過去和他一起住的家。

我祖母艾德娜（小名多莉）是個很可愛的女人，我們祖孫感情特別好。她小時候遭遇嚴重意外，一鍋滾燙的油兜頭淋下，留下了一身永遠無法平復的疤，而且幾乎長不出頭髮。

老爸一九三〇年出生，學校畢業後就進了當地報社《薩里鏡報》當學徒。《薩里鏡報》是家鉛版印刷的報社，而所謂的鉛版印刷，就是用熔化的鉛鑄造印刷版，然後在印刷版上雕刻後進行複印。一九五二年，他被徵召入伍服務兩年，加入了空降砲兵菁英單位。老爸完成了艱辛的訓練，戴到了人人夢寐以求以及他自己也引以為傲的紅色貝雷帽，另外他也完成了英國空軍亞平敦基地的軍事跳傘課程。

老媽以前會做點家事。

我的父母在梅爾薩姆的奧克利（Oakley）青年俱樂部相識，當年老媽十八，老爸二十四，兩人是郎才女貌的一對。老爸身高一百七，雖然瘦，但很結實。他的穿著一向時髦而俐落，注重保養。老媽身高一百五十公分，是個漂亮而勇敢的愛爾蘭女孩，有一頭烏黑的秀髮與一雙光彩奪目的藍眼睛。兩個人都是愛冒險、愛戶外活動的人，這樣的喜好也遺傳到我身上。

從一開始，我就有著一股停不下來的冒險特性，大家常會發現我爬上公寓建築旁的一排車庫屋頂。那個年代，小孩子可以自由地玩樂，享受各種無害的歡樂。那個年代的父母也都放任孩子四處晃蕩，讓他們盡情探索而不會擔心。老媽總是透過公寓的窗子，不時地瞄一眼我的動態，但是因為當時住的區域還算安全，所以老媽一般都會任我撒歡。

隨著自信心的提升，我會用最快的速度飛奔過那排車庫的屋頂，然後再跳到鄰近的一棵樹上。這條街上還有其他的年輕家庭，所有的孩子都精力旺盛地像野猴子一樣在公寓外與車庫屋頂上玩耍。我清楚記得有一戶住在頂樓公寓的年長住戶，總是隔著窗子對我們尖聲叫罵，要我們從屋頂上下來、從樹上下來。意外時不時地出現，就像有次一個孩子決定穿著蝙蝠俠的衣服，從一排停在路上的車頂上跑過，結果直接踩穿了奧斯汀莫里斯迷你車（Morris Minor）的布頂篷，跌了下來。

我上的是住家附近新建設完成的春谷小學（Spring Vale Primary School），家庭生活步調安逸。老爸的工作時間是週一到週五，薪水還算不錯，但我們擁有的並不多。他每週發薪水的時候，都會拿出十塊英鎊當作假日基金，然後再撥出一些錢當作油費。我們家有一台奧斯汀A30

的家庭小房車，老爸時常和他的死黨瓦利在他的車庫裡，對這台車東修修西補補。老爸是個很優秀的技工，讓這台車持續跑了許多年。每到週末，他就會修復這台車有問題的地方，需要的零件也全是他去汽車零配件行或汽車拆卸廠直接購買回來。

老爸老媽一直都想買棟房子，我家在我五歲的時候搬到了薩里郡瑞蓋特鎮（Reigate）一個叫伍德哈奇（Woodhatch）的地方。那棟破舊的房子是個兩間臥室的半獨立屋，以前是國宅，價格三千英鎊。毫不誇張地說，這其實就是一棟待整修屋。不過老爸不但勤奮而且心靈手巧，所以即使面對大量的房屋維修工作，也依舊泰然自若。

老爸一心一意要把他的實務知識全傳給我。他在屋子裡收藏了好幾把古老的滑膛槍，我們會一起製作放入這些老派手槍裡的火藥，然後對著當地的溪流開槍，製造令人印象深刻的槍響與煙霧。如果今天還這樣做，有關單位一定會根據恐怖主義法逮捕我。煙火節一直都是我們家的大事。我們會用自製的火藥製作鞭炮，老爸還知道如何做出完美的鞭炮煙火與蓋（Guy）[4]。他用舊褲子縫出一個頭，然後塞進他從當地農具店買來的鞭炮稻草人。一般而言，這樣的鞭炮都是先由一個緩進式的引線起燃，然後每十五分鐘放一次鞭炮，但是一旦捲成球狀塞進蓋的身體裡，點燃後就會出現非常壯觀的爆炸，通常可以把蓋炸成碎片。

五歲時，我有了第一把空射槍，七歲第一把氣槍。我把兩便士的硬幣立在花園地上的一桶沙子裡當作槍靶練習射擊，七歲就成了神槍手，在當地的遊樂場上總是能滿載而歸。我大多數的朋友也都有氣槍，我們會帶著槍跑到野外，擺上一些木片當作槍靶。沒有人對此大驚小怪，連警察都沒有意見，不過有次警察還是把我和我的朋友理查攔了下來，我們那時已經是大孩子了，兩個人扛著槍穿過大街往野外跑。

「小伙子，要去練習打靶嗎？」警官這麼問我們。

「是的，警察叔叔。」我們回答。

「那就打靶開心囉。注意安全。」

警察是我們社區的一份子，他們很清楚該盯的人是誰。同樣的，他們也知道誰素行可信，所以就算我們扛著氣槍，他們也曉得不代表我們懷有惡意或打算傷害他人。當時的犯罪率很低，大家都循規蹈矩。就算出現犯罪事件，破案率也很不錯，因為大家不但認識巡邏警官，也相信他們。我們的巡邏警官是約翰．布坎南（John Buchanan），他總是徒步巡邏，但是到處都有他的耳目。他還擔任教堂少年軍（the Church Lads Brigade）的指導老師。

我在地面上的童年過得非常完美，然而感謝我有機會體驗到老爸的經歷，生活在我很小的時候變得益加有趣。

4 譯註：在煙火節當天，民眾除了施放煙火鞭炮，也會用乾草、報紙塞進衣服和褲子裏製作假人當作一六〇五年火藥陰謀主謀蓋．佛克斯後，扔進火中焚毀。

老爸是個十足的行動派，儘管一週工作五天，他仍設法把許多其他的事情擠進自己的生活中，洞穴探險當然也在其中。從我有記憶開始，他大半輩子都對這項活動懷抱高度興趣。家裡、雜物間總是會出現零零星星的洞穴探險設備——譬如拋光鏡面的礦工頭燈與一捲捲的繩索。

他工作的報社裡，有位記者當時正在報導一則新聞，內容是一個名叫丹尼斯．馬斯托的人發現了這個區域的廢棄舊礦坑。自那之後，老爸的興趣就發展成了一種癡迷。這個丹尼斯．馬斯托也就是後來幫忙拉著安全索，把我下放到薩里郡野外洞穴裡的人。那位記者知道我父親愛好洞穴探險，所以邀請他一起參與採訪與報導的工作。

我父親盡責地把他的老舊洞穴電石燈整理出來，跟著那位記者一起去到了丹尼斯發現的礦坑主入口，在那裡遇到了另一位洞穴探險愛好者羅賓．沃斯（Robin Walls）。

那個區域曾是礦坑與採石場的中心，時間可以回溯到中古世紀，最早的紀錄出現在一〇八六年的《末日審判書》（Domesday Book）中。這裡主要開採的是一種雷蓋特石（Reigate Stone），顏色從淺綠到淺灰都有，這種石材因為易於雕刻，所以特別珍貴，曾經是使用在倫敦建築的最重要石材之一，尤其是皇家宮殿的建築物，包括部分的倫敦塔（Tower of London）、漢普頓宮（Hampton Court Palace）的大廳門廊、西敏寺（Westminster Abbey）以及亨利八世的無雙宮（Nonsuch Palace）內部。

數百年來早就廢棄並遭人遺忘的這座礦坑，在地球回收之前，曾經歷了坍塌與填埋。礦坑的各個入口與豎井全草木叢生，沒有任何可靠的紀錄可以指出這些入口與豎井的位置，也沒有資料能讓人知道整個礦道系統延伸出去的距離。

丹尼斯決心要讓這個地下世界重新出現在世人面前。經過了多年的研究後，他開始從梅爾薩姆附近的當地樹林裡進行搜尋。他在地上尋找跡象；古燧石堆或古燧石凹地都可能為他帶來蛛絲馬跡。在一道大堤岸底部的樹林中心，丹尼斯發現了一個可能是入口的地方後，就開始垂直挖出一條穴井。經過數週的工作，他打通了礦道的一個區域，這個入口後來大家稱為貝朗斯堤岸入口（Bedlams Bank Entrance）。當報社記者正在撰寫地下礦場的報導時，老爸也在晚上與丹尼斯見面，開始了這趟漫長而驚險的地下旅程，老爸的冒險精神與想像力更是自此猶如他的稻草人鞭炮一樣，爆炸發光。

「也許有時候我也可以幫一下忙？」他在與丹尼斯見面時這麼說。

丹尼斯喜出望外。他當然歡迎另一雙手的協助。在這個階段，兩人對於自己承諾所要投入的工作規模究竟有多麼巨大，毫無概念。

從那個時候開始，老爸每週日都會與丹尼斯以及其他愛好洞穴探險的志願協助者在森林碰面。他們會消失在地下的那個洞穴中，然後花上好幾個小時一吋吋地清除落石。

這個冒險事件讓老爸充滿熱情，大約經過了四週的探險之行後，他建議「帶隻小尾巴一起去」。小尾巴就是我。

「他幾歲？」丹尼斯問。

「五歲。」老爸回答。

「五歲？」丹尼斯眉頭全皺在了一起。

「是啊，他很不錯。他個子小，遇到小通道時，他可以幫忙。」老爸堅持。

第二週，我戴著我的第一頂小安全帽出場，安全帽上臨時配上了一個礦工燈，有點像是狄更斯小說裡走出來的人物。他們帶我進入樹林，在我身上綁了安全繩。我循著一條有彈性的洞穴繩梯爬下洞井。下到礦坑後，周圍的景象讓我嚇了一大跳。我的感官傳回了爆量的各種資訊。透過頭燈發出的那束光線，我可以大概看出坑道的形狀。我看得到地上一層層的小石頭，周遭的空間潮濕又充滿了霉味。這裡一點聲音也沒有，我的任何動作不但聽起來震天價響，而且還會在坑壁間迴響。老爸吹熄了我和他的電石燈，父子兩人陷入一片黑暗。黑暗與寂靜足以把大多數成年人嚇到永不回頭地逃跑，但對我而言，這樣的環境卻是當時短短五年生命間最興奮、最引人入勝的時刻。我的腎上腺素立即噴發，就此著迷不可收拾。我想要成為這趟探險旅程的一份子，每個禮拜都迫不及待回到那個礦坑。有幸參與這樣的探險，我覺得很驕傲，一點都不害怕或擔心。

事情進展得頗為順利，我開始幫忙時，坑道裡的好幾個區域都已經打開了。有些區域很高，可以讓我們直起身子走過去，有些區域則需要我們蹲伏在地上，手膝並用。我們發現了鐘乳石與前人活動的證據，譬如牆上的刮痕、地上的腳印，還有一些沒帶走的挖礦器具。地上有搬運推車深深刻畫在地上的凹軌，這是礦工們推著裝滿了需要運到地面上處理的石塊或廢棄物所留下的痕跡。有時候這些輪軌似乎在一個垮下來的頂棚那兒突然終止，就好像推車神奇地穿過了堅實的石塊似的。只要碰到死胡同，我們就知道這是坍塌的區域，而只要遭遇這種地方，就得開始更大量的挖掘工作，大家拿著槌子與鑿刀，緩慢卻穩定地挖通緊壓在一起的石頭。有時候通道實在太低、太窄，我們全都得趴著前進。老爸在前貼著岩壁，我跟在他後面。我們稱這種地區為「伏道」（crawl）。老爸推開他身下鬆動的石塊與碎岩，然後用腳把這些石塊與碎岩向後推給我，我再有樣學樣，把身下的石塊用腳向後傳過窄小的通道，給其他人當中的一個，他會把這些石塊裝到我們打造的一個雪橇上，拖到主通道的空曠處。活生生的一條生產線。

每次打通一條坍塌的石牆，進到另一邊，我們總是非常興奮。不論任何人，每次進入新空間前，都要先檢測空氣品質。作法就是把一根蠟燭或一盞電石燈伸過間隙，看燭火或燈火是否變小，如果燭火或燈火變小，代表氧氣濃度過低，我們必須先讓新空間的空氣流通一下，之後才能進入。如果間隙太小，大人無法通過，我就會被派出去。我們一向都是從石堆的頂端開始挖穿通道，所以我得爬過洞穴，在石壁的另一邊再往下爬行四到五呎，進入新的坑道中。爬行的過程中，除了我安全帽上的燈光外，坑道裡完全漆黑一片。數百年後首次重新出現在人們眼前的這些地區，我是第一個目擊者。我靜靜地站在那兒，看著四周的環境，把一切都記在腦子裡。在這樣的時刻中，所有的一切都屬於我。我一個人在這兒，一個礦坑深處的孩子。這是一種非常奇特的感覺。各個坑道長度不一，長的可能連綿數百呎。我試探性地沿著新發現的通道或走或爬地進入未知的空間，同時間大人們還在等我回報發現。部分我們打通的區域深達地表八百呎以下，每當我們新打通礦場的一個重要地區，就會把自己的名字整齊地寫在牆面上，讓這一刻也成為歷史。

礦場探險成為週末例行活動的生活模式，持續了許多年，在這樣的日子裡，我也從童年走入了青少年時期。大夥兒會在上午十點下去礦場，四個小時後回到地面，在陽光下不斷眨眼。地下的時間總是過得飛快。

在我們冒險朝著更深更遠的礦坑前進的同時，隊伍中一位洞穴探險愛好者葛拉漢把礦道系統製成了地圖，大家於是會在進礦坑時，把用防水袋包好的巧克力、水，以及諸如火柴、蠟燭等配備物資，存放在不同的貯藏處，作為萬一迷路或受困時的急救物資。

我的洞穴探險裝備包括靴子、牛仔褲、一件上衣、一件舊夾克、手套和一頂礦工安全帽。我還太小，無法套用市售的連身工作服或護膝，但是老媽會把帆布的膝蓋補丁縫在我的牛仔褲上。以前我們每個人都得帶把鐵鍬，各自帶著自己的水、備用蠟燭，放在一個二次世界大戰時期裝防毒面罩的帆布袋中。電石燈所用的碳化鈣則存放在一個原本用來裝彈藥的金屬罐當中。電石燈的火焰燃料來自於乙炔這種高度易燃的氣體。當銅燈上層隔間的水滴到下層隔間類似碎石型態的碳化鈣上，就會產生乙炔。水一接觸到化學物質，產生氣體，穿過一個毛氈材質的透氣墊，在反光裝置前形成一道極細的噴射氣流，再經一個小小的打火輪點燃。乙炔光可以製造出一道極窄的亮白色火焰。使用者可以透過水滴大小的控制，調整亮度。一次的燃料可以維持大概四個小時，而我們帶了很多備用的碳化鈣。我們還有靠電池提供電力的礦工燈，但是老爸總說，「電池一旦沒電，兒子，你就完蛋了。」電石燈的另外一個好處是我們萬一真的受困，燈具的底部可以作為熱力來源，為雙手保暖。彈性繩梯也是絕對必要的工具，圍著穴井口的一根固定棒，我們可以利用梯子沿著穴井爬上爬下。

在大家眼中，我們這群從薩里郡森林裡一個看似無害的地洞中鑽出來，全身都是泥土的人必然相當搶眼。大家一回到地面，就會脫下一身髒兮兮的牛仔褲與靴子，丟進袋子中，再把手洗乾淨，才會開著家裡的奧斯汀A30老爺車回家。回家後，我們父子會在家裡的後花園，用一桶溫水把所有的設備清洗。靴子要刷，燈具經過清洗、擦乾後，還要用擦銅水把燈具擦得亮晶晶，才再扣回到安全帽的托架上，連同安全帽放回樓梯上，準備下週探險之旅再使用。這種對於工具與設備的維護，確保下次使用時萬無一失的紀律習慣，在我很小的時候就已養成，至今未變。

在老爸、丹尼斯與小隊成員打通了貝朗斯堤岸入口後，他們開始搜尋位於東邊一個被稱為採石場固架（Quarry Hangers）的礦區。他們用了好幾年挖穿了當初礦場回填的地方，最終進入了大家以為「固架」的所在地。他們在這裡發現了一具古老的牛骨架以及礦工們曾經使用過的泥瓦管。這是礦場非常整潔的一個區域，有黃土製成的飲水槽，礦工開挖的壁面上也用粉筆寫上了礦工的名字與日期。推車造成的輪軌在這個區域保持得相當完整。

老爸對於所有攸關安全的事情，向來抱持再怎麼仔細都不為過的態度，而且就算是只有一點點風吹草動的危險跡象，他也總是寧可謹慎過頭，也絕對避免躁進犯錯。他非常清楚洞穴與地下探險存在本質上的風險，即使周全地準備了最佳的措施降低風險，發生糟糕事情的機會依然處處都是。有一天就是這樣的情況，那天老爸下到貝朗斯堤岸區域一個比平常深很多的地下位置。他正在一個離牛骨架不遠處的空間內，試著挖穿坍塌的頂棚，結果周遭突然坍方，他被壓在土石之下。老爸當下就失去了意識，頭部與臉上都受了傷，手臂也斷了一隻，丹尼斯驚惶失措地從土石堆下拼命把他挖了出來。幸運的是老爸乖乖地戴著他的安全帽，很快就恢復了意識。那天他們兩個人大概花了三個小時才回到入口礦井，之後老爸還得用他剩下的那隻手臂攀爬搖晃不停的繩梯。他因為不想加重救護車服務的工作重擔，所以自己開車到位於紅山廣場（Redhill Common）的東薩里醫院（East Surrey Hospital）治療，結果住院了兩天。醫院必須幫他的骨頭復位，而他的手臂也令他很不爽地打了好幾個禮拜的石膏。一等到拆除石膏，他的身體恢復到足夠健康的程度時，又義無反顧地重回地下世界。

老爸也會興高采烈地講述他童年在紅山（Redhill）紅石丘（Redstone Hill）一個採石場沙穴中遭到活埋的故事。洞穴通道坍塌在他身上時，他正在洞裡玩耍。當時只有他雙腿間的一個小縫隙可以讓足夠的氧氣流進，保住他的小命，支撐到當地的消防員把他挖出來。後來老爸留給我萬一陷在坍塌環境中的金玉良言就是「盡可能縮成一個球，把頭夾在兩腿之間；捲成一個球，保護頭部並製造出一個氣穴」。

老爸與丹尼斯因為礦坑中的成就而成為知名人物，有一天，一台用於M23與M25高速公路建設工程的大型推土機，推穿了梅爾薩姆洛克蕭路（Rockshaw Road）的礦道頂棚。他們兩人於是代表工程承包商法國建設公司（French Construction）進行坑道檢驗，並提供承包商坑道所在的位置相關資訊。

在貝朗斯堤岸以西，有很人一塊礦場區域已規劃要填充混凝土，避免最後當車輛在新建高速公路上行駛時，可能造成公路坍塌。大量的水泥漿從地表開鑿的探測孔中打進礦道中。幸好我們在坑道填充混凝土前之前，就已經把一些要保存的大型石筍送進了本地的博物館中。

這座礦場是我童年的遊樂園，充滿了驚奇與刺激。隨著年齡的增長，我愈發覺得人生是一場漫長而充滿樂趣的冒險。學校很好。我喜歡科學與運動；我踢足球、以越野跑步校隊隊員身份跑過越野賽，我們代表學校參加全國錦標賽並拿到了冠軍，但是在週末的時候，我就是為洞穴與礦場而活。洞穴與礦坑探險成了我的熱情所在。我喜歡所有務實的東西，但學術理論讓我覺得無聊。我真正的學習來自於距離課堂很遠的其他地方，我只想在花園裡玩耍、去附近的森林，架起帳篷，把時間花在礦坑裡，或者去讀軍校。我的熱情極具感染力，學校老師對我熱衷的活動也很有興趣，他們讓我對班上同學講述我的地下冒險。我帶了一些我們之前發現的工藝品到學校去臭屁，我的地理老師還研究泥瓦管接頭的角度，幫我判定這些泥瓦管的年代。

我們的洞穴探險設備都是隨身攜帶，就算是去康沃爾郡（Cornwall）的年度露營假期也不例外。每一年我們都會雷打不動地去康沃爾郡聖阿格尼絲區（St. Agnes）的普雷辛葛爾露營車與露營農莊（Presingoll Farm Caravan and Camping）營地度假，這個營區的經營者，不論在當時還是現在，都是潘．威廉斯（Pam Williams）。事實上，現在的每年暑假，我依然會帶我的家人去那兒度假。老爸開著可靠的奧斯汀A30，載著我們的露營設備與一個打包整齊、綁在車頂貨架上的行李箱過去。整趟行程在老爸精心維修保養的八百ｃｃ引擎嘎嘎作響之下，大概要花八個小時。有一年夏天，就在我們接近聖阿格尼絲時，曲軸的連桿大端出了問題。我們以龜速開到了彼得威爾修車廠（Peterville Garage），詢問修車廠老闆是否可以協助修復。老闆實在太忙，但他同意讓老爸在他修車廠的一個角落，使用修車廠的工具自己維修。於是當我在崔佛能斯灣（Trevaunance Cove）衝浪，開心至極地度過一個禮拜的同時，老爸為了引擎大修的工程而忙得不可開交。

我們帶著洞穴地圖和大量繩索，在藍丘（Blue Hill）礦場龐大的礦道網路中探險——我們常會從海灘進入與地面平行的那些被稱為橫坑的坑道中。有一年夏天，一場強烈暴風雨襲擊營區，連續肆虐兩天。露營帳篷被吹成了破布，所有的東西都濕透，露營車也被吹掀，躺成了朝天的烏龜。除了我們，其他人全放棄度假，打道回府。我們帶來的所有東西也全濕到可以滴水，但是足智多謀的老爸翻出了一些垃圾袋，為我們量身打造出斗蓬雨衣。我們抱著衣服到附近的自助洗衣店，烘乾了所有的東西，然後又用一天的時間重建我們的住宿營地。暴風雨過後，我們在空蕩蕩的營區，享受了整整兩個禮拜的陽光燦爛。

八歲時，我加入幼童軍；十一歲加入教會基督少年軍（Church Lads Brigade）轄下的少年訓練中心（Junior Training Core），我在那兒學會了打中鼓、吹軍號。十三歲的時候，我進入皇家空軍航空青年團，我非常喜歡那裡，而且很享受所有飛行與遨翔的機會。我們還去了老爸以前完成跳傘訓練的英國空軍亞平敦基地，並在一位基地飛行員帶領陪同下，坐上了一架花栗鼠教練機（Chipmunk）。

這次的體驗從年輕招募官放映一部軍事安全影片開始，影片講述如何從注定沒救的花栗鼠教練機狀況中逃生，以及如何展開降落傘。旁白者用發音清楚的英文解釋：「遇到緊急情況時，爬至機翼後向下跳，數到三，拉開開傘索。」安全簡報後，基地人員把降落傘發給我們，並用安全帶將降落傘綁在我們的背部，這個設計是讓人把降落傘當成飛機上的靠墊使用。坐在兩人座的花栗鼠教練機上，整趟航程中我都期待引擎故障，因為我真的很希望能像安全影片上的狀況一樣跳出飛機。

我非常喜歡軍校學員團，在那兒待了三年。每當週末，我的死黨不是在家就是在街上閒晃，但我則是會離家去飛行、滑翔，或洞穴冒險。

十六歲從學校畢業時，我具備了令人艷羨的技能。我反應機敏、適應力極強，而且能夠冷靜、快速地解決問題。所有這些令人稱奇的經驗，讓我長成了今天的我，而這股驅動力的背後，是我摯愛與欽佩的老爸。我一直都希望能成為像他一樣的人。謝謝老爸與老媽，因為有他們，我的童年生活才能猶如一齣現實版的《法櫃奇兵》（Raiders of the Lost Ark）。

第二章

離開學校的時候，我對於自己想要做什麼，只有模糊的想法，但是對於自己不想做什麼，卻很明確，而且意志堅定。我很清楚坐辦公室或朝九晚五的工作，絕對不是自己的目標。就理想而言，我希望待在戶外，做點實際的事情。自己當老闆也不錯。

我對緊急救援服務的興趣一直都很高，特別是消防救援。小時候，每當消防車呼嘯而過，我都心懷敬畏，想著車上的男男女女即將面對什麼樣危險與令人興奮的事件。我對救人、當個救援人員的想法愈來愈有興趣。我最喜歡的電視節目是《雷鳥神機隊》（Thunderbirds），這個節目講述崔西家族（Tracy）建構了國際救援隊（International Rescue）這樣一個祕密組織，以拯救人命為主要宗旨。他們的救援行動有陸上、海上、空中以及太空領域的技術先進機動器協助，每當傳統的救援方式無法達成目的時，他們就會介入協助。這些機動器當中最重要的就是五架「雷鳥機」。我曾幻想自己是崔西家族的大家長以及救援組織負責人傑夫・崔西（Jeff Tracy），想像打造出一架可以讓我飛翔與運用的相同雷鳥機，去拯救在世界各地陷入危險的人。

我一點都沒有想到我對救援的興趣，後來竟會慢慢塑造出一項事業。《薩里鏡報》上並沒有救援人員或雷鳥機駕駛培訓的徵才廣告，不過我的想法已經成型，而且這個想法在接下來的幾年、甚至青少年後期與二十歲初嘗試各種不同工作的期間，持續以種子的型態，留在我的腦子裡。

就像大多數的青少年一樣，我一達法定年齡就跑去學開車，跟著教練用一台迷你庫柏（Mini Cooper，是那種真正「迷你」的舊款庫柏）上了十一堂駕駛課後，第一次考試就通過。其實在考試前我曾有許多開車的練習機會，因為老爸常常會掛上學車車牌，陪著我練習開車。有次我用學員駕照，避開了所有的高速公路，一路載著老爸老媽，開車從薩里到康沃爾。這對夫妻把那段時間當成了投資回收，充分利用了擁有代理駕駛的便利。他們在週五晚上出去喝一杯的時候，也讓我擔任接送的司機。

我們那台值得信賴的奧斯汀A30，在老爸盡了最大的努力維持其機械生命後，依然宣告不治。接替的家庭車是一台佛賀萬歲（Vauxhall Viva）。老爸另外還有一台五十ｃｃ的山葉DT輕型機車。在可以選擇的情況下，這台小山葉一般都會是他的首選。於是在我拿到駕照後，他就把Viva的車鑰匙交給了我，然後他每天騎著小山葉通勤。為了回報生平第一台車的感激之情，我會在天候惡劣的時候開車送他上班。老爸還有一台罕見的一九六二年蓮花菁英（Lotus Elite）跑車，這台車曾是他的驕傲與開心的源頭，現在由我保存。

公路自由的實現，讓我開展了帶團到礦區旅遊的副業。這純粹是一項口耳相傳的事業。我一開始是帶朋友與童軍團去礦區，很快就成了非正式的地下旅行團導遊，晚上帶人在古老的坑道中來一趟短程旅行，賺些外快。

通常我會在週五的晚上與上班族組成的旅遊團，在梅爾薩姆離礦場不遠的羽毛酒吧（The Feathers）會合，然後帶著他們到其中一個通道豎井的路邊停車場上，在這裡向他們進行安全說明，然後進行私下的礦坑之旅。他們換下辦公室的工作衣著，穿上較為舒適的服裝，放下繩梯，綁上安全帶後，大家開始向下爬，進入一片漆黑之中。

當時礦場並沒有監管機構，也沒有相關的健康與安全規範。那個時候，很多毫無經驗的人，在沒有導遊的情況下，自行進入礦井中探險。我們花了多年辛辛苦苦開出來與畫在地圖上的坑道，成了吸引其他洞穴探險愛好者、追求刺激者，以及找地方抽大麻與狂飲的青少年的去處。大家奔波而至，來此探索這些礦道。本地的洞穴探險社團最終也「接受了」這些礦區，但在進入後對這些地方產生了領地意識。令人難過的是我甚至注意到我們當初在鑿通新區域時，為了紀念而留在牆上名字都被人抹去，我猜這應該是那些心胸狹窄的人，想要遮掩當年丹尼斯．馬斯托、米克．克拉克、葛拉漢與老爸打通了貝朗斯堤岸礦區的事實。幸好我們的照片都留在了歷史書籍中。其他與我們一起進入礦區的其他優秀洞穴探險愛好者也值得一提，譬如消防員史都華．戈德史密斯（Stuart Goldsmith）以及朗．史密斯（Ron Smith）。他們是兩個普通人，卻也是常常進入礦區的洞穴探險愛好者。朗在住宿學校工作，常常帶著一隊隊的童子軍下礦區。另外還有一群愛好洞穴探險的小團體，我們經常會碰到。

老爸和我有一天在礦區裡碰到了消防隊的隊員，他們正在為了熟悉環境而進行坑道訓練。他們不清楚附近的坑道狀況，所以只在小距離內進行探險，並用寫了數字、在頂端貼一圈螢光橘色膠帶的白色園藝木樁作為標示牌。我主動提議帶他們穿過礦區，讓他們知道這些坑道範圍有多大、多麼容易迷路，以及有多麼危險。之後他們很快就瞭解到礦區裡的坑道系統幅員有多麼廣大，而萬一真的發生意外，他們力有未逮的程度又是多麼嚴重。

與值勤的資深消防長官進一步討論後，我建議他們把我們的電話號碼留在他們的檔案中，萬一有任何培訓需求，或者在需要有人為他們擔任偵察者、領路的角色時，可以打電話給我們。對方同意這麼做，而在接下來的幾週裡，我也確實為消防隊舉辦了幾場訓練。又過了沒多久，當局給了我一個與薩里郡消防救援控制中心聯絡的呼叫器。如果礦坑發生意外，需要老爸或我提供協助時，這個呼叫器就會向我們發出警報。我的專長與知識得到緊急救援服務單位的重視，讓我相當榮幸，因此我也非常認真且驕傲地隨身帶著這個呼叫器。這是我作為救援人員的第一個「官方」身份，一想到呼叫器嗶嗶作響，我衝到救援現場的景象，說不緊張是騙人的。

呼叫器第一次響起，是在某個深夜時分。每天晚上我都把呼叫器放在床邊的櫃子裡。當時已經熟睡的我，因呼叫器聲響驚醒，腎上腺素狂飆。我對流程已經很熟悉了。如果有空，我就要致電消防隊控制室，告訴他們我是誰，然後對方會提供我意外事件的細節。

我撥了電話號碼。

「控制室嗎？」

「我是彼得．福爾丁。」我這麼說。

「梅爾薩姆發生了意外，通報有好幾個小孩失蹤。他們從八號入口進入礦區。」控制室回答。

「我馬上出發。」

從接到呼叫器開始，我就把自己的洞穴探險設備放在車子後座，這樣我就不需要在接到呼叫時花時間整理設備。我快速著裝、跑下樓，跳上車，把一千cc的引擎踩到底，朝著梅爾薩姆趕過去。接近控制室給我的會合地點之前，我甚至就可以看到照亮了低層雲團的藍光[5]。我知道事態必然極為嚴重。當我把車子駛向路邊時，那兒已停了六台消防車、五台救護車了，到處都是警察，還有一群看起來焦急異常的父母。我停好車、下車，開始拿出我的洞穴探險裝備。

5　譯註：英國緊急救援交通工具閃的都是藍光，如救護車、消防車、警車。其他車輛全都禁止使用藍色閃光，不論發光源是在車身的任何地方，都屬於違法行為。

一位警員走過來。

「哪位？」他這麼問。

「彼得・福爾丁。」我回答。「特殊救援。」

「跟我來。」他說。

我被帶到了救援隊指揮官面前。之前在薩里郡消防隊為特殊救援小隊進行培訓課程的時候，我就已經認識這位指揮官了。

「有一隊童子軍在下面失蹤了。他們大概於下午三點進入礦區，所以已經在裡面待了九個小時了。很晚才有人報案說他們失蹤。我們不知道有沒有人受傷，也不知道他們進入了哪個區域的坑道。我們必須盡快找到他們。」

我點點頭，瞭解了工作目標，跟著帶我的人到礦區入口後直接進入礦坑，身後還有六名帶著可折疊擔架與急救醫療器材的消防員。我在這個礦區系統四處走動不下數百遍，清楚知道每個改變、轉角與礦室。我試著釐清童軍小隊可能採取的路徑。一進入礦區，眼前就岔出東、西兩條坑道。大多數的團體最後都會進入東邊這條坑道，因為這邊的礦區要比另一邊大很多。我看到了許多人進入時留在泥地上的紛沓腳印。於是我選擇右邊的岔路進入礦區的東邊，這裡連向一整片綿延好幾哩的蜂巢狀坑道。這些坑道有些高達約一百五十公分，有些則要低些。當年這座礦場系統在運作時，礦工身材普遍較矮，不過話說回來，一般身材的人在這兒依然都得弓背彎腰，就算坑道高度與身高相同也不例外。

我歪著頭向前走。我可以在這些坑道中快速行動，但對於高個子人而言，這不啻是種折磨。部分最低的坑道（大家稱之為伏道，原因不言自明），只有三十公分高，人在其中就必須肚子貼地爬過去。我們開始搜尋每一個小礦室，並在走到每一個坍塌的頂棚上方時，都不斷呼喊，然後停下腳步仔細聆聽是否有回應。什麼都沒有。我們繼續冒險深入，重複相同的作法。我們會在定點留下蠟燭，一方面表示此區已搜尋，另一方面則是希望當迷路團體萬一自行移動時，可以當成他們跟隨前進的信標。

最後當我們深入了好幾百公尺後，我聽到了一聲微弱的回應。坑道系統的傳音效果，讓人很難分辨正確方向，不過我知道聲音的出處，因此朝著音源的方向走。幾分鐘後，我進入了一間窄小的礦室，裡面坐著七個嚇壞了但大大鬆了一口氣的童軍小朋友，還有他們的隊長。這位隊長看了我與我身後的消防員一眼後，就開始啜泣。他們一直就這麼坐在完全漆黑的地方，沒水也沒食物。對他們來說，這段時間必然感覺像是永遠。他們手電筒的電池早就沒電了，補給品也在幾個小時前就都吃光用盡了。

我帶著所有人循著進來的原路出去，十分鐘不到，大家就全都安全地回到了地面，好幾位一直在焦急等待的家長，直接衝向了他們的孩子。

我走向那位看起來茫茫然的童子軍隊長和他說話。

「你還好嗎？」我這麼問。

「裡面有怪物，」他顫抖地說。「我看到那些怪物破牆而出。」

多年的經驗教會我，在絕望的環境下，恐懼會對心智產生奇怪的影響，而在伸手不見五指的黑暗中，他的想像力脫韁奔馳，造就各種幻覺。每次帶團下去礦區時，我都會要大家把身上的燈關掉，讓他們感受漆黑一片的感覺。礦區非常黑，就算戴上了白手套，你依然看不到伸在面前的手。在這樣的氛圍下，任何聲響都會被放大，即使從鐘乳石上滴下的水滴，都可能讓人嚇破膽。

第一次救援任務的成功，意味著當局後來更頻繁地請我以志工身份協助薩里郡消防隊。雖然我並沒有經過正式訓練，但是我對整個礦場系統的知識，結合多年在地下坑道摸爬滾打的實戰資歷，消防隊員非常看重我的經驗。

儘管大多數的洞穴探險愛好者都為了各個洞穴以及那些享受洞穴探險之人的共同利益而一起努力，但是仍有少數人對這些洞穴產生了領地意識，公開批評我協助消防隊的努力。他們在圈內的會訊上稱我為薩里郡「聽話的救援寵物」。有次還有人試圖阻止我進入礦區，因為他們認為我可能需要其他人的救援。我不說謊，在這種時候，我都會抬出老爸的名號，向這些人解釋，大多數的這些坑道，都是我父親打通的。這個作法通常都挺有效。

這類的事情絲毫沒有動搖到我貫徹自己目標，成為新一代傑夫・崔西的決心。

偵察者與顧問的角色，最終引導我走上了一條自己從未想像過的道路。

當時已近二十歲的我需要一份工作，所以開始四處尋找可以養活自己的方式。

我在航空青年團的經歷以及老爸擔任空降砲兵那段時間的鮮活回憶，都讓我考慮從軍。我想要追隨老爸的步子，加入特有兵種菁英隊。一般稱為傘兵的傘兵團是英國的空降步兵菁英軍種，我一直留著徵兵官在我離開學校前發放的這個軍種招募單。任何不滿十八歲的人，都需要父母同意書才能登記傘兵選拔，而當我把同意表格放在老爸面前時，他搖了搖頭。

「你必須有個職業，兒子。」他這麼建議。

我當時很失望，但事後才認知到，老爸給我的最佳建議，除了之前的「把頭夾在兩腿之間」，就屬這則忠告了。

因此我並未隨著大家出發去從軍，我把自己的實務技能應用在另外一個地方。我提出了當工程學徒的申請。

我在學校裡的課業表現並不出色，曾經有人說我「永遠也做不出任何成就，最後只會在垃圾堆裡討生活。」因為缺乏必要的資格，所以我的工程學徒申請被打了回票，不過他們的拒絕只讓我決心更堅定。我維持著正面思考的態度、堅持不懈，一直在申請其他的工作，最後終於在一家名為多元公司（Multico）的木工機械製作企業找到了一份學徒工作。當時這家公司給我的薪資是一週十九塊英鎊，薪水會以現金連同薪資單放在一個棕色的信封中。我有一台五十cc的本田CB50輕型機車（現在還在），那是我向父母借錢買的。不論任何天候，我都騎著這台小本田去上班。

一九七八年整年我都在多元公司工作，那年因為本地礦工與鐵路員工的罷工，電力供應嚴重受限，保守派政府為了節約電力，引進每週工作三天的策略。[6]那時英國陷在一片政治動盪當中，不過我也因此有機會花更多時間在礦區中探險，以及維修保養我的汽車與機車。

工作不到兩年，我突然成了冗員，實在讓人意外與震愕。幸好當初工程產業訓練委員會（Engineering Industry Training Board）指派給我的訓練官幫我找了另外一個工作機會。他安排我接受位於蓋特威克機場（Gatwick Airport）的民用航空管理局（Civil Aviation Authority，簡稱CAA）面試，爭取他們電信通訊工程建立計畫（Telecommunications Engineering Establishment）的雷達工程師學徒職務。這個職位在當時是大家夢寐以求的工作，所以我穿上西裝、擦亮皮鞋去面試，結果得到了這份工作。

一開始，我在民用航空管理局的工具製作單位工作，我在那兒學會了如何依照精密圖面製作複雜的雷達設備零件。我在圖面繪製辦公室、製作零組件的工作室花了很多時間。除此之外，我也會到機場進行安裝雷達系統的實地考察。這份工作非常棒，我獲得了大量的知識與經驗，卻依然不斷地感覺到一種需要爭取更多的衝動。想做其他事情的渴望最終勝出，我離開了這份工作。辭職的決定是在參加完雷斯的退休慶祝會後做出。雷斯是我的前皇家海軍良師益友之一，他邀請我們去參加他的退休慶祝。我們這群朋友中，有一個名叫貝瑞的傢伙說：「讓我們去狠很修理一下那個老屁股吧。」當下我突然有了頓悟。我一點都不想當個辛苦工作四十年後，可以讓那些幾乎對我一無所知的人有個喝醉酒的機會而退休的普通人。我結束了自己六年的學徒生涯，放棄了所有的大學考試，繼續向前走。這個時候的我已經是個非常合格的工程師了。

離開職場後，我繼續以救援志工的身份協助消防隊，也在地下救援工作上非正式地提供建議。我在救援服務圈的人脈不斷成長，而我也很高興能在封閉空間救援的領域分享建議與指導。

感謝老爸老媽的教導，我的核心價值是努力工作、正直、尊重與誠實。不過這樣的價值觀並沒有妨礙我在青少年末期與二十多歲時享受人生。我有一個感情很好的死黨圈，大家都會去做些年輕人常做的蠢事。我去酒吧、迪斯可舞廳，喜歡喝啤酒，也愛做些博取大家開心大笑的

6 譯註：一九七八年十一月至次年二月，英國各地廣泛的罷工，造成該國許多正常營運停擺，再加上遭遇十六年來最冷的冬天以及許多偏遠地方嚴重的暴風雪，被稱為不滿的冬天（Winter of Discontent）。罷工原因導火線是當時執政的工黨政府為了控制通膨，不顧工會聯盟（Trades Union Congress）反對，提出勞工調薪上限不得高於百分之五的規定，政客對於勞工法改革承諾的分歧、英國整體經濟策略等較長期的問題也都是不滿的冬天之所以成形的原因。

事情或惡作劇。

我還有好些我那個年代不太常見的嗜好。十六歲時，我第一次跳傘。曾有人研究過跳傘對人的心理影響，結果得出了跳傘具備各種好處的結論。跳傘可以訓練人類心智在壓力下有更快的反應、可以讓個人學會克服恐懼，進而增加自信。跳傘也會增強冷靜思考與自制的能力。還有人說大家之所以把跳飛機當成一種嗜好，是因為壓力反應會讓人上癮，因此才會出現那種典型在危險中成長的癡迷上癮者。這些都不是讓我去上跳傘課以及有了人生第一跳的原因；我之所以會去跳傘，全都是老媽與老爸的安排。一切都始於福爾丁家某次習以為常的怪異出遊節目——在斯拉克斯頓（Thruxton）一個跳傘俱樂部（RSA Parachute Club）上跳傘課的週末活動。這個跳傘俱樂部的經營者是前傘兵巴柏·艾克拉曼（Bob Acraman）。

任何準備都不足以應付人生的第一次跳傘。一切都發生得飛快，腎上腺素的暴衝程度完全無法想像。即使腦子清楚知道所有正確的安全措施都已就位，若自己運用所有之前學過的技巧，風險也很低，但本能卻依然會對著你狂吼：「**這不正常！**」跳傘的技能可以確保邏輯頭腦不去理會一再告訴你要留在飛機上的本能。

我愛死跳傘了。離開飛機後，傘面只需要幾秒鐘的時間就能全部張開，然而就是在這秒鐘之內，跳傘者卻猶如字面的意思一樣，真真實實地命懸一線。當空氣灌入頭頂那張降落傘的令人安心聲音鑽進耳朵時，最先感覺到的是一陣放鬆，隨之而來的是飄至地面的純粹喜悅，其間還會看到從未見識過的最壯觀的景色。除此之外，還有一種讓人難以抵擋的孤獨與掌控感。

我一試就上了癮。

我的運氣不錯，俱樂部中心剛好在拍賣二手前軍事傘包。這些都是長降落傘，最初是專門為萬一需要放棄飛機的戰鬥機飛行員所設計，不過已經修改為適合我這類跳傘活動類型的需求了。老爸老媽不過招待我跳了一次傘，幾個月間，跳傘就成了我的嗜好之一。後來我有了自己的跳傘裝，而且為了進行自由落體運動這種更具挑戰性，且腎上腺素狂飆程度更上一層樓的跳傘類型活動，我又安排了六次跳傘練習。

若要取得自由落體跳傘者的資格，申請者必須先成功完成指定數量的引張帶跳傘，再進行「偽扳動跳傘」（dummy pulls），在這樣的跳傘過程中，跳傘員雖然還是引張帶跳傘，但需要練習拉動開傘索，調整自己的降落傘。

當我的訓練達到了這個階段時，我被帶上了一架並不熟悉的飛機，這是一架比塞斯納一八〇（Cessna 180）機型大很多的哈維蘭鴿型客機（De Havilland Dove），我對於配備的系統也完全不熟悉。我有很多疑慮，飛機起飛前，我把自己的擔心說了出來。

「別擔心，你不會有問題的，」指導教練這麼說。

我繼續抗議。

「可是我之前從沒有用這種飛機跳過傘。」

「不用擔心這種事。你不會有問題的。」

儘管如此，我仍然有種不祥的感覺。

在兩千五百呎的高空，跳傘者開始拖著沉重的腳步向前，然後一個個跳出飛機。輪到我時，我轉向指導教官，尋求最後一刻的重點指導，但是他卻直接把我推出機艙門。我朝側邊滾了出去，而不是張開四肢飛出。因為我墜落角度的關係，背上那個裝著降落傘的長信封狀封套雖然打開了，卻把我裹住了。我以倒栽蔥的方式朝地面墜落，身上裹著一大塊布，根本無法開啟降落傘。在地面上看著我的老媽與老爸嚇壞了。我的下墜開始出現旋轉，而我短暫的一生則在眼前閃過。

「我要死了。」是閃過腦海的第一個念頭。但接著在感覺像是過了幾分鐘，實際可能只是幾奈秒的時間內，我接通了自己的求生模式，腦袋開始湧出各種資訊。擺脫傘套。打開備用傘。

我快速地連續做了這些動作。備用傘並沒有配置讓傘彈出傘包的彈簧，所以我必須手動把傘張開，換言之，我必須扯開前置的開傘索。當彈性帶扯開了備用傘包時，我用一隻手確保傘索位置正確，另一隻手則是伸向背後的備用傘確保傘面可以張開。這個時候我距離地面大概只剩下一千呎。備用傘張開了，此時我的主傘也擺脫了傘套張開了。突然之間我的頭上頂著兩張降落傘。整個降落亂七八糟，而且笨拙可笑，但是我畢竟安全著陸了。老天保佑，我唯一的損失只有內褲。這次的瀕死經驗讓我對跳傘失去了興趣，我的降落傘也在那次事件後被束之高閣，然後就一直待在高閣之中。

我也會水肺潛水，常常在暑假跟一個朋友跑去南部海岸潛水。這是我很喜歡的一個嗜好，潛了好幾年。每隔幾週我就會去潛水，所有裝備一應俱全。對我來說，潛水就像一件很正常的事情，不過事後回想起來，跳傘與深水潛水其實都不是青少年的正常娛樂。隨著年歲增長以及開始工作，我發現持續這些冒險嗜好的時間減少了，於是潛水活動也被放到一邊，直到年歲又更大了之後。

十七歲時，有天晚上我在一家位於多爾金（Dorking）的迪斯可舞廳與曼蒂相遇，兩人成了情侶，後來又成為夫妻。儘管感情有了羈絆，我依然在追求事業以及具有更高使命感的工作道路上奔馳。

第三章

有天開車經過克洛敦（Croydon）的時候，我瞥見了一個掛在某軍營外的大招牌，上面寫著：傘兵兵團第十志願軍軍營。

我抄下了細節。鑑於數年前幸運的死裡逃生經驗，或許我應該就這樣視而不見地把車開過去。不過我猜自己可能真的有腎上腺素上癮症。

選拔過程從北倫敦的芬奇利（Finchley）開始。芬奇利是三個連隊的駐紮基地。每個週末與週二，我都在米切姆路（Mitcham Road）接受訓練。為了週末的訓練，我每週五晚上都會開車去芬奇利，然後在操練大廳裡睡睡袋過夜。

十一月的某個週六早上五點，我們一百八十四個人開始接受選拔。第一個測驗是五哩跑步，目的在於淘汰所有懶骨頭。結果大家很快就清楚看到哪些人在選拔之前有訓練。有一個頭戴毛帽，身穿無袖T恤的大塊頭自信滿滿地站在閱兵場，他就像美國電影裡的拳王洛基（Rocky Balboa），嘴中吐著熱氣，跳來跳去地隨時準備行動。

「小到不能再小的場面了，小子。」他嗤之以鼻地說。

我們被分成較小的組別，每一組都需要跟上指派到各組的教官速度。我們的教官是隸屬英軍傘兵團二營（2 Para）的傑若夫．巴特勒（Geoff Butler）。跑完三哩後，教官們開始加速。洛基老兄跟我同一組，在三．五哩時，他突然倒下，遭到淘汰，許多人也開始像蒼蠅一樣紛紛落地。

通過第一個週末體能與心理折磨的人，在第二個週末收到了發下來的織帶包（腰包）、軍裝、睡袋、靴子，以及一把來自於軍械庫的七．六二自動裝填步槍。我們必須把沙子裝進塑膠袋，然後用電線膠布把沙袋固定成包裹，再把這個沙袋包裹放進我們的腰包中，模擬設備重量。腰包要經過教官秤重，必須達到十三．六公斤。從早上發下裝備開始，每個人的步槍與十三．六公斤的腰包都要隨身帶著，跑步時也不例外。

除了體能挑戰，這項選拔活動也提供了實務課程。我學會了如何拆卸與使用一系列武器，包括自動裝填的步槍、機關槍、反坦克武器，學了野外作戰技術、偽裝，以及如何不讓自己的腰包發出聲響，順利在黑暗中進行突襲。

隨著課程的進展，我們冒險深入布雷肯比肯斯國家公園（Brecon Beacons）執行長距離的作戰行軍，也進行實彈的分隊攻擊。我們還到位於肯特（Kent）的聖馬丁平原（St Martin's Plain）軍營受訓兩週。在這個軍營中，我們曾戴著防毒面具、穿著整套的防核、防生化戰服裝，待在一間滿是催淚瓦斯的房間內。在房間內的我們得拿掉面罩，說出我們的名字、軍階與編號——儘管身處催淚瓦斯中，也不可能不呼吸。任何人只要報錯了任何一項，就必須繼續說到完全正確為止。催淚瓦斯房外，就只見大家全大口呼吸、用力咳嗽，眼淚流個不停。有些人還會嘔吐。

跑步的環節愈來愈難，我們的裝備也愈來愈重。套用傘兵對於跑步的暱稱，一般的「菜單」（tab）需要我們攜帶通用機槍維持隊形跑十哩。機槍先是由最前面的跑者帶著，跑了幾百呎後把機槍交給身後的跑者，原攜機槍者跑到小隊最後恢復體力，直到整個小隊全部輪過一圈後，再重新開始這次次的地獄輪迴。我們學會了以定量的配給做飯、睡在稱為「匪窩」（basher）的臨時遮蔽處。我們大多數的巡邏都是在黑暗的遮掩下完成，也是在這樣的情況下，學習如何悄然無聲地行動，在任何地形中維持身跡的隱匿，以便隨時給出致命的一擊。

所有的這些高強度訓練都在於讓受訓者能承受得住令人聞風喪膽的飛馬連（P Company/P Coy）[7]傘兵前選拔週——也就是要加入這個名聞天下的兵團，所必須通過的最終測試。飛馬連選拔就是為期一週的十足痛苦，包括了更困難的跑步、攻擊課程、高架訓練場[8]（一連串的空中自信課程）、運木競賽、擔架競賽、障礙賽、攻擊課程以及基本上根本就是狂揍對手的「對戰」[9]。

飛馬連選拔也完全沒有讓人失望。先是在高低起伏的地形上，進行十哩的計時作戰行軍（跑步與快行軍），要帶十三．六公斤的腰包與一個背包，外加兩個水瓶與一個武器。天氣熱到可以直接進行燒烤，而一邊跑一邊把水壺從袋子裡拿出來喝一口再放回袋子中，是件一點都不簡單的事情。在這次十哩跑步的壓力下，又有兩名候選人遭到淘汰。

下一個是高架訓練場——結合了平台、繩索、繩網、平衡障礙、攀爬架的空中課程，這個訓練設備高聳入天，卻沒有架設安全網，設計的目的就在於測試候選者克服恐懼的能力。其中一個訓練環節是沿著離地面十五呎的高架木板快跑後，跳過一個缺口。有位候選者在跳躍之前稍稍猶豫了一下，失去了衝跳的動能，直接從高架上跌落，被擔架抬出去，慘遭淘汰。

我們在類似的課程中被要求跑過這個空中高架，跳到一個專門設計讓人失去平衡的翹翹板上，然後繼續跑，再跳過一個大缺口，攀住另一邊豎立的一張大網。當我們朝著大網飛躍時，必須躍過半空，瞄準大網上的空隙之處，吊在網子上。任何一個環節出現錯誤，人就會從十五呎高的地方跌落。課程的壓軸節目是六十呎的高架，我們要走過平行的雙桿、彎腰、手碰腳趾、大聲說出自己的姓名、軍階與編號，然後跨過雙桿路上的兩個障礙物，以單腳站立維持平衡。

7 譯註：飛馬連（Pegasus Company）簡稱P Company或P Coy，是基地設於北約克夏步兵訓練中心的英國武裝部隊訓練與選拔組織，為英國傘兵團新兵以及自願在第十六空中突擊旅（16 Air Assault Brigade）擔任傘兵的正規和預備役軍官舉辦「傘兵前選拔」課程。

8 譯註：高架訓練場（Trainasium）是一個由鐵條、梯子與其他裝置組合起來的複雜鐵製訓練架，一般都有三十呎高，有些甚至會高達六十呎。

9 譯註：對戰（milling）為英國空降部隊的訓練活動，在一定時間內，兩名對手盡可能在不閃避的情況下猛烈攻擊對方頭部。

接下來是擔架競賽，每隊都抬著一個重達近七十九．五公斤的金屬擔架，穿過五哩的高低起伏地形。進行這個競賽時，每個人都要隨身攜帶十三．六公斤的腰包與一把四公斤的步槍。整個過程艱辛到令人無法承受，我的身體簡直感覺要散架。

選拔測試的封關項目被稱為對戰；這個項目的說明寫的是「控制下的攻擊」，然而事實上根本沒有任何控制。我們必須全力痛揍對方。如果你有任何保留或無法下拳，就無法通過飛馬連的測試。與我對戰的傢伙叫做玖克，來自格拉斯哥，少了一對門牙。我們像是羅馬戰士般狂猛地朝對方出拳。當停戰鐘聲終於響起，我們臉上烏青片片，兩人都被打得很慘，鼻血流不停。傘兵的體能訓練教官（PTI）同時舉起我們兩人戴了拳擊手套的手。那個年代，大家都沒有戴護頭套或護牙套——根本沒有人提及腦部損傷。

那是充滿挑戰的一週，艱辛卻充實，我一輩子都不會忘記。最後，當初參加遴選的人只有二十七人通過了測試，包括我。我們終於脫下了軟趴趴的迷彩簷帽，被授予了人人艷羨的傘兵兵團紅色貝雷帽，上面別著戴有女王皇冠的銀色傘兵翅膀徽章。授帽儀式一點都不盛大，但是我覺得這樣的安排才符合菁英兵團的作風。

飛馬連同意讓我開始我萬分期待的下一階段訓練。想要成為傘兵，就需要從飛機上跳出去。降落傘訓練在布萊茲諾頓皇家空軍基地（RAF Brize Norton）的第一傘降訓練學校（No. 1 Parachute Training School）進行，由皇家空軍指導。這所學校的座右銘是「知識是恐懼的剋星」。這裡的活動要比飛馬連文明太多了。新兵搭乘巴士入校，住宿環境也好多了。布萊茲諾頓甚至還有他們自己的在地夜店——亮點俱樂部（The Spotlight Club）。在這裡也不需要到體育館互毆。我猜這些福利的設計目的，應該是課程當中包括了我們要被丟出飛機這個事實的補償。

我非常喜歡降落傘訓練。生命中的那段時間，我還在民用航空管理局上班，不過因為民用航空管理局隸屬國防部，所以他們配合軍事訓練的需要，給了我非常寬鬆的假期。

我在傘降訓練學校的第一次正式跳傘地點，是位於牛津郡（Oxfordshire）的赫爾文頓皇家空軍基地（RAF Hullavington）。佈署到戰爭中的空降兵通常都是引張帶跳傘，因此這也是最初訓練的重點。第一次跳傘是從一個錨定的攔截氣球往外跳，氣球連結到一台卡車後方的絞盤上，氣球高低由絞車控制。最高的跳傘高度為地面以上八百呎，並不高。

第一次飛機跳傘那天，我和同是新兵的伙伴走到布萊茲諾頓皇家空軍基地的停機坪上，目瞪口呆地看著停在那兒等我們上機的力士型中型運輸機（Hercules）。近距離看到這些大傢伙，只覺得它們像是低伏在地的臃腫野獸般嚇人。不知道為什麼，在我腦海裡出現了一個十歲的我，正興奮無比地呼喊著：「你馬上就要搭《雷鳥二號》升空了！」

這次要登機的新兵一共五十名，大家都刻意邁開大步，踏上機尾的登機斜坡。我覺得自己好像走入了一個電影中的場景，而當機門關上時，身處在這架大怪獸肚子裡的我，興奮與期待之情難以遮掩。巨大的渦輪引擎啟動，機身不斷震動，而隨著飛機呼嘯著穿過跑道起飛時，周遭的一切全在轟隆作響、顫抖不已。

跳傘區是一個被稱為綠地威斯頓（Weston-on-the-Green）的地方，就在M40號高速公路再過去一點。坐在軍機安全座位上的人，沒有可以望向外面的窗子，只有在較靠近機身頂部，稍高於眼睛的地方有幾個小小的舷窗。除了頭盔與兩套降落傘外，我們跳傘時沒有任何其他配備——主傘背在背後，備用傘在前面。這樣的跳傘稱為「基本配備」（clean fatigues）跳傘。一組八人，每組都是一個接一個從同一個飛機側門向下跳，大家稱這個過程為一次一個（single sticks）。

所有人都必須服從機艙中間的裝載長命令，他掌控所有事情。一收到命令，大家全部起身，將後傘的釋放帶扣在設置於頭頂那條穿越整個機艙的鋼索上。裝載長舉起大拇指，作為引導我這一組向前的手勢信號。跳傘教官（PJI）打開機門，開始了跳傘程序。機艙內的氛圍瞬間出現了改變。就像是突然搖下了疾駛中的車窗，把頭伸出車外一樣。引擎與空氣猛然湧入的噪音同樣震耳欲聾。跳傘調度教官下令「各就各位」。

我們一個個不安地向前走，一手橫過自己的備用傘，另一手握著確保我們安全帶子以及我們扣在鋼索的引張帶上。我排著隊，站在這架巨大金屬鳥的門口，強風灌向我們每一個人，其他人都緊緊跟在我的身後。

我望著腳下這片與我的距離超過了八百呎的鄉間。隨著飛機接近威斯頓的跳傘區，飛行員透過裝載長的耳機與他聯絡，接著裝載長對跳傘調度教官擺出了拇指向上的手勢，跳傘區紅燈也開始發聲作響，代表我們已抵達跳傘區上空。

「紅燈亮！」跳傘教官大吼。

我的心臟奔跳著。紅燈轉為綠燈。這是跳傘的信號。

「綠燈亮。跳！」

我把自己拋出了機門之外，身體在巨大的力士運輸機滑流中被甩來甩去，數秒之後，降落傘打開了。我抬頭看，確認張開的傘衣沒有問題，再仔細觀察自己的身邊，看到其他的新兵都在空中朝著地面飄去。我準備著陸，砰的一聲，執行了完美的降落。發生的這一切不到一分鐘，而且早在我回過神前，我就已經開始把自己的降落傘胡亂包裹成一堆，收進一個大的綠色袋子中，步履艱難地穿過一片原野，走到等著載我們回到基地的巴士那兒。

新兵總數持續減少。我們那期的一位新兵不願意上飛機，另一位則是在機門打開時拒絕往下跳。

為期兩週的訓練課程非常棒，學校一再灌輸跳傘技巧的結果，就是我連閉著眼睛都可以正確執行這些程序。我們每天都有訓練，而上課的日子就在訓練、跳傘、降落、再跳傘之間，稀里呼嚕地過完了。

最後，我們這些完成課程的人，全在布萊茲諾頓皇家空軍基地的機棚外列隊，資深跳傘教官走過我們的隊伍，與我們一一握手，並把我們的翅膀臂章頒發給我們，讓我們驕傲地貼在我們的右臂上。那天晚上我們在亮點俱樂部舉辦了一個盛大的慶祝會。

身為菁英單位的一員，代表除了例行的週二夜間訓練外，每個月還需在週末離家訓練，地點通常都是潮濕與不適合居住的地方，而週末訓練的次數，有時一個月會高達三次。這些訓練一般都包括了大量的體能鍛鍊。維持體能與健壯是絕對首要的規定。

身為空降預備兵的日子刺激、令人振奮，但也相當耗費力氣。我在訓練結束回家時，往往都處於極度疲憊的狀態。我的肩膀因為淤青而出現磨損的問題、腳跟全是水泡、雙腳也疼痛不已。我回家看到老媽後，就躺在沙發上一睡不醒，她根本無法把我叫起來，只好把我留在家裡。到了週一早上，我又必須去上班。

我另外還參加了第二十一空降特勤團（21 SAS）的選拔，通過了最初的幾次選拔競賽，但是要投入的時間與精力實在太多，勢必會影響我的前途。我與曼蒂對於彼此的關係也開始愈來愈認真。我在傘兵體制下總共待了六年，我非常喜歡那段日子，但是開始工作後，我發現自己的時間愈來愈少，而我終究還是要面對放棄一些東西的選擇，於是我終結了自己在部隊的時間。

儘管如此，我還是覺得自己成就了一些事情。我完成了一些最嚴苛的軍事訓練，並曾與一群願意為彼此犧牲性命的極度忠誠之人所組成的傘兵兵團共同服役。

第四章

二十歲出頭的時候，我過著兩種生活：週一到週五的乏味職場工作，努力賺取生活費，而週末不是和傘兵進行軍事演習，就是在地底探索坑道、在礦區中爬行穿梭，充滿行動力與冒險性。我的心全留在了礦區與坑道中，我知道自己在封閉空間超過二十年的經驗，必然有更多可以應用的機會。薩里郡消防隊若需要地下行動的協助，我依然是他們的第一選擇，但是我需要找出如何把自己熱愛的嗜好轉變成事業的方式。

當我在一家名為空中呼叫（Air Call）的公司工作時，有人介紹我認識了凱斯・菲林傑爾（Keith Pillinger），他在布里斯托經營自己的救護車事業，公司名稱為醫務輔助救護服務（Paramedic Ambulance Services）。（他因為將一台里來恩特小貓〔Reliant Kitten〕汽車改裝成當時大家認為是世界上最小的救護車，而在一九九八年上過頭條新聞。）他的公司是英國西南部設立第一家私人救護車公司，負責當時布里斯托兩家私立醫院的意外與緊急呼救事件傷病運輸。後來這家公司發展成了全英國最大的私人救護車公司，為許多私立與國民保健署的醫院提供服務。

凱斯的企業模式讓我領悟到市場對於緊急應變服務支援，以及與緊急應變單位有效合作的私人企業，有一定的需求。他的救護車獲得授權使用藍光，而他公司的救護車司機也都接受過相關的特別培訓。

凱斯是個很有意思的人，有一口濃重的西南部口音；我們後來成了朋友，偶爾我會以旁觀者的身份，坐在他的車上跟車，因為我迫切地想要知道所有與緊急應變有關的事情。我開始嚴肅思考如何讓自己特殊的技能夠有更好的發揮，也要感謝凱斯的啟發。

我知道整個緊急救援服務系統對於封閉空間的訓練有一定的需求——不僅消防隊，還有緊急救護人員——因為每當我被傳喚到礦區，進行洞穴探險愛好者的救援時，其他的緊急對應人員總是會問我問題。我喜歡與大家分享我的知識，然而封閉空間救援從以前到現在一直都是個特殊領域。能擁有像我這種提供這類專業與經驗的人並不多，而這一點其實完全是意料中的事情。

我生命的其中一個轉捩點，發生在老爸與我開始在我們所探險過的礦區中，為薩里郡消防與救援單位的特殊救援小組進行訓練的時候。某一堂訓練課上，加入了四位倫敦消防隊繩索救援小組成員，其中一人是彼特．桂廉（Pete Gwilliam），他是個一百九十三公分高，耀眼英勇的傢伙，也是後來我的工作伙伴。老爸和我帶著大家穿過礦區，遠征到保留那副老牛骨的地方，並教他們如何執行各種搜尋模式與打通地下坑道。

我摯愛的祖母多莉在一九八五年過世。她腹股溝有一顆瘤，多年來一直沒有給她造成任何問題，大家都以為那就是顆良性囊腫。最後醫生建議她應該移除那顆瘤，祖母同意了，住進醫院進行切除的小手術。然而之後的切片分析卻發現那是顆惡性腫瘤。癌細胞快速擴散。親眼看著她從一位身體健康的結實老太太，變成一個她自己的影子，過程實在令人無法承受。祖母勇敢極了，她對自己的疾病始終抱持著樂觀的態度與正面的想法。最後祖母多次進出她一點都不喜歡的安寧病房。大多數的日子我都會去探望祖母，她看起來狀況還不錯。有天晚上，她躺在自己的床上，我和她一邊看電視，一邊閒聊，然後與她道別回家。第二天我們就被通知祖母陷入昏迷，只剩下四天的生命。她的樣子讓我們心碎；院方為她注射了大量嗎啡，因此她時而清醒，時而昏迷。我問護士她為什麼會陷入昏迷，因為我在前一天晚上離開她的時候，她還好好的。護士告訴我她在晚上一直都會感到些疼痛，所以都會給她注射嗎啡，讓她能夠舒服一點。

「她什麼時候會醒？」我問。

「我們現在只能讓她感覺舒服一點。」護士這麼回答。

當時我並不理解對方這個回答的意義，只知道祖母一直處於昏迷狀態。

後來我才知道有一種被稱為「間接安樂死」的過程，也就是為了解緩病人痛苦而使用一定劑量的止痛藥物，最終會讓病人因此喪命。如果我當時就知道這樣的事情，我不會讓他們這麼做，因為祖母在幾天前還可以走來走去，看起來很開心。祖母的去世來得如此突然。一如護士預測，四天後她就因為所有的器官都衰竭而撒手人寰。

我傷心欲絕，失去她的這件事，影響了我很長一段時間。直到今天，我依然非常想念她，也常常到她的墓前探望她。祖母是我生命中很重要的一部分。

她是我人生中第一位失去的心愛之人，而這件事讓我理解到死得有尊嚴是件非常重要的事，也讓我體會到悲傷是多麼地令人痛苦。我和我的父母都想獲得寬慰，也想知道答案。這次失去親人的經驗，也教會了我如何以同理心對待其他陷入悲傷中的人。

我的個人私生活在那段時間也有了很大的改變。三年後的一九八八年，二十六歲的我和曼蒂結婚了。我們在紅山買了一棟小公寓，然後當年的十一月，長女娜塔莎出生，我們因此搬到了位於霍利的一棟空間較大的三房排屋中。

大概也是在這個時候，我開始陷入財務困難當中。

一九九一年的通貨膨脹超過百分之八，銀行利息開始往上升。一九九二年，我的二女兒丹妮耶出生，利息很快又繼續攀高。我的房貸繳款壓力開始變得異常沉重，在不到一年的時間內，每月繳款金額從幾百英鎊增加到了一千英鎊以上。我根本無法支應這樣的債務重擔，特別是還有兩個嗷嗷待哺的小傢伙。貸款銀行艾比國民銀行（Abbey National）打算收回債權，拍賣我們的房子，於是我上法院試著與銀行共同擬定一個財務解決方式，希望能讓對方保住我們的房子。最終銀行取得了強制收回債權令，我被告知我新成立的小家庭與我都必須在一天後搬離。第二天早上，法院執行官出現在我家門口換鎖。通知的時間僅夠我們收拾少數的東西。

我們一家搬到老爸老媽只有兩間臥房的家中。幸運的是沒多久我們就租到一間位於紅山金斯頓路（Knighton Road）的福利房[10]。不過我並不想依賴市政府，我希望能養活自己。

就在個人生活中的這些戲劇性事件發生之際，我提供薩里郡與倫敦消防隊的訓練，已擴及到涵蓋了大英國協搜救隊（United Kingdom Search and Rescue Team，現已更名為城市搜救隊〔Urban Search and Rescue Team〕）以及直升機緊急醫療救護系統（Helicopter Emergency Medical Services，簡稱HEMS）。以義工身份提供這些訓練的我，並未收取分文訓練費用，只索取最低限度的支出。我的訓練項目包括安全程序、安全設備、進入封閉空間後該做與不該做的準則、營救，以及在建築物倒塌地點建立支撐的技巧。每一項訓練都是我根據各參與者的特殊角色而量身打造。我把自己多年來在礦區裡學到的重要經驗傾囊相授。

其中一個非常重要的經驗就是不論在任何封閉空間內，未測試該處空氣中的氧氣含量之前，絕對不要貿然進入。許多死亡事件的發生，都是因為大家沒有意識到封閉環境中的隱形危險。舉例來說，每年都會發生好幾件水手以及船隻作業人員因為進入船底生鏽的船艙而死亡的案件，原因就在於鏽蝕是一種金屬吸收氧氣的過程。筒式穀倉也很危險，穀物同樣會吸收氧氣，因此這類封閉空間無法支撐人命的維繫。諸如硫化氫、甲烷等危險氣體，會在人孔洞、下水道與地下金庫這類低窪與封閉的空間中聚集。有機物質分解時釋放的甲烷，因為高度易燃，也是很危險的東西。

我從未積極推銷過自己，但我的專家知識卻透過口耳相傳快速傳播。當我的專家名聲與可信度在業界變得益加紮實同時，倫敦救護車服務（London Ambulance Service）控制中心的直升機緊急醫療救護辦公室，也和薩里郡消防隊一樣，把我的詳細資料納入了他們的檔案中。只要發生任何需要封閉空間專家協助的事件，他們都會聯絡我。

除此之外，我還開始每隔幾週就以觀察員的身份，跟著直升機緊急醫療救護系統飛往各處。某天在處理完意外事件，歸返基地的回程途中，我與醫師、醫療輔助人員坐在直升機後座，看著兩位坐在前座的飛行員，穿著他們的飛行服、戴著頭盔與對講器，心中肅然起敬之餘，也想著「這些傢伙實在太酷了」。我雖然完成了學業，卻沒有任何相關的資格證書，心中突然生出一種嫉妒與後悔的悲痛，想著自己可能永遠也沒有機會駕駛這樣一架美麗的機器。

我隨時待命提供支援，不僅僅是地下或封閉空間救援，也參與那些需要爬高或需要具備繩

10 譯註：福利房（council house）由英國地方政府興建管理，然後以廉價租金提供給低收入市民的住宅，柴契爾（Thatcher）政府開始推動租戶也可以購買福利房的政策，持續至今。多年來福利房的興建速度不及出售的速度，排擠可以得到協助的弱勢民眾數量，多年來一直都有取消出售福利房的說法出現，但目前還沒有正式定案。租戶購買福利房後就可以用「前福利房」的名義在市場進行正常買賣。

索使用專業的救援工作。倫敦消防隊最近才因為節省開支而解編了他們自己的繩索救援隊，就在他們不久前才花了數十萬英鎊購置輕型救援車與大量繩索救援設備之後，結果他們把這些設備全送給了社區團體。這種模式多年來在我眼前演變成了一種規律，令人沮喪至極。緊急救援服務系統內的專業組織為了省錢而一一遭到裁撤，原因是需要專家協助的任務頻率極低。一直要等到重大意外事件發生，專業人員資源缺乏的問題才會顯現出來、成為注目的焦點。有關單位於是啟動公眾調查，所有事情從頭再來一次。接著大家用更多的成本成立新單位，再取個不同的名字。這一切成了惡性循環。所有人都責怪政府，但這樣的事情其實是地方當局做出的決定。

當年倫敦是個一天到晚都有緊急事件的忙碌城市（至今依然如此），於是薩里郡與倫敦消防隊，再加上直升機緊急醫療救護系統需要我協助的通知，成了家常便飯。

最初參與協助的其中一起案件，發生在起重機的車頂，那是一九九四年十月在金斯頓（Kingston）發生的意外事件。那天是個狂風大作的秋日，有位精神狀況出現問題的年輕女士爬上了起重機高達一百五十呎的車頂，威脅著要往下跳。由於當時的風勢太強，直升機無法降落，因此直升機緊急醫療救護系統轄下的一位醫生，搭著應變急救車趕到了現場。消防隊員、救護車與警察也都已抵達。

我在接到直升機緊急醫療救護系統控制中心的電話後，立刻衝到現場。警方封鎖了起重機底下的區域與道路，造成鄰近地區的交通量逐漸增加。沒有繩索救援能力的消防隊員對當下的狀況無能為力，他們也無法在建築工地中架起高空平台。我盡可能在靠近現場的地方停好車後，上前向掌控這起意外事件的警察自我介紹。資深警員對我簡短說明了情況：起重機上那名女士的男友在染上愛滋病後自殺，而她則是處在極度焦躁不安的情況下，一再威脅著要從起重機上跳下來。她不但一直向工地的內井丟擲板手，阻止任何人爬上去接近她，還威脅那位把自己反鎖在起重機駕駛室內的操作員。

「她已造成公眾妨擾，所以我們需要有人上去把她弄下來。」負責這起意外事件警官這麼對我說。

「沒有這麼簡單，」我向對方解釋。「她顯然處於一種很煩亂焦慮的狀態，我沒有辦法就這樣上去抓住她，然後把她拖下來。這是極不負責的作法，而且非常危險。我需要和她談一談，說服她同意讓我帶她下來。」

「不管怎麼做，她都必須要下來。」主事警官這麼說。

我回到車上拿出設備，配戴整裝後，扣上安全帽，再拿出繩索與另外一條為那位女士準備的安全帶。我的計畫是先與她對話，讓她平靜下來並感到安心後，再將安全帶固定在她身上，安全地把她帶下來。

我費力地走到起重機底座，開始朝著起重機車頂向上長征。大概爬到三分之一的高度時，我從對方可以聽到我的聲音之處，朝著那位女士喊話。

「我叫彼得，是個空中救護服務的救援人員，我上來只是要和妳談一談。這樣可以嗎？」對方的回覆在數秒後出現。鏗、鏗、鏗。一支板手飛旋過我的頭頂。我繼續向上爬，一邊爬一邊大聲說話讓她安心。她必然是理解到了我並非威脅，因為不再有其他工具朝我這邊飛過來。

當我爬到了接近頂端的平台時，我對著駕駛室內的操作員喊話，讓他安心。對方告訴我他很好。那位才二十歲出頭的女士正岌岌可危地蹲坐在護欄上。她很瘦，正在發抖。她的雙頰淚痕斑斑，雙眼滿是血絲，只穿了一條牛仔褲與一件單薄的夾克。她看起來很絕望、極其疲憊、淒楚。我為她感到悲哀。

「走開，我要跳下去了。」她虛弱地這麼說。

我判斷對方如果真的想要這樣結束一切，早就行動了，「妳聽我說，我不會傷害妳。我只是想跟你說說話。我不是警察，我上來這兒，只是想幫妳。」我這麼說。

我並沒有接受過處理這類事件的訓練，所以我只是問她關於她的事情，以及為什麼會來這兒。我們開始談話，她告訴我她男友的事情，以及她覺得自己有多麼寂寞。她說沒有他，她不想再活下去。

「妳看起來很餓，」我說。「我幫妳拿點吃的東西。」我想這應該是個表現友好的方式。

她點點頭。我問她想吃什麼，她說麥當勞。很幸運的是，我從起重機頂端看到幾百公尺外就有一家麥當勞。

「好。我先下去拿點吃的，之後我們可以再多談一會兒。」我這麼說。她同意了。吃東西的念頭似乎轉移了她對於自殺的注意力。

我爬了下去。

督察警官在起重機底座與我碰面。

「可以幫她買份麥當勞嗎？她想要一個吉士漢堡、一杯咖啡。」

「你在開什麼玩笑？」這位警官不可置信地問我。「她只會遭到逮捕。」

慶幸的是那位也在現場待命的醫生更能理解現在的狀況，於是他跑去買了麥當勞。我將買回來的食物放進背包中，揹著背包重新爬回起重機車頂。

等我爬回車頂時，轉大的風勢震耳欲聾地呼嘯穿過起重機塔頂的鋼管。我再次坐在車頂，把食物與飲料遞給她。

「吃點吧，吃完之後，我想我們得讓妳從這上面下去。」我溫和地這麼說。

她開始變得焦躁不安。

「我不要下去。一下去他們就會逮捕我。」她挑釁地這麼說。

我試著安撫她。

「他們不會逮捕妳。下面有一位醫生在等妳。他會帶妳去醫院，醫院會給妳協助。我保證。讓我帶妳下去，跟他們好好談一談，我會確認他們有好好照顧妳。」

她同意了，於是我又爬了下去，在下面與警察溝通。

「我們一定要把她抓起來。」當我試著解釋整個情況時，警官嗤之以鼻地這麼說。

「她需要幫助，」我懇求道，「她不應該遭到逮捕。」醫生支持我的說法。

「她受到精神創傷，心理狀況很不穩定，我會陪她去醫院。」醫生堅持地說。遺憾的是當時是一九九〇年代，大家對於心理健康的認識遠不如今日。

在接下來的執法立場與醫療照護立場僵局中，我重新爬回起重機車頂，告訴那位女士，醫生正在下面等著提供她協助。我向她做出了承諾，心中希望警方在面對這個不幸的可憐人時，能夠知道她其實不會對任何人帶來威脅，並可以明智地選擇。她最後同意了我的提議，於是我小心翼翼地替她固定好安全帶後，把她和我扣在一起，從起重機中間吊降而下。

到了地面後，我解開了她的扣環，我們一起走出建築工程區。但是讓我惶恐的是三名警察上前，直接抓住她往地上摜，然後上銬。

「你們在幹什麼？」我大吼。

那位女士也在尖叫與扭動。

「你騙我。」

「放開她——」我大叫。

那位了不起的醫生衝了過來，也開始對著警方大吼。

「放開這個女孩，她需要幫助。這是醫療事件，你們沒有權力這樣做。」

警方拒絕承認他們的行為不可理喻，不過最後還是決定放了這位女士。醫生和我協助她站起來，我們用毯子裹住她，然後帶她上了停在旁邊的救護車。

醫生與那位女士離開後，我仍站在原地，震驚於自己剛剛所目睹的一切，驚駭得回不了神。在現場的消防隊員也無法相信剛剛發生的事情，他們看著那三位警察，搖了搖頭。

在此有必要說明一點，在我的工作生涯中，我隨時都在和警方打交道，不論共事或並肩作戰的警察人員，百分之九十八的人都非常優秀。他們是行善的力量，而且做得很好，他們保護人民、破獲犯罪案件。但是各行各業總免不了少數壞粥屎。我稱這些害群之馬為「兩趴俱樂部」。在職場上，我也碰到過這百分之一、二的傢伙。

在那次意外事件之前，我一直戴著過度樂觀的眼鏡看待緊急意外事件的處理，以為所有不同的相關部門，都會為了遇險者或需要救援者的共同利益而一起努力。雖然在我參與的大多數意外事件、災難事件與犯罪現場，大家的確懷抱著這樣的心態與作法行事，但諸如目的不同而造成彼此的誤解或溝通失敗、管轄權問題、自我中心、冥頑不靈等狀況，仍時不時地會把事情搞得更複雜。

起重機女士事件後不久的另一起意外事件中，我又發現了這樣的問題。位於倫敦西南部的波爾特公園（Poulter Park）通報有好幾個孩童失蹤，目擊者看到他們爬進了一個排水渠道中。當時正值炎夏高峰，排水系統過於憋悶，現場配戴了全套呼吸設的魁梧消防員無法進入。有位曾參加過我訓練課程的消防員，要求消防隊控制中心致電直升機緊急醫療救護辦公室聯絡我進行協助。我趕到了現場、聽過了簡報，然後整裝待發。我帶了一套氣體感測器以及一套化學循環呼吸器。這些可以放進小包包內的循環呼吸系統，設計巧妙，內裝一種稱為過氧化鉀的化學物質，與濕氣接觸就會分解產生氧氣，大概可以供應約一百三十分鐘的氧氣。這種設備唯一的缺點就是會排出很熱的熱氣。不過與窒息相比，喉嚨發熱這種程度的不舒服，應該可以算是值得付出的代價。

在地面上有消防隊員提供備援的前提下，我爬入了排水系統內開始搜尋，排水系統潮濕、寒涼。氣體感測器在這個過程中每隔幾秒就會嗶嗶作響，顯示運作正常。我在排水道內爬行了約四十分鐘搜尋失蹤孩子們的身影，但是一無所獲。

又過了好一會兒，我才重新回到地面，那時另一組人已經接管了現場，他們當中一人朝我走過來。

「你他媽的是誰啊？」他問。

「我一直在排水渠內搜尋。」我向他解釋。

「又是要命的老百姓，」他很嫌棄。「你們這些難搞的傢伙，就這樣進到排水系統裡，要是捅出了麻煩，最後我們還得把你們撈出來。」

現在是什麼情況？

「是你們單位讓我來支援的。」我提出抗議。

「我們不會讓一般老百姓參與這種事情。」他說。

對方愈來愈激動，我判斷當下最好的作法就是走開。後來我得知那些孩子早在數小時前就已經自己找到了出路，從公園的另外一邊鑽了出去，而且是在我趕到現場之前，這個事實讓整件事情更是雪上加霜。

當天稍晚我接到了好幾通熟識的倫敦消防隊員來電，他們告訴我所有分隊都收到了一份電傳通知，警告大家注意一個假扮成救援人員的平民百姓。電傳通知中的平民百姓當然就是我。

我直接向消防隊隊長投訴，後來那份通知遭到撤回，對我的道歉也正式發出，證明我確實具備資格以及被授權在需要專家的救援行動中，提供建議與協助。

直升機緊急醫療救護團隊特別重視我提供的協助，還讓我參加了為期兩週的創傷救命術（trauma life support）課程，這是醫生為了學習緊急應變處置所上的課程。這些課程代表我可以自信滿滿在空中救護醫療這方面，盡上自己的一份力，包括在急救醫療人員需要的時候，為他們遞上器具，以及協助病人搭上醫療直升機。

我持續擔任直升機緊急醫療救護團隊的義工，並隨著他們四處察看了好幾年，期間我接到通知協助處理的意外事件範圍愈來愈廣。

有天晚上一通來自空中救護控制室的電話讓我從睡夢中清醒。對方通知希斯洛機場有起案件需要我協助。

「一輛卡車卡在洞裡，有人困在車裡。」操作接線人員這樣告訴我。

這起意外發生在四號航站廣大的建築工地中，由於司機失去了對傾卸框式卡車的控制，車子直接衝過一個深達百呎的巨大豎井周邊防撞護欄。豎井邊緣因為卡車與司機的重量而坍陷，人和車子也都跌進豎井當中。幸運的是井洞內加設的強化鋼格構，發揮了巨大的彈跳床功能，減緩了卡車下墜的力道。受傷的司機被困在了他那輛目前以倒栽蔥方式種入洞底的車廂內。

要說這個景象與災難片的某些場景雷同，確實老套，但這種說法真的是我可以想出來的最貼切描述。我抵達時，現場已來了五名消防隊員與一位英國緊急救護協會（British Association for Immediate Care，簡稱BASICS）的醫生。

我循著長長的木梯向下爬到了這個巨大豎井通道的底部，那台損壞狀況嚴重的巨大推土機對我獻上熱烈歡迎。這種情況下竟然還有人生還，真讓我覺得不可思議。車內的司機正因疼痛而大聲哀嚎，由於他身上綁著安全帶，所以和車子一樣處於倒栽蔥的姿勢。他看起來像個破敗的玩偶，頭部傷勢嚴重。一位消防隊員站在嚴重受損的車體旁，頭已伸進車廂內。但是這裡的空間實在太小，救援人員無法進入車廂內把司機移出來，而司機亟需醫療救護。

醫生也在這兒，他正在安撫司機。

「彼得，你有辦法進去看看他是否還有任何其他的受傷部位嗎？我在這裡試著讓他鎮靜下來。」他這麼問。

在洞底的消防隊員是個大塊頭的傢伙，他的身材無法進入車內。我身型較小，而且對於封閉空間救援有經驗，所以由我進入車內是個很正常的選擇。我點頭，從狹小的空隙間擠進了車廂，然後我注意到一大灘紅色的柴油。

「如果這玩意兒爆炸，我們都會成為活人現烤。」我心裡這麼想著。

我擠進車廂內的時候，司機已陷入混亂與神智不清的狀態。我試著安撫他，同時檢查他的狀況。他突然開始出手攻擊。

「沒事沒事，」我對他說。「我們會把你救出去。」

司機的塊頭也很大，他持續亂揮亂打，然後在毫無預警的情況下，他一記重拳打在了我的臉上，把我直接打懵了。幸好醫生這時也努力地擠進了車內，快速且冷靜地為司機注射鎮靜劑，不到一分鐘，這位司機就癱軟地像個布娃娃。我設法剪斷了他的安全帶，在消防隊員的協助下，我們小心地放低司機身體，再經過一番搬弄，終於把他移出了車廂。醫生先給這位司機做了檢查，然後用旁邊另一台待命的起重機抓斗，將他抬離開這台巨大的推土機，由救護車飛快地送他去醫院接受治療。

我在每次的救援工作中學習如何對應遇險者。我現在瞭解與被救援者對話，讓他們瞭解我是為了幫助他們而來，會讓他們安全脫險，是件非常重要的事情。遇險的人通常都處於困惑與痛苦的狀態中。遺憾的是，有些時候任何人都無能為力。當我在救護直升機上擔任觀察員，以及在應變急救車擔任隨同緊急救護人員時，我看到了太多的死亡。

我對自己工作的興趣，開始擴大到緊急救助服務以外的領域。我提供給直升機緊急醫療救護系統的醫生與緊急救護人員的地下訓練課程當中，有一堂課的重點成了一九九〇年代初期電視節目《他們是怎麼做到的？》（How Do They Do That?）的其中一集。這個節目的主持人是伊蒙．赫姆斯（Eamonn Holmes）。我曾受邀到錄影棚與伊蒙見面，他對我的形容是「人類鼴鼠」，從那個時候開始，這個別號就緊緊黏在我身上。《週日快報》（Sunday Express）也曾專題報導過我，給我烙上了「滑板上的救星」印記，當時我開發出了一種利用滑板從管道中把傷亡人員送出去的技術。我訓練過的一位空中救護醫生海瑟．克拉克（Heather Clark）寫了一本書，書中把我描述成了一個「可以進入任何洞穴」的人。

隨著口耳相傳的效果擴散，英國皇家稅務海關總署（HM Customs and Excise）也聯絡上我，要求我為他們進行船隻搜查工作的封閉空間臨檢單位提供訓練。

曼蒂、我和兩個女兒這時已搬到了離我小學母校不遠的一棟兩間臥室的房子裡，但我的手頭依然非常緊，所以除了白天的工作外，我還販售安全與閉路電視監控系統，並在蓋特威克機場登記了週末清潔班的工作。

當時《消防與救援雜誌》（Fire & Rescue Magazine）與《工業消防季刊》（Industrial Fire Journal）的編輯向我邀稿，要我寫些關於封閉空間與坍塌建築的救援文章。我在客廳的角落擺了一張書桌。因為沒錢買新設備，所以從電器租賃（Radio Rentals）租了一台電腦與印表機。我又買了傳真卡與軟體，把電腦變成了一台傳真機。就這樣，家中的這個角落變成了我的辦公室。我為擁有全球讀者群的刊物寫文章，可以拿到稿費。在協助直升機緊急醫療救護系統、訓練第一線應變人員等工作上，我免費付出了非常多的時間，然而我是真的很享受這樣的付出。只不過第一次從救援相關工作上賺到錢，儘管方式迂迴、儘管金錢從未是我做這些事情的動機，但確實也讓我理解到，或許我可以在救援工作的領域裡，建立起屬於自己的事業。

真正的轉捩點發生在法國億而富油品（Elf Oil）公司中有人閱讀了我的其中一篇文章後與我聯絡，希望我能為他們公司位於威爾斯米爾福德港（Milford Haven）的煉油廠提供訓練。我從自己的支薪工作場所請了一天假，開車到米爾福德港與他們的安全團隊討論他們所需要的訓練。

之前為消防隊舉行訓練課程時，我認識了「大」彼特・桂廉，我知道他能夠幫忙，因為他是位經驗豐富的消防隊訓練員，而且善於規劃與設計訓練方案。我們談過後，他同意和我一起搭檔。由於我們的技術彼此互補，因此兩人合作非常愉快。億而富油品的合約，是我的第一個付費合約。在這個合約之後，我們又獲得了其他石油公司的工作，轉眼間我們提供訓練與支援服務的公司清單中，包括了殼牌石油（Shell）、海灣石油（Gulf Oil）與英國石油（BP）。

一九九五年，我終於覺得自己做好了準備，可以向前奮力跳出巨大的一步，獨立開創自己的事業了。童年的大志向——創建屬於自己的救援公司、成為下一個傑夫．崔西，在我註冊了國際專家救援公司（Specialist Rescue International，公司後來更名為國際專家集團）這個企業名稱時，實現了。

這是一大步。我賺的錢依然只夠維持生計，儘管聲譽很好，但工作卻沒有保障。然而就算收入勉強度日，我是真的非常喜歡這份工作。我可以幫助別人，而且終於感覺到我是在做自己該做的事情。

成立公司的時候，我去找在地的銀行經理，申請一千五百塊英鎊的貸款購買一些設備。這位經理不但對此不屑一顧，還對我說他認為我的商業計畫根本經不起審視。然而他還是撥了一千兩百塊英鎊的貸款給我，對此我感懷在心。

一九九五年後期，我忙到沒有時間看電視或報紙，因此完全不知道六十哩以外，在一個位於伯克郡（Berkshire）名叫紐伯利小鎮（Newbury）外圍鄉間所發生的事情。在野外地下的坑道與林地的樹叢間，一支新時代軍隊正在成形，並且正在為一場鮮少有人瞭解原因的戰鬥做準備。這些滿身污泥、滿頭雷鬼辮，懷抱著強烈新意識型態的新時代士兵，即將挫敗舊有的秩序，帶來全國各地的浩劫。而我即將成為他們的剋星。

就在銀行經理對我投下了不信任票的幾週內，這支軍隊和我走上了碰撞的道路。我將會接到一通改變我一切的電話。

第五章

我們在生活中，大可謹慎而周延地規劃，整體而言，計畫是件好事情，但有時候人就是需要那一點點的運氣，需要天時地利人和俱全。當時我身邊的各個事件正在密謀進行中，將我排除在決策之外，但所有事件的交集，卻保證了我的人生出現巨大轉折。與老爸在礦區坑道的那些年、我所獲得的專業技能，再加上我在緊急救援服務期間所建立起來的關係，全都確保了我的天時條件。而隨著道路興建案的地道抗議[11]問題愈來愈嚴重，我成了緊急救援服務雷達上唯一知道如何處理這類問題的人。

那是一九九五年十二月，工作電話響起的時候，我正在家。曼蒂接了電話。

「您好，國際專家救援公司。」

一陣停頓。

「我請他來聽電話，」她遮住了話筒，轉身面向我。

「馬爾文・愛德華斯（Meryyn Edwards）？」曼蒂質疑地問。

她把電話轉給我。

「哈囉，我是彼得・福爾丁。」

馬爾文是泰晤士河谷警察局（Thames Valley Police）的警官。

「我的一位同事幾週前曾在漢普郡（Hampshire）內特利（Netley）聽過你有關封閉空間的演講，」他這麼解釋道。「我們現在在伯克郡靠近紐伯利的地方出了一點狀況。我不確定你有沒有聽到媒體對於紐伯利外環道路（Newbury bypass）的報導？」

沒聽過。

於是他繼續說明。

「部分抗議者待在地道中，阻礙了重要的道路建設計畫。他們的地道挖得挺深，而且組織力極強，我相信你可以把他們弄出來。你明大可以來參加會議嗎？我們可以在會議上提供你更多的資訊。」

我對這件事非常有興趣。

為了準備第二天的會議，那天晚上我燙了褲子、擦了皮鞋。第二天早上，我開著我的佛賀騎士（Vauxhall Cavalier）去開會，會場在M4高速公路奇佛利休息站（Chieveley Service）的一間辦公室，這個休息站是紐伯利外環道路案的建設公司與公路總局團隊的工地辦公室所在。

11 譯註：地道抗議（Protest tunnelling）為英國人受到越戰期間北越「春節攻勢」（the Tet Offensive）的啟發，於一九九〇年代發展出來的一種針對道路、交通基礎建設興建案的特有抗議形式。抗議者挖地道後入內，阻止興建案進行。此處所提的紐伯利外環道路就是英國知名的地道抗議興建案之一。

馬爾文在會議室外和我見面。他穿著警察制服，用燦爛的微笑與有力的握手迎接我，他的肩膀上點綴了幾顆星星，代表了他的警司官階。他向我解釋這次有好幾位「大咖」與會，包括了財政部的律師、安全衛生執行署（the Health and Safety Executive，簡稱HSE）官員、結構工程師、代理司法行政官，同時也是這次行動的應急指揮機制銀級指揮官，以及泰晤士河谷警察局伊恩・布萊爾（Ian Blair）警官，他後來成為倫敦警察廳的總監，現在是伊恩・布萊爾爵士。

「不用擔心，他們都是普通人，」馬爾文這麼說。「做你自己、回答他們的問題就好。」

我跟著他進入了一間小會議室，會議室正中間放了一張大桌子，桌邊坐了七個人。

「午安，各位。」我向大家打招呼。其中一位戴著眼鏡、看起來很嚴肅的傢伙站起來自我介紹。他是伯克郡的代理司法行政官尼克・布蘭迪（Nick Blandy）。（我後來才知道代理司法行政官負責在其司法轄區執行法院命令。）

這些官員聚集在這間會議室所規劃的行動，後來成了一場可以追溯回一九八〇年代，圍繞著以伯克郡A34號九哩延長工程為中心的爭議高潮。交通運輸規劃人員說這條新路可以抒解紐伯利鎮惡名昭彰的交通瓶頸，但是當地的活動推動與參與者多年來卻始終堅持反對立場，因為這件興建案需要剷除一萬棵樹、推平超過一百二十英畝的林地。

一九八八年當局曾舉辦過一次公眾調查。工程原訂一九九四年開工，但後來延期。一九九五年七月交通大臣布萊恩・茂辛尼（Brian Mawhinney）做出最後決定，批准了外環道路的興建，令地球之友（Friends of the Earth）等環保團體大感驚愕。

多年來，不同立場的雙方積怨愈來愈深。

一九九二年，一場反對M3高速公路特瑞佛德低地（Twyford Down）段新路線工程的抗議活動，進一步加劇了政府當局與環保遊說團體之間的敵意。抗議活動在警衛人員開始動手把抗議群眾強行拖離現場後，演變成了肢體衝突事件。這次的紐伯利抗議不但有許多當年特瑞佛德低地的示威抗議老將，還聚集了全國性組織、當地的居民，以及一大群三教九流的直接行動社運份子。

一九九五年七月宣布道路興建工程開工後，這些抗議群眾就開始湧入。許多人爬上樹，住在被稱為枝條窩（twigloo）[12]的樹屋中，進行樹坐。第一個營區在史內爾斯摩爾公地（Snelsmore Common）設立。一九九五年，另外一個營區出現在肯尼特和埃文運河（Kennet and Avon Canal）邊。一個月之後，一片本來要被推平的小灌木林中也設立了營區。當我被召來參加這場會議時，不但又增加了三個營區，還出現了好幾名主張自己霸住權[13]的示威抗議者。

12 譯註：主要指環保人士臨時搭建的樹屋。

13 譯註：霸住權（squatters' rights）的法律名稱為逆權侵佔（Adverse Possession），係指土地房屋的非權利人，在未經所有權人同意的情況下，持續佔用土地房屋超過一定期間後，可合法取得土地房屋之規定。逆權侵佔法源於美國法，早期為鼓勵人民開荒所設，目前各國規範不盡相同，其中關於佔有年限更是迥異，七年至十五年都有。台灣民法對未登記之不動產，有類似逆權侵佔的相關規定，已登記之不動產不適用。

對立雙方的情況都愈來愈不穩定；尼克·布蘭迪收到了死亡威脅，另外還有一名住在其中一個營區的抗議者，與他懷孕的伴侶、他們年幼的兒子睡醒時看到一個戴著巴拉克拉瓦頭套（balaclava）的男人，正在他們居住的巴士外點燃一顆汽油彈。在汽油彈造成任何傷害前，附近的抗議者全設法開車離開了現場。後來一名當地汽車經銷商的兒子被控縱火未遂罪名不成立，因為他告訴法院他喝了將近六公升的酒，燃燒彈的戲碼只是一場惡作劇。

尼克表示，根據警察情資顯示，抗議者使用的抗議手段之一是挖地道。他們希望透過挖地下通道的方式，阻撓所有工程的進行。由於相關單位為了避免仍有抗議者在內的地道坍塌，重型機具一律不能通行有地道的路段。

興建工程就這樣因為抗議者的存在而中斷，而每延後一日，工程費用就要增加數十萬甚至上百萬英鎊。兩邊陣營都很清楚，四月初鳥類築巢季節開始後，歐洲法律禁止任何人從事任何可能影響到樹的事情，所以我在十二月被電召來此。時間至關重要。將抗議者從營地驅離的法院命令已下，執行官早已在現場待命，當局另外還聘僱了一支由攀爬專家組成的專業團隊，準備把抗議者從樹上帶下來。泰晤士河谷與漢普郡警察對於很可能出現的公共社會動盪，也啟動了前景行動（Operation Prospect）。

他們在會議上對我的介紹是可以安全把抗議者從地道中請出來，以及可以應付任何地下問題的人。

身兼應急指揮機制銅級指揮官以及此次行動負責人的馬爾文，接著在這間會議室內，配合著一張情報圖片進行簡報。我做了詳細的筆記。

「這個行動什麼時候開始？」我問。

「下週。我們需要快速行動。」尼克回覆。

會議後，他給了我他的名片，並要求我在第二天上午十點前提出我參與這次活動的報價。在那個當下，我對這次行動規模之人，以及這次行動對我生命影響之劇烈，一無所知。我具備了所有他們所需要的技術與實務能力，但是我對合約與成本，完全沒有概念。

我和老爸老媽討論這件事。這個工作不只需要一個人，因此老爸當然是我希望能一起並肩作戰的伙伴首選。

「老爸，有工作上門了，」我這麼說，然後向他解釋事情的來龍去脈。「不過我不知道一天要收多少錢？」

老爸的雜物間裡有我們的設備；繩索、安全帶、支撐結構用的設備、鐵鍬以及其他工具。我們需要租一輛四輪驅動的車子（我的騎士車無法應付越野環境），我還希望有一位緊急救護人員隨行，應付老爸或我萬一受傷的情況。這份工作應該會早出晚歸，因此還需要考慮我們綜合經驗的價值。我最後提出每日收費三千兩百塊英鎊，並決定不以距離收取費用，免得帳單金額過高。

我又隨筆塗鴉，把一些細節拼湊在一起，擬出了一張報價單，在第二天早上放在傳真機上傳到尼克・布蘭迪的辦公室。不到一個小時報價單就傳回來了，尼克在上面簽了字。我都不敢相信——一天三千兩百塊英鎊。我覺得自己簡直就是中了樂透。

接下來的幾天，我馬不停蹄地與公路總局、官方律師、皇家伯克郡消防救援局（Royal Berkshire Fire and Rescue Service）、泰晤士河谷警察局、代理司法行政官開會。我租了一台二手荒原路華發現者（Land Rover Discovery），也以日薪計酬的方式，請了一位我在空中救護所認識的醫生。

清理抗議者營區的行動預計於一九九六年一月初開始，是「政府救濟金轉帳日」（giro day）第二天一大早的第一件事，也就是當政府的失業救助金完成發放的時候。如此規劃的理由在於許多社會運動者都沒有工作，他們會在領到救濟金的當天，拿錢去買酒、買大麻，因此行動當天早上他們很可能都處於頭腦不清楚的狀態，這個時候驅離他們應該比較容易。

老爸與我在行動當日凌晨兩點參加了行動前匯報。沒有人知道地道裡是否有抗議者，所以我們的角色就是徹底搜尋，確保地道在遭到填埋前，裡面沒有人或陷阱。一支經過偽裝的警方隱蔽鄉野觀察哨小隊在地道的入口上方周圍就位，以利隨時抓住每一個從地道冂出來的抗議者，就像打地鼠遊戲那樣。這支小隊成員在前一天晚上就已成功逮住了一名在半夜冒出來小解的地道抗議者。

老爸、我和醫生於凌晨抵達現場，準備在破曉時分進入地道。當孱弱的冬陽爬升到林地的天空時，我們與執行官代表隊伍、警察、伐木人員以及公路總局的官員一起走到史內爾斯摩爾公地的營地區。現場一片泥濘，而隨著我們破曉突襲行動的展開，周遭的營區也因為抗議者與官方開始爆發衝突而各種狀況叢生。我觀察四周的環境，將一切盡收眼底。好幾百人似乎突然間四處奔竄、爬上了頭頂的樹。抗議者的髒話與辱罵直接對著執行官們噴湧，到處都是抗議者的吼叫聲。這裡就像個戰區。

抗議者最常用的手段之一稱為「鎖定」（locking on）。鎖定的最陽春作法是抗議者緊緊抓住固定物，或把自己鎖在固定物上，譬如一道圍牆或一道大門。鎖定戰術中較複雜的變化，則包括了抗議者抓住或將自己綁在一根鐵條上，而這根鐵條被置於灌了水泥的桶子中。一般來說，他們會先把一條長條管從油桶側邊或上方的洞穿進桶內，然後將鐵條穿進長條管內，再把水泥灌入油桶內。最後抗議者將手伸進長條管中，把手腕上的環圈扣入安裝於鐵棒上的登山扣內。

這個時候，執法單位只要移動桶子，就可能會折斷抗議者的手臂。讓抗議者與桶子分開的唯一安全方式，只有非常小心地切開桶子與水泥（通常為了癱瘓切割工具的運作，水泥內還會摻進金屬或繩索碎塊）。將那些把自己鎖定在固定物上的抗議者移開，可能需要數個小時，有時候甚至好幾天，一切都決定於他們鎖定的固定物複雜度。

隨著紐伯利行動迅速展開，營區周邊的社運份子也衝向他們的鎖定目標，把自己鎖在固定物上，他們清楚知道一旦這麼做，把他們移開的進度就會變得緩慢而且費用高昂。

就在這樣的混亂場面在我們身邊爆發的同時，我們邁步朝著地道而去。我在經過一棵抗議者群眾帳篷所在的樹下時，突然有一桶滿滿的排泄物自樹上兜頭淋下。老爸成功躲開了這波糞便突襲，但在驚嚇消褪後，非常努力地想去壓制大笑的衝動。就在這個瞬間，我覺得一天三千兩百塊英鎊的索費，也不是那麼高了。

我完全沒有時間換衣服，我們必須快速移動，再說換衣服也沒有意義，因為要去的地方必然潮濕泥濘，遑論沒有人能保證我們在進行任務的過程中，不會遭遇更多糞便攻擊。

我們在這項行動中的終極任務目標就是清理地道，讓挖土機可以推倒所有的地道。我們需要徹底且仔細地檢查所有地道，如果坍塌地道時還有人在裡面，那會是無法想像的狀況。

我們很快就鎖定了一個架在八呎深豎井上的帳篷，豎井以木頭支撐。這是專家手筆，比我預想的好很多。我知道這個地道必然有另外一個入口，我們在第二座帳篷那兒找到了第二口豎井。這裡排著三個被割除了底部的金屬油桶，一個套著一個，形成管狀。最下面的油桶已經扭曲坍陷。還好當時沒有人在這個桶管內，不然應該已經被切成兩半了。

我請執行官封鎖這個區域，並囑咐一百公尺方圓內絕對不可以使用重型機具，因為任何震動都可能讓地下的整個系統坍塌。

走回主入口後，老爸和我移除了帳篷，大聲向豎井內呼叫，想要知道裡面有沒有人。沒有人回答。我把連著電線的氣體感測器伸到豎井底部，檢測地道空氣中的氣體成分，也就是含氧程度有多低。接著我把身上的安全繩綁好，戴上安全帶，爬下豎井，讓醫生和老爸待在地面上當我的後援部隊。我腰帶上帶著一具被置於一個錫盒（又被稱為烏龜）內的化學循環呼吸器，萬一事態不可收拾，這套設備可以提供我三十到一百分鐘的氧氣。

這條地道約三呎高，支撐架構很好。牆面覆蓋了木板。我的第一個念頭是這些木板後面可能藏著其他地道。這裡看起來一點都不像是毫無經驗的環保社運份子用水桶與圓鍬挖出來的成品。後來我才知道這條地道的支撐架構，是由一位康沃爾郡的前錫礦工完成。地道緩緩向下傾斜。我爬下地道時，為了能與地面上的老爸溝通，帶了一套線路饋送的通訊器。我跪在地道中，手膝並用的繼續向下爬，然後在左邊找到了一個小腔室，裡面有一個很大的棕色軍用彈藥罐。我謹慎地拉開罐蓋，在裡面看到了大該可以維持一個月的補給品，包括食物、一個小型的甲基化酒精露營爐與衛生紙。另外在一個封起來的塑膠食物袋中，我還發現了一本書《古芝地道》（The Tunnels of Cu Chi）。這本書講述的是越戰期間，越南游擊隊以及被稱為「坑道鼠」（Tunnel Rat）的美國步兵特種部隊，在越南人圍繞著西貢所建造長達兩百哩宛如迷宮的地道與地下密室裡所發生的戰鬥。

我繼續向下爬，繞過了一個隱蔽角落，不知道那裡有沒有人。我對這樣的工作勝任愉快。最後我爬進了一段半浸在冷冷泥水中的通道，泥水上飄著幾片三夾板。我爬進水中，用手摸掃著水底，手上戴著手套，以免遭到任何尖銳物品刺傷。

在這段通道的盡頭，我來到了另一個被塌陷油桶堵住的豎井入口。

完成初步搜尋後，我回到地面喝了一杯熱飲、向老爸簡報我的發現，然後準備進行下一個階段的工作。我需要在木板上切洞，確認沒有人藏在木板後的密室中。身子暖和起來後，我重新爬下地道，開始第二階段的搜尋工作。地道周遭的環境狹小而棘手。等到我們做完所有工作，天都已經黑了，而且很冷。為了保暖，我在一身裝備之下穿了洞穴探險潛水衣，否則早已凍成冰棒。林區已點起泛光燈，驅逐行動持續進行中。

尼克．布蘭迪還在現場，我告訴他坑道部分已完成確認，裡面沒有人，並對他說應該把挖土機開進來，以免抗議者再次試圖佔據坑道。

我累壞了。老爸跟我開了一段很長的路才回到家，我們差點在方向盤上就睡過去。唯一讓我們兩個保持清醒的原因，是稍早那一身糞便浴所散發出來的氣味，始終堅忍不散地縈繞在我的工作服上。回到家時，我已經近二十四個小時沒有闔過眼了。

第二天早上尼克來電，要我把帳單寄過去。

「昨天幹得好。」他這麼說。

我把發票傳了過去，沒多久尼克又打電話來了。

「彼得，我覺得你的帳單有點問題。」他說。

我向他解釋我的報價已經涵蓋在我之前寄給他的合約中了，但如果他覺得價格過高，我們可以再討論。

他大笑。

「執行官一天跟我要四萬。你需要重新考慮你的價格，因為你是真正在幫我們解決問題的人。這次的行動要花數百萬、上千萬英鎊，其中就屬你的工作最危險，但是你一天只索費三千兩百塊英鎊。你也沒有列出食宿或油錢。你住在哪間旅館？」

我跟他說我沒住旅館，我直接開車回家。

「老天！」他大叫。「沒有住旅館？沒有食宿費？說真的，重新考慮你收取的費用，因為從現在的情況看起來，很多這類型的工作都會來找你。」

後來，我益發感激尼克的這番忠告。

一個月內，抗議者數量又增加了，他們沿著外環道路又多設立了二十多個營區，抗議者還為這些營區取了「快散架的橋」（Rickety Bridge）、「夏櫟圓環」（Quercus Circus）、「激進爛案」（Radical Fluff）、「小妖村」（Pixie Village）以及「心碎酒店」（Heartbreak Hotel）等各種名字。

抗議者得到了非常大的支持。大家並不喜歡在英國鄉間開路的想法。一九九六年二月，約有五千人沿著環道路工程的路線遊行抗議，反對建造這條路。環保人士聲稱這是英國有史以來針對道路興建的最大一次示威抗議活動。住在附近的電視節目主持人強尼・摩里斯（Johnny Morris）與瑪姬・菲爾賓（Maggie Philbin）也參加了遊行。抗議者與官方的小規模衝突不但上了新聞頭條，全國電視新聞還定期到場拍攝與播報。這個道路計畫成了一項敏感的政治運作。

從衛生與安全的角度來看，驅離抗議者的努力有時候真的挺混亂的。太多承包商同時在太多的地點工作。有次他們砍了一棵樹，結果倒下來的樹壓到了一位承包人員。還好倒下來的是棵灌木，而且當時那位承包人員正站在一片泥炭沼當中，泥炭沼吸收了大部分的衝擊力道。最後安全衛生執行署介入，自此對抗議者驅離行動進行謹慎管理。我與安全衛生執行署總督察長尼克・馬許（Nick Marsh）開過許多會議檢討坑道行動。抗議者所挖出來的地道，大家之前從未見過，因此我們得為所有未來的行動設定標準行動流程。

這些坑道是在沿著紐伯利外環道路路線的幾個其他帳篷下發現的，我被召回參與其他的驅離行動——在從善如流地調整了我的價格之後！某個週末，抗議者支起了一座大營帳，並在裡面開狂歡大會。他們就是在這樣的音樂與混亂遮掩之下，挖出了一條地道，偷偷地把土運出帳篷，倒在樹林中。

週一早上當狂歡者離開時，藏在排水溝蓋下面的地道也曝了光。我被召回進行清理。這條地道直入地下二十呎，而且是在沒有任何支撐或托扶的架構下挖進了軟沙土層。這條地道就是一個死亡陷阱。我、老爸、大彼得與一位緊急救護人員在一片羅馬軍隊型的防暴盾掩護下進入現場，四面八方的林區都有抗議者朝我們丟擲東西。泰晤士河谷警察局費盡力氣進入林區逮捕肇事者。這一次我必須先小心翼翼一吋一吋地支撐起坑道，因為這條地道的結構實在太不穩定了。我請安全衛生執行署的尼克．馬許和我一起過來，讓他知道相關的工作是多麼的複雜與危險。

我在紐伯利的時候，位於布萊姆希爾（Bramshill）的國家警察大學有些警官，來找我討論抗議者與驅離行動的事情。對於這種專門以製造基礎建設計畫的延宕與破壞為目標而設計出來的新型態環保抗爭，大家打從心底擔憂會隨著政府推出一連串的發展方案，變得愈來愈普遍。

這些憂心忡忡的人擔心許多抗議者針對的工程計畫，可能都是私人的土地，所以在法律上必須以民事事件處理，需要法院命令與執行官的同時，紐伯利地區也發生了許多妨礙公共秩序的案件，讓當局相當頭痛。的確，在紐伯利抗議過程中，有七百四十八人遭到逮捕，包括兩名裝扮成牛的抗議者（撐起牛頭與牛背的人都被抓）。民間保全費用兩千五百萬英鎊，警力支出五百萬英鎊。從上次的特瑞佛德低地到這次的紐伯利，抗議者的抗議手段與組織都有了進步，再進化是毋庸置疑的事情。警方來找我談這些事情，他們希望能在這場已於英國各地展開的貓鼠競賽中取得領先。

在紐伯利的最後一份工作期間，當我剛從清理的地道中鑽出來時，有兩名戴著紅帽子的人向我走了過來。這個時候的我已經知道代理司法行政官都是戴紅帽子了。其中一人是尼克．布蘭迪，他介紹另外一位是德文郡（Devon）的代理司法行政官崔佛．柯爾門（Trevor Coleman）。

崔佛告訴我類似的抗議者營區在鄰近霍尼頓（Honiton）的A30新高速公路預定地也設立了三處。他說每一個營區都有地道。

「有一個特別的人，大家稱他沼澤哥（Swampy），似乎是個挖這些東西的專家。我們那裡需要你盡快協助，因為執行官很可能會在六週內進入。」他向我這樣解釋。

一如紐伯利，霍尼頓的示威抗議行動也已喧囂了好幾年。整件事情始於一九八三年全國道路興建規劃列出了埃克塞特（Exeter）至霍尼頓段的交通改善方案。這項方案的目的在於讓大家能避開好幾個村子，更快地穿過德文郡東部，於一九九二年因反對聲浪而付諸公眾調查，一九九三年政府正式通過執行的決定。衝突點位於一條長達十三公里的雙向車道路段。

抗議活動期間，抗議者在蒂弗頓（Tiverton）國會議員安琪拉．布朗寧（Angela Browning）家的屋頂進行示威抗議、闖入公路總局位於索頓（Sowton）的辦公室、控制了承包商阿特金斯公司（WS Atkins）的辦公室，還佔據了崔佛．柯爾門的辦公室，發給他一份假造的強迫搬遷通知，並在他辦公室的接待區到處潑油漆。

到了一九九六年，抗議者在工程路線必經的一個河谷兩岸設置永久帳篷區，分別取名為巨魔之家（Trollheim）與美麗哩（Fairmile）。附近還有另外一個帳篷區，大家稱為亞勒康伯（Allercombe）。三個營區都有樹屋以及地下通道與地下掩護系統。沼澤哥之前一直都在紐伯利，但我們從未交過手。紐伯利的地道可能全出自他的手筆。他和他的地道伙伴在霍尼頓的規劃道路工程路段地面下，挖出了一個地道系統，有人認為可能深達四十呎。

我同意去霍尼頓提供協助，而隨著這一年的結束，我開始擬定下一個大型抗議者驅離以及終結沼澤哥運作的規劃。沼澤哥這時正蹲守在德文郡的某個地道腔洞內，他激發了大眾的許多想像。

工作一直是我學習的場所。這些環保抗議者不但屬於當局前所未見的型態，我也一樣聞所未聞。霍尼頓的工作規模顯然更大，也更複雜，因為根據情報，這裡的地道範圍更廣、更深，而且強化工程做得更好。我需要更多的設備。

不像紐伯利所有的地道裡都沒有人，霍尼頓這裡的地道，應該有人盤據，也因此必然會帶來一連串的挑戰。一如既往，安全是重中之重。我的任務目標是清理地道，在不造成任何傷害的前提下驅離抗議者。

我建立了自己的團隊，挑選的全是判斷力佳、頭腦冷靜的人，隊員包括了備受敬重的前空降特勤團士兵安迪，而他又找來了另外三位前空降特勤團成員，負責地道與設備的夜間監看。我知道這幾個傢伙絕對不會讓我失望地於夜間值勤時睡著。我另外還聘僱了戴夫・巴瑞（Dave Barry）以及值得我信賴的老友克里斯・愛德華斯（Chris Edwards）與兩位身材短小精實的前傘兵蕭恩與羅伊。大彼得是我在地面的行動總管。

我添購了一些設備，而且為了能讓我們往地道裡輸送可供呼吸的空氣，另外租用了空氣壓縮機。不能造成爆炸的安全燈具，以及讓任何「樓下」的人可以與「樓上」的人通話的第二套通訊系統，也是我投資的重點。我準備了鑽孔與切割設備、醫療設備、安全帶與繩索，以及最重要的茶水桶。我花了約三萬英鎊——紐伯利賺的錢，大部分都投了下去——但是我知道霍尼頓的工作規模應該更大，而獲利也應該更豐厚。最後我還買了一輛吉普大切諾基（Jeep Cherokee）以及一台拖引設備的拖車。

行動開始前，我在崔佛位於埃克塞特的辦公室內開了許多場規劃會議。警方、執行官、承包商、安全衛生執行署與公路總局人員全部與會。我也與德文郡及康沃爾郡警方的情報小組碰了面，得到了更多關於坑道的情報。進場的日期已定，這是機密資訊，一旦洩漏，我們就失去了攻其不備的條件要素。

當局給了我一份地道位置的簡略平面圖。我仔細研究後，發現了一些不合情理的地方。其中一個是如果整個地道系統真如這份平面圖所顯示的這樣龐大，現在很可能已經坍陷了。我對這份資料的正確性，抱持開放態度。

突襲當天，所有相關單位都在與M5高速公路比鄰的德文郡某處偏遠的工業區集合。這裡大概有五十輛車。驅離計畫是天亮前先以車隊型態駛進較小的營區進行突襲，佔領營區，驅離抗議者。

同樣的，表面上這是執行官需要處理的工作，但是基於公共秩序因以及可能發生的刑事損害與傷害，警方也同時介入。

我們沿著高速公路出發，準備進行破曉攻擊。行駛幾哩後，我們碰到了一片能見度極低的濃霧，車隊一分為二，其中一半走錯了路，他們繼續沿著M5高速公路前行。那個時候並沒有衛星導航，但是不幸中的大幸是我們還是有行動電話（那種老式的諾基亞手機）。經過了多方頻繁的電話溝通後，大家成功在高速公路更遠的一個地點重新彙合。由於等待大家重新集合，我們比計畫晚了一個小時，相關人員著手規劃新路線。

我們跟著引導的執行官車再次出發，下高速公路，穿過一個小村子後，轉上一條引導車司機以為會把我們帶到抗議者營區的私人道路。不過實際情況卻是這條路把我帶到了營區旁的農場入口。這個時候已是凌晨四點，滿頭問號的農夫被開上他家車道的五十輛各種車輛驚醒，氣沖沖地拿著他的獵槍衝出家門。我們下車向他解釋來龍去脈，結果聽到鄰近土地上的吼叫、吶喊與各式聲響，駐紮在那兒的抗議者已經聽到了騷動，他們知道發生了什麼事。

等我們終於抵達抗議者營區後，有幾位迫不及待行動的執行官不負責任地衝進了其中一條地道，並粗暴地對數名抗議者動手。這是完全錯誤的舉動，而且違背了我們的行動規則，不僅如此，這也是極其愚蠢的短視作為。我們想和這些抗議者維持友好關係。就算沒有提供任何讓對方痛恨我們的理由，我們的工作也已經夠艱困的了。我爬進地道中，向抗議者保證他們一定會毫髮無傷，然後協助他們撤離地道。

之後我們開始調查我們要因應的狀況。在營區中間有一口加了蓋的豎井。大家謹慎地移開井蓋，擔心井蓋可能臨時接上了什麼東西或由什麼人控制。我對著這個垂直距離大概有十呎的洞口向下看，看到洞底有個男性體型的人，臉朝下躺在那兒，一動也不動。

我把醫師請了過來，讓隊員在洞口設置三腳架並接上繩梯後，快速爬了下去。豎井直徑大概只有四呎，所以想要不踩到洞底那個人，又要進入井內檢查對方的生命跡象，不是件容易的事。我探了他的脈搏與側頸，想要弄清楚他是否還有呼吸。這個人穿著厚重的外套，全身冰涼。沒有反應。我爬回洞口，請醫生下去檢查。兩、三分鐘後，那位抗議者發出了一聲尖叫。

「出了什麼事？」我朝洞底大叫。

「我得不到任何反應，所以就捏了他的睪丸。」醫生這麼回答。我不確定標準醫療手冊中是否有這種方式，不過顯然有效。

醫生在幾分鐘後爬了上來，他解釋那位抗議者躺在一根沉入地下的管子上。他把自己鎖定在管子上，手腕扣進了管子裡的一條套索中，而管子有一半都淹在地下水中。這名抗議者全身又濕又冷。醫生把他外套的袖子剪開後，看到這個人的上手臂循環系統已被斷絕，整支手臂呈現青色。

「再過大概一個半小時，他的這條手臂就保不住了。你需要盡快把他弄出來。」醫生這樣告訴我。

等我再爬下豎井時，之前聯絡的救護車已在旁待命，隊員用繩索把一些工具放在帆布水桶中，遞下來給我。

我四面摸索一下，瞭解了自己當下所面對的困境。在這樣一個狹小的空間裡，除了躺在這位抗議者身上，從他身邊往下挖，一路挖到管子內，把他的手鬆開，我沒有其他的選擇。但是就算是這個唯一的選擇，幾乎也是項不可能的任務，於是我改變戰術，開始在井壁鑿出一個我可以蜷縮於內的小空間，讓我可以更容易挖到管子。抗議者感覺愈來愈冷，而且愈來愈不舒服。

我安撫著他，告訴他我們就是來這兒幫忙的，我們會把他盡快安全救出去。這次的挖掘實在是個異常艱難的工作，但是最後我還是成功在他身下挖出了一個溝，並從溝裡摸進了管子，剪斷了扣住他手腕的套索。他翻過身，同意讓我在他身上綁住安全帶，由絞盤把他拉到地面，並送到緊急救護人員那兒檢查，這時我們兩個人都大大鬆了一口氣。實在太驚險了，然而整個驅離行動才剛開始。

這件事之後，我們當天剩下的所有時間，全部用來驅離其他地道裡的抗議者，直到最後圓滿達成目標，準備在第二天移師沼澤哥正在等著我們的主營區。

下一個抗議者營區範圍更大，也更有組織。我們再次遭遇到與紐伯利相似的場景。骯髒、泥濘、混亂，林間到處都是抗議者，有人被拉走並遭到逮捕的鏡頭不斷播放。

我們在一個帳棚下成立了我們的行動中心，擺出工具設備，設立了一塊廚房區與醫療區，並檢查所有的安全設備。這次的行動遠比跳下坑道、把人拉出來要複雜得多。首先我們需要弄清楚坑道裡有多少人，以及他們是否陷在立即的危險狀況中。接著我們需要設立空氣管與通訊連結，這樣我們才能與他們溝通，並對他們進行監看，以防任何可能差錯的發生，搶救不及。我一旦開始在地道中行動，照護抗議者的責任就全落在了我身上。再來，一旦開始進入地道，我們就需要一面前進一面補強坑道的支撐力量。這裡有現成的木材，我們又有工具，所以可以配合需要切割木材。我是唯一具備把木材當作支撐支柱經驗的人，所以所有的壓力與責任也是全部在我身上。就算我們所進入的坑道內，頂棚與牆面都已有所支撐，但都未達防止坑道坍陷的合格標準。

我們在一條抗議者稱為大媽媽（Big Momma）的地道入口附近進行相關作業的安排。我們認為地道內應該有四個人，包括沼澤哥（他的真實姓名為丹尼爾・胡波〔Daniel Hooper〕）與另外一位挖地道者，他的名字是布偶戴夫（Muppet Dave，他的布偶別號來自於他有一隻叫布偶的狗）。

我們需要與他們進行對話，讓他們知道我們不是他們的威脅。我們需要讓所有的一切都維持冷靜，因為在地底下的任何失誤、暴力行為或扭打，都可能導致嚴重的後果。有關當局雖然急著想要盡快清理營區，卻也非常在意任何死傷抗議者在公關上可能帶來的影響。我們的行動必須溫和、溫和，再溫和。在某種程度上，這樣的態度正中抗議者的下懷，因為他們很清楚自己一旦進入地道，就不可能被強制驅離，也因此讓他們離開坑道是非常耗時費力的事情。再說，這樣的過程拖得愈長，他們得到的媒體關注就愈多。在社群媒體尚未出現的那個時代，新聞頭條就是這些抗議者的目標。他們希望這個世界能夠知道他們正在做什麼。

我小心翼翼地從豎井入口爬進大媽媽坑道中，讓頭燈照在坑道內。我看到的第一個東西是一道強化門，門上除了覆蓋著波紋鋼與帶刺鐵絲網外，還掛了一張寫著「危險」兩個字的標示牌。我聽得到門後的聲音與移動，我們開始交談。我向他們解釋我為他們帶來了一條空氣管線與通訊設備，以備坑道坍塌時所用。

「我會把空氣管與通訊設備留在門邊。如果我回到地面的時候，你們打開門把這兩個設備拉進去，我們可以進行通訊測試，這樣的話，我們就可以開始以低壓大量輸送壓縮空氣，維持對你們來說安全的氧氣濃度。」我這麼解釋。

我在撤回地面的途中，聽到了門栓解鎖的聲音，設備被拖進了地道中，然後門又再度緊緊地關閉。壓縮空氣開始流動，通話聯絡也建立了。每當這兩套安全設備就定位，我都會因此感到安心。

我爬上繩梯，重新回到地面，然後非常驚訝地看到一群執行官正在約五十碼之外的某段地道上方開挖。我很擔心地走過去問他們在做什麼。他們說他們要向下挖，然後截斷這條地道。我嚇壞了。

「你們知道這樣做有多危險嗎？你們可能讓整條地道坍塌。地道裡面還有人。」我驚呼。我強烈要求他們立刻停止，並向他們解釋我們是唯一被授權進行地道工作的團隊，而且已經花了好幾個星期的時間仔細規劃這次的行動。這群執行官根本不理我，繼續往下挖。我立即通知安全衛生督察奈吉・錢伯斯（Nigel Chambers），他是正式核准我所有提出的行動計畫與風險評估文件的人。奈吉「很不爽」，然後一路從布里斯托開車來到現場。他走進抗議者營區後，立即出示了授權他決策權力的皇家委任令（Crown Warrant），並終止了整個驅離行動。一個小時後，所有相關單位都被召集參加一場會議。會上，執行官們像頑皮的中小學生般，被狠狠地訓斥了一頓，奈吉同時也解釋了國際專家集團是一個被授權處理地道相關行動的團隊。他清楚明白地制訂了所有的規定，然後同意在嚴格監督下重新啟動驅離行動。

再次回到工作崗位後，我開始補強豎井的支撐力。每次測量後，我都會大聲向地面上的克里斯吼出測量數據，然後他再忙著根據我的數據裁切木頭。進展雖然順利，但是進度卻緩慢，而且過程辛苦異常。主豎井的支撐補強工作在晚上大概八點左右才完成。

第二天早上我開始開挖一條三平方呎大小的地道，一邊挖一邊進行支撐力補強。我挖出了大量的土，必須由起重滑輪與繩索一桶桶送到地面。我教蕭恩、羅伊、戴夫如何一路挖地道一路進行坑道補強，不過我也很清楚這個工作需要多年經驗，才能面面俱到。在離主豎井約八呎的地方，我碰到了第一道強化門。這是一道木門，但是門上再次覆蓋了波紋鋼與帶刺鐵絲網。我成功地用一把往複式動力鋸切了這道門。門倒下後，露出了另外一條較短的地道與另外一道與坑道上緣有點間隙的第二道強化門。兩雙眼睛從門上的縫隙偷看我。

「是『黑衣人』欸。」其中一個人這麼說。這是抗議者給我們取的名稱，因為我們穿著黑色的防火服。當時因為擔心遭到報復，所以我並沒有讓公司名稱在他們面前曝光。

「我是彼得，你叫什麼名字？」我這麼問。

「我是丹，他是戴夫。」他們這麼自我介紹。

我立刻認出丹就是「沼澤哥」。

「這道門會花你很多時間哦。」戴夫笑著這麼說。這是個非常友善而開心的逗弄話。

「我得先補強這條通往你們那兒的通道支撐力，然後再來對付這道門。」我這麼告訴他們。

「這麼做會很麻煩哦。我們已經把你的通訊傳輸電纜從門的那一邊釘到門的後面，如果你把門切開，你會損失慘重。」沼澤哥這麼說。他說得一點都沒錯。通訊傳輸電纜是加拿大貨，為了符合根本安全所特別製造的東西，一點都不便宜，這樣的電纜我只有三條，每條長度一百米。

「好狡猾的作法。」我這麼想。

接下來的幾天，當我沿著地道一路向前做著自己的工作時，與沼澤哥多次交談。我們每天都會聊天，一天好幾次。他總是待在地道的更深處，用門或某個障礙物擋在前面。我們聊普通的事情。他一直都很和善。我和他之間建立起了信任。

我頻繁地來往於地面與地道之間。有次回到樓上時，我遇到了一位之前抵達現場的警方談判人員，他想要快速解決目前的對峙狀態。

「我們想要結束這裡的工作。」這位談判專家這麼說，他手上拿著一個大型的美國軍事用野地電話。

「你可以把這個拿下去，讓我跟胡波通話嗎？」他問。

這個時候的我與沼澤哥已經相處了相當的時間，兩人之間也建立起了相互的瞭解，我知道他不可能跟官方交談或輕易地離開地道。

「我真的覺得他應該不會想要跟你溝通，」我這麼說。「不過我會問問他。」

我又回到地道裡。

「丹，」我呼叫他，「上面的警方談判人員想要跟你談談讓你出去的事情，我把電話給你帶下來了。」

我可以聽到搖搖晃晃但鎖起來的門後面，因為這個荒謬的建議而傳來的沙啞笑聲。

「好啊，把電話給我，」沼澤哥這麼說。

他拿走電話後，我就回到地面告訴那位警官，沼澤哥準備交談了。

他拿起電話自我介紹。

「胡波，我是德文郡與康沃爾郡警察局的警方談判人員。我是來和你溝通的。」他以緩慢的語速及自信的態度這麼說。

「×你×！」沼澤哥回覆，然後電話就這樣突然被掛斷。

「嗯。」尷尬的警方談判人員不知道該說什麼。

再次回到地道後，我只看到曾經是警用無線電電話機的殘骸被丟到門外面，讓我能夠撿回去上交。我撿起了所有的殘骸碎片，交給那位談判專家。

「最好的作法或許是你讓我們處理這邊的情況。」我對他說。

我們對地道裡的門也做了補強工程，我小心翼翼地在不切斷我們通訊電纜的情況下，把門從門框中切了出來。移開門板前，短小敏捷的沼澤哥與較為粗壯的布偶戴夫匆匆向左轉了個直角，衝出了我們的視線之外，進入另一條隧道。我把小門板遞給同樣在地道裡，就位在我身後的克里斯，然後用我的燈照亮了前方的黑暗。我可以聽到正前方的一條小地道傳來的不清楚的聲音。我向前爬，結果爬到了一個T字交叉口，左右各有一條狹窄的地道，地道中各有一名抗議者。一個是伊恩，另一個則是被稱為「動物」的伊蘭諾。兩個人都鎖定在固定物上，伊蘭諾的手鎖在一根埋進了牆內的管子裡。若要把她從鎖定物上放下來，我們必須小心地強化她周邊結構的支撐力，然後切進管子內，把她的手完好無傷地拉出來。任何失誤都會割斷她的大動脈，造成危及生命的傷害。

有一種檢測地道穩不穩定的作法，是把一根三角木放進牆面的裂縫中，看三角木會乖乖地待在原處，還是會掉出來。如果三角木在幾個小時或數天內掉出來，就代表土壤可能在移動，整個地道架構不穩定，需要撤離。我用這種方式測試，三角木一直待在原處，表示當下地道並沒有立即崩塌的危險。

我們花了好幾個小時的時間才把伊蘭諾弄出來，在這個過程中，我們為她提供熱咖啡。她一離開之前鎖定的固定物後，就毫無拘束地爬了出來。伊恩也很配合，幾個小時後，他也平和地離開了地道。他們兩人離開後，我們繼續搜尋沼澤哥與布偶戴夫。

沼澤哥從一口豎井往下進了更深的地道中，而戴夫也是在另一條地道遠遠的盡頭，消失在另一口豎井之中，他鑽進了一個上面加了金屬蓋的坑室當中。

我們緩慢地穿過地道，一路前進一路強化地道的支撐力。日子就這樣令人疲憊地過去。抗議者營地慢慢地被清空，樹上不再有抗議者的身影，只剩下戴夫與沼澤哥仍在做最後的堅持。我們在前進的過程中，與他們相處融洽，兩方之間發展出了一種互相尊重的關係。

我先把戴夫接了出來，他在回到地面遭到逮捕之前，和我們坐在地道中，喝著茶聊天。這些聊天的內容很有用，因為他告訴我，之後他會直接奔赴另一場在曼徹斯特機場的抗議活動，在那兒挖出更難驅離他的地道。

最後只剩下沼澤哥了。那段期間，他的知名度讓他天天登上新聞頭條。全國的目光都集中在他身上，等著他被帶出地道的一刻。蕭恩和我雖然看不到他，但也開始把工作重點放在他鑽進去的那口十二呎深的豎井上，我們知道他在下面。這個只有二十四平方吋寬的豎井，必須進行擴大以及垂直補強工程，過程中所挖出來的土，也必須一直避免掉入豎井中，以免活埋位於底部的沼澤哥。我們一天十二小時地進行這項冗長的工作。

為了安全因素，我們在地道頂部安裝了一台小型攝影機，直接對準沼澤哥的豎井往下拍。我們發現當他確定救援隊會在晚上離開地道時，他就會只穿著內褲爬出來，上到較高的豎井中，活動自己一直受到拘限的四肢。整個畫面就像是在看一隻夜間潛行的獾。

每天早上都會有一袋人類排泄物開心地歡迎我們，那是沼澤哥遞出來請我們幫忙移除的東西。當我們終於到了豎井底部進行支撐力補強時，我向他所待著的這個十二吋蟲洞看過去，但是什麼都看不到，因為這是一個香蕉形狀的地洞。

「你還好嗎，丹？」我大聲問。

「還好，不過來點茶可以更好。」他回答。

我請蕭恩帶個保溫瓶下來，我擠進蟲洞裡把保溫瓶往前推。蕭恩在我後面，以雙手權充平台，抵住我的腳底，讓我可以使力向這個窄小的洞中推進。

我用力穿過了地道，看到了待在他地洞中的丹。

「時間到了，」說。「你上了世界媒體，讓這項興建計畫花了一大堆錢，也讓你們的訴求成為了全球的注意焦點。喝杯茶，然後在我們兩個都被活埋於此前，趕快出去吧。」

丹很鎮靜，也很理智，他自知已無處可去。他也很疲憊，在地下僅靠著水、烤豆子與家樂氏玉米片，堅持了九天。

「你已經完成了當初來這裡的目的了。」我這麼對他說，然後伸出手與他相握。

一九九七年一月三十日晚上八點三十分，沼澤哥從大媽媽地道中出來，直接走進了一片閃光燈燈海與如潮水般湧來的媒體當中。我戴著我的巴拉克拉瓦頭套走在他後面。他遭到逮捕、被帶走。

沼澤哥最後堅持的兩天前，崔佛・柯爾門為我介紹了另外一位代理司法行政官藍道・希伯特（Randall Hibbert）。藍道告訴我，他在曼徹斯特機場第二跑道預定地，遇到了正在成形的更大麻煩。那裡有大約八十名抗議者，分佈在地下十一條地道中。這就是布偶戴夫說他下一個要去的地方。

藍道想在三個月內完成驅離，請我協助。那會是個龐大規模的工作。接下的幾個禮拜間，我在薩里郡多爾金找到並買下了一塊正在拍賣的工業用地，成立了國際專家救援公司的第一個基地。同時間，其他的抗議者營區正在英國各地的興建計畫地點，如雨後春筍般冒出，抗議者全都在用地道策略阻礙工程的進行。我意識到自己將會非常、非常忙碌。

第六章

曼徹斯特機場的抗議示威活動，在大家的口中，是場森林之戰，因為這場戰事的雙方，一邊是計畫興建第二條跑道的機場，另外一邊是環保抗議者，想要拯救被劃為跑道興建預設地的古老林地。

爭執起於跑道計畫剛開始討論的一九九一年。這個興建計畫的初始費用是三千六百萬英鎊，預計創造五萬份工作，規劃於一九九八年完工。機場的論點在於需要第二條跑道，才能跟上日漸增加的空中旅客人數。

到了一九九三年，機場董事會決定了興建方案，選擇建造與既有跑道平行的第二條跑道。這項計畫的公眾調查於一九九六年展開，曼徹斯特機場聯合行動組織（Manchester Airport Joint Action Group）與泰瑞．威伊特（Terry Waite）針對這次的調查，一起提出了興建說帖。泰瑞．威伊特是利物浦機場代表，曾在黎巴嫩遭到綁架成為人質，他長大的村子就是這次要因為興建計畫而將遭到夷平的地方。聽證會持續了一百零一天。一九九七年一月十五日，交通大臣喬治．楊爵士（Sir George Young）與環境大臣約翰．剛莫（John Gummer）也同意了第二條跑道的興建計畫。這時的計畫費用已增加至一億七千兩百萬英鎊，而在公布決定的幾天內，第一批抗議者就已設立起營區。

一九九七年，我和我的團隊走進了這場不滿的風暴當中，準備進行一場大規模的行動。行動過程中，我們面對的是一些非常投入的人，他們的目的就是儘可能拖延工程與製造混亂。危險與受到傷害的可能性極高，大曼徹斯特區與柴郡（Cheshire）警方（抗議示威地點橫跨兩個行政區邊界）提供的簡報資料顯示，我們要面對的地道與障礙物，遠比我們在紐伯利與霍尼頓碰到的數量更多，也更複雜。除此之外，屆時很可能需要同時在不同地道工作。抗議者在當地已盤據了好幾個月，沼澤哥在完成了霍尼頓的抗議之後，也早已飛快地趕過去，在那兒就位了。他出現在全國的新聞頭版上，戴著一位前消防員給他的呼吸設備，說自己已經準備好游過一條水下通道——他指的是污水道——而在那裡，沒有人可以驅離他。我召集了一個超過十二個人的團隊，包括老爸、緊急救護人員，以及我在霍尼頓的原班人馬，並採購了更多的設備與器具，包括一台新的空氣壓縮機，以及兩輛四輪機車。由於抗議者營區都有厚厚的泥巴，四輪機車可以讓我們在不同地點間快速移動。

每一個這類的工作都存在道德考量。畢竟這些抗議者全是為了一個他們強烈支持的目標而努力。對某些這樣的目標，我有自己的看法。我同意建造道路與基礎建設是必要的行為——特別是那些試著舒緩瓶頸與污染的道路計畫——但是站在專業的角度上，我從未讓自己的看法遮蔽我的判斷力。我在這些地方的目的是工作、是讓大家都安全。

整個驅離行動從大曼徹斯特區警方突襲屬於他們轄區的抗議者營區開始。執行官接著快速進入現場，我則和我的團隊上前評估第一條地道。這時抗議者已經知道要在地道留出一條空氣管，讓我們可以接上空氣壓縮機，把空氣打進坑道中，將他們的氧氣能維持在百分之二十一的濃度。我們建立起了空氣供應，把空氣壓縮機安置在五十呎以外，避免機器排放出來的二氧化碳進入坑道內。

我小心地移開了地道的木蓋，從我可以看到的地道情況做出整體評估。在地道底端有間坑室，裡面有個女人。她的下半身在下一層的地道內，手臂鎖定在一根鋼管上，而鋼管則是固定在三個灌滿了水泥的輪胎中。我進入地道的時候，告訴她我們需要先補強入口的支撐力，然後才能切斷她所鎖定的輪胎。大家那天一整天都忙著進行主入口與地道第一部分的補強工作。這名女性抗議者告訴我們她可以自己鬆開鎖定，躺下來睡覺了。我猜我們不在現場的時候，她都是這麼做。

第二天早上我們回到地道時，她也已經回到了她原來待的位置。這條通道很狹窄，所以我們無法使用圓盤切割機，因為切割過程會在封閉空間內造成大量煙霧與灰塵。不過兩個小時後，我還是成功地把第一個輪胎與下面兩個輪胎分開，露出了她手臂鎖定的鋼管。那天我們一直忙到晚上，才讓她重獲自由。

對我們來說，每一位抗議者、每一條地道都是艱鉅的挑戰。我們要攻克的下一條地道挖進了一個峭壁邊，而這個峭壁位於博林河（River Bollin）流經的一個山溝內。泥灰岩的峭壁高度直落一百二十呎。我們在地道裡看到另外一名把自己鎖定在裡面的年輕女子。我們必須一面加寬地道，一面吊著繩索把她帶出來，過程實在艱辛。當我們將她和她的鎖定物分開後，我們立刻把她吊下峭壁，帶她到安全地點。

當我們在山溝高處，把繩索綁在樹間繞繩下降時，注意到了一個帳棚，並在帳棚下發現了一個上面蓋著一片薄鋼板的洞。鋼板上用粉筆寫著「我脖子上套著繩索，別拉」這句話。這個警告立即觸動了我們的神經警報。

接下來發生的事情，明白闡述了我步步為營的謹慎以及講究方法的、有條理的處理作法，為什麼如此重要。我們並沒有試著移開鐵板，看看下面究竟有些什麼，我們首先移開了帳棚，把這個區域的所有垃圾與石塊都清理乾淨。接著我小心地在鐵板周邊向下挖出一道小溝，小溝的豁口只足夠讓我在手電筒光的照明下，看到下面有的狀況。我看到了一根粗重的鐵鏈焊接在鐵板的另一面，向下垂至黑暗當中。那個年代還沒有針孔相機，只有搜尋用的角鏡，可是四周都是一片黑，我連幾吋以外的地道都看不見。

我們在不移動鐵板的前提下，慢慢地將鐵板上的小溝切得更深，直到豁口大到可以讓我鑽進去，用手電筒較清楚地看到下面的狀況。這口豎井向下延伸約十呎，底部寬廣，有個女孩躺在泥地上，臉朝上，雙手張開，擺出了十字架的姿勢，她的兩隻手臂齊肩沒入兩旁用水泥埋入牆內的鐵管內。水泥裡摻進了弓鋸刀片、鐵片和橡膠塊進行強化。鐵鏈的另一端扣鎖在她的脖子上。豎井底部還有另外一條地道，而她的下半身伸入了那條地道中。

這個女孩無法動彈，嘴裡喃喃唸著「拯救大樹」。她是自願處在這樣的環境中，如果地道坍垮，或有人很快地拿開用鐵鍊扣著她脖子的那個蓋子，這個女孩必死無疑。這種試圖延宕工程進度的作法，複雜度與縝密度都令人難以置信。我不得不佩服這些人為了他們所堅信的原則所願意付出的極端程度。

我花了片刻的時間整理心境。

第一步要做的事情是切斷那根焊在鐵板另一面的鐵鏈，這樣我們才能把鐵板挪開，進入豎井當中。然而我們不能貿然剪斷這根鐵鏈，因為這樣鐵鏈會直接砸在那個女孩臉上，而鐵鏈的重量足以砸爛她的腦袋。我把繩索穿過焊接在鐵蓋另一端的鐵鏈，然後把繩索遞給大彼得固定，接著萬分謹慎地用液壓切斷鉗切開了鐵鏈。固定的繩索避免了鐵鏈的掉落。鐵板蓋被移開的幅度大了一些，露出了之後我們要面對的那個又困難又危險的工作。

我們架起了四腳架（就和三腳架一樣，不過多一條腿）並連接好繩梯後，我爬下豎井去檢查那個女孩的狀況，同時接上了空氣管。她告訴我她是這條地道系統中四個人當中的一個。她還跟我說她的手用她從情趣商店買來的手銬銬在鎖定的鐵管中，她解不開。

其他的三名抗議者位於這條地道之下三個不同深度的地道中。這下我知道，我們得花上好幾天才能把他們全都弄出去，另一方面我在擔心地道會坍塌，把他們全活埋在裡面的問題。我為她戴上了正壓呼吸器，又把喉震式麥克風小心地用一根彈性帶圍在她的脖子上，讓她可以和地面的人溝通。接著我們臨時打造了一個穩固的夾板平台，護在她的胸部與頭部上方，以防豎井坍塌——在我們進行地道支撐力補強時，同時也可以防止土塊碎石砸到她的身上。

醫生每半個小時下來檢查她的狀況，給她葡萄糖飲料。另外三名在地道系統更深處的抗議者當下也進退不得，因為這個系統只有一個進出口，而這個女孩正堵在這個進出口中。

我們有條不紊地進行著豎井鞏固以及豎井底部拓寬的工作，完成這些事情後，我們才有空間處理她鎖定在鐵管上的問題。就算在大白天的地面上，要把人和水泥鎖定物分開，都已經夠困難了，遑論我們要在豎井底部，搞定建造在極狹隘空間牆壁裡的鎖定物。任何一步出了差錯，這個女孩都可能因為動脈被切斷而流血至死。「蟲蟲」，我後來得知這是她的暱稱，總共在地道裡躺了三天，這段時間我們一直在她身邊不停地忙著。儘管她的安全與健康是我們的首要考量，我們也盡了全力照顧她，但是實際上能做的事情依然有限。她很冷、很沮喪、睡眠不足，而且好幾天都躺在自己的排泄物上。我們在恢復了她的自由後，立即用擔架把她拉了上去，直接送往醫院。

第二天，我們成功移出了地道裡的兩名男性抗議者，但是在另外一層地道中的最後一名抗議者拒絕離開。前一天我把三塊三角木塞進了地道頂部的縫隙中，結果因為裂縫變大，三角木全都掉了出來。妥善補強這條地道需要花上好幾天的時間，最後一名抗議者將會被活埋在地道中，這是真真切切的風險，只不過他並不瞭解這個情況。我決定打破自己所有的原則，直接鑽進毫無支撐的地道中，試著勸他出來。我發現他坐在一個圓形坑室中間的土堆上，周圍是一個大水坑。他看起來像是待在他自己的島上。

「如果你不出來，你會死的。這裡的土地極度不穩定，而且正在移動。」我這麼對他說。他沒有說話，但同意了我的說法，並抓起了裝著他東西的塑膠袋。我們兩人開始匍匐前進，經過了長長一段爬行後，回到了地面。當他重新站在地面上時，他和我握了手，對我說了謝謝。

實在沒有慶祝的時間，其他地道的工作還在繼續。我們的八台空氣壓縮機，不停地安置在不同地點輸送空氣、維持抗議者的生命。

我們在一條地道中發現了一個身上覆滿蟎蟲與虱子的女孩。

在另外一條地道中，我與布偶戴夫重逢，他住在一條深入地底的長地道內，裡面有很多食物與補給品存貨。我們抵達之前，他已經在這兒住了好一段時間了，而且打算在這條他稱為「嘴巴」的地道中住二十一天以上。他的這條地道約有一百五十呎長，安裝了很多門，我們必須費心費力地一一移除後，才能找到他。這傢伙住在這條地道的最底端，而且決心要待到最後一刻。當我們最後終於把他請出來時，崔佛．柯爾門、藍道．希伯特以及柴郡警察局的警司艾力克・巴克萊（Alec Barclay）都上前和他打招呼。他們都想和布偶戴夫見面，因為他在地道裡待了實在太久了。大夥兒聚在一起喝了杯咖啡。

「說一說，戴夫，」艾力克問，「下一步打算做什麼？」

「我打算到希臘去流浪兩、三個月。」

「你怎麼去？」我問他。

「到曼徹斯特搭飛機去。」他開玩笑地說。

當所有人還在笑不停的時候，戴夫站了起來，走向正在等著他的警車，被銬上了手銬。

戴夫出來後，我的焦點就放在了地道裡一名孤身的女性抗議者身上。她無法把自己從鎖定物上解開，手指也開始發麻。這名抗議者身處一條非常狹窄的地道裡，手臂鎖定在地上。我必須躺在她身上才能鑿開鎖定的地方。我們兩個人都非常飢餓，於是那天晚上稍晚，大彼得出去幫我們買了中國餐。她仍躺在地上，我餵她吃了食物，兩人還聊了一會兒天。最後我終於鑿開了鎖定，讓她獲得自由。在地面上，這位抗議者給了我一個大大的擁抱，感謝我對她的照顧。

這裡的工作花了我們整整一個月才完成，我在這段時幾乎都沒有見到曼蒂或孩子。這份工作危險、令人疲憊不堪，而且壓力非常大，但是收益也很豐厚。優渥的收益讓我在撤離現場前，到威姆斯洛（Wilmslow）的一家在地汽車經銷商，支付了頭期款，訂了一台接單生產的軟頂奧斯頓・馬丁（Aston Martin）DB7 Vantage Volante。我連續好幾個禮拜都在地下滿是泥巴、塵土、虱子與人類排泄物的環境裡忙得不可開交、冒著生命危險，我想給自己一些獎勵，應該不是太過份的事情。

兩年後，我們重回曼徹斯特機場，繼續抗議事件的續集。部分抗議者在研究了當初興建計畫的規劃申請後，發現跑道預定地底端，有一小塊土地並未涵蓋在最初的法院驅離命令中，於是他們入駐了那塊地，挖出了一個巨大、複雜的地道系統。由於抗議者直接挖進了河岸底部，因此光是地道入口，距離地面就存在著八十呎的落差。這個事實讓整個環境變得極端不安全。這裡的地道是另一個「迪斯可戴夫（Disco Dave）的特別節目」，地道分了許多層、有許多盤繞與方向的改變。入口是一道花紋鋼板的小門，門上畫了一個大大的黃色笑臉。固定這道門的木頭門框上方釘著一塊上翻的馬蹄鐵，馬蹄鐵上釘著一張明信片，明信片上寫著為勝利而挖。當我靠近這道門進行檢查時，我聽到門後一個不太清楚的聲音響起。

「挖地道的彼得在附近嗎？」

我跪下來對門後的人說話。

「我是彼得。」我回答。

「拜託不要鑽這道門，我的背正靠著這道門，我鎖定在這道門上了。」

我心裡想著，我們一定得下去。

大夥兒觀察過周遭的區域後，發現抗議者的通氣管，從更遠的河岸處穿出來，這些通氣管連結在一個塑膠牛奶桶與一個十二伏特的電腦風扇上，但是這樣的設備並不足以供應地道內抗議者的空氣。大彼得和老爸很快切斷了他們的配備，接上了我們的空氣管，確保空氣供應充足。接著我們在門下挖地道，避免那名鎖定在門上的抗議者受到任何傷害，暫時放任他繼續待在我們的上方。這名抗議者的鎖定設計非常聰明，他用了三層雙管架構，並以混了橡膠的水泥固定。我們把他安全移除後，立刻看到了一位面對著我們，站在豎井邊繩梯上的另一名抗議者，他的脖子上纏著一圈套索。他威脅我們如果靠近，他就要往下跳。我判斷接近他的最好方式是挖一個四十五度角的斜坡地道，直接從中間攔截豎井。這樣一來，就算他往下跳，我們也可以從下面撐住他，然後把他與脖子上的繩索分開。每一個類似這樣的挑戰，都要花上我們數天的時間才能完成，而且全都涉及到繁重的挖掘工作。我們的空氣壓縮機與照明系統二十四小時不間斷，晚上還要有三個人值班。

曼徹斯特機場驅離二部曲的最後一名抗議者是迪斯可戴夫。他在地道裡愈挖愈深，也因此當我們在努力接近他的那幾週時間內，他挖出了一大堆有待清理的土。最後當我終於找到他時，我知道整個地道系統的結構完整性已在崩塌。我再度用上了三角木測量，小木塊全都掉了出來。

「這裡要塌了，戴夫，」我對他這麼說。「你真的必須出來。」

他相信我的話，同意回到地面。

我們在地道內安裝了攝影機監控他所在的區域後，帶他回到指揮中心喝咖啡。就在他正式遭到逮捕之前，我們看著螢幕中戴夫和我十分鐘前還待在裡面的坑室整個坍塌。只要戴夫再拖延十分鐘，我們兩個都得在裡面瞬間蒙主寵召。戴夫也被他自己竟然身處如此險境而嚇了一跳，直接出現恐慌發作而昏倒。我們的緊急救護人員立即幫他吊點滴、戴上氧氣罩，用救護車把他送去醫院。大多數人都不瞭解抗議者會採取的極端手段程度、他們讓自己陷於威脅生命安全的極度驚險程度，也不瞭解救援團隊置身的危險程度。

在環保示威抗議者的眼裡，那段時期似乎是個黃金年代。早期紐伯利與霍尼頓的抗議者所收穫的媒體關注，成了一種對其他抗議者的鼓舞（與招募工具）。如沼澤哥這類著名的抗議者，在新一代為了環保目的而聚集的社運份子心中，成了楷模典範的人物。每次示威活動，抗議者都會發展出阻礙政府當局計畫的巧妙新法，然後這些嶄新的方式，又會在聯繫不是那麼緊密的、更廣大的示威抗議團體中擴散。

那段時間，當局要求我待在環保示威治安行動組織的總部辦公室（Home Office Working Group for Policing of Environmental Protests）。這是個為了尋找對應抗議活動最佳執行方式與技術所新成立的組織。我因為地面（與地下）的經驗，獲邀與這個組織的成員分享我的知識，其中包括了馬爾文・愛德華斯、倫敦警察廳的一位警方指揮官，以及安全衛生執行署最高主管等政府資深官員。因為我與這個組織的關係，後來我們也參與了許多其他備受關注的抗議者驅離工作。

多年來爭議不斷的伯明翰北環疏通線（Birmingham Northern Relief Road）在當時——一九九八年——已經正式納為M6號高速公路收費路段，但這個計畫的系列事件卻愈演愈烈。我和我的團隊將接獲通知接受部署安排。

環保鬥士這個詞彙此時已成了常用語。新道路預定地沿線的抗議者營區，再次由許多示威抗議行動的老手掌控。西米德蘭茲高速公路（West Midlands motorway）最早於一九八〇年提出，一九八八年舉行公眾調查，一九九一年米德蘭快速道路公司（Midland Expressway Ltd.）簽署了招標合約。另外一波的公眾調查在一九九四年啟動，到了一九九七年即將開工時，環保鬥士在規劃的路線沿途，設置了好幾個抗議者營區，並擅自佔據許多預定拆除的廢棄小屋，著手開始對這些房舍進行結構補強。其中一間被稱為邊境小屋（Boundary Cottage）的房舍還被安裝了裝甲門，以備在終止興建的法律訴求最後遭到否決時，用來應付執行官不可避免的攤牌行動。

遺憾的是一九九八年四月，一名叫戴夫・理查斯（Dave Richards）的抗議者被發現死在邊境小屋他自己的睡袋中。他是法國外籍兵團（French Foreign Legion）的逃兵，和他一起抗議示威的同伴稱他是「這場運動的第一位殉道者」。警方為了調查他的死亡事件，驅離了小屋中的其他抗議者，並在調查結束後，直接剷平邊境小屋，引發抗議者反感。抗議者宣稱政府當局從理查斯先生的死亡事件中謀求好處。

不過這起事件確實讓警方得以深入瞭解抗議者可能在其他佔據的小屋中所利用的某些技術，包括經過強化的地下地堡。約翰・詹姆斯（John James）是負責此次行動的代理司法行政官。我們的工作是處理錢多多小屋（Moneymore Cottages）與綠木小屋（Green Wood）兩個主要現場的地道。（部分戴夫・理查斯的骨灰規劃將灑在綠木小屋中。）

身為地道專家，我的團隊成員主要都是軍隊與消防體系背景，所以相關單位提供給我們的情報，遠比其他人多。通常一紙法院命令會告知那些要被驅離的人，執行官何時會到，好讓他們有準備的時間。我們則被告知警方決定在沒有執行官參與的情況下，祕密接管綠木。我們和警方一起進入木屋中，警方很快就攻佔了綠木——這次的行動再次於失業救濟金發放的第二天，任何人都還來不及意識到發生了什麼事情的時候展開——我們也很快地對這裡的強化地堡進行了清理。錢多多小屋這個第二目標卻複雜多了。

我們從警方直升機人員那兒取得了錢多多小屋的現場空拍照片，但是小屋的所有窗子全被木板嚴實封住，我們無法掌握裡面會出現什麼樣的意外安排。有關當局已警告過抗議者，若有任何執法人員因為陷阱受傷，將導致迅速且強勢的反擊。

驅離行動在清晨展開，我們也進入小屋瞭解實際狀況。抗議者把這座建築物變成了一個吱吱作響的巨大拼圖，我們必須一一解開。整體設計實在令人印象深刻，但也危險得讓人心驚膽跳。屋裡有五個人，各為這塊「拼圖」的不同部分，如果屋子倒塌，他們五條命一條都保不住。

地板上有一男一女鎖定在水泥桶上，水泥裡混合了碎玻璃和繩索。兩人都很順從，允許我們在他們身邊工作。我們在開始進行切割工作前，為他們戴上了安全護目鏡，也和他們說了一下話，給他們一些熱飲喝，並詢問了他們關於小屋中其他障礙物的狀況。當我們終於把他們和鎖定物分開，並移除了水泥桶與桶子裡的東西後，拿開了水泥桶下一塊布，看到布下面的油桶裡有個人，他的脖子上鎖著一個自行車大鎖。這個人的腳被鏈條鍊在一個灌滿了水泥的輪胎上，輪胎被置於下方一個空間的木頂上面。萬一木頂塌陷，輪胎掉落，這個人就會被吊死。我們在小心切除這位抗議者脖子上的大鎖過程中，必須用托樑支撐整個結構。同樣的，我們在進行這個複雜精細的工作時，這個傢伙親切地與我們交談。

地下那個木造空間裡有個名叫潔絲的女孩。她不太高興看到我們。這個女孩很兇悍，對我們吐口水，還出口成髒。我們用了一整個晚上，才把她與鎖定物分開，過程中我因為試著把手伸進她鎖定的管子中，而遭玻璃碎片割傷。這樣的傷必須回報，警方對我們說現場將暫時列為犯罪現場。我離開工作崗位去做筆錄，以防到時警方要提起官司訴訟。儘管我們協助處理的所有現場，已有大批抗議者遭到了逮捕，但是等他們到了裁判法院，針對公共秩序指控罪名提出答覆後，通常都只會被罰些小錢了事。這也是示威抗議的另一個重點，把司法系統搞得一團亂。

傷口包紮好了之後，我回到現場繼續處理潔絲的鎖定物。經過幾個小時的工作，她獲得了自由，我們也得以進入地道系統中。我們在地道中發現了另外一個桶子，桶子頂端用水泥固定了一個甕。我掀開甕的蓋子，裡面有些灰以及幾根煙屁股。大家不太確定，但猜想應該是戴夫．理查斯的骨灰。我們小心地把甕與桶子切開後，以肅穆的態度將甕交給了地面上的警方。

最後我們終於來到了另一扇活板門前。門上的鏈條以套結串著一個男人。他是參加過會議的其中一名抗議者，叫做史考帝。我們在現場曾聽到八卦說他在行動剛開始時，就從主營區搬了一些大麻存貨，一起帶去地道中。大夥兒設立起了通訊系統，讓史考帝能夠與地面通話，而我則是爬上地面向助理警察局長（ACC, assistant chief constable）格林進行匯報，他拿起無線電告訴史考帝，將以持有大麻的罪名逮捕對方。我皺起了眉頭，因為我認為在現在這個時候，持有大麻應該是最不重要的事情，但是當格林結束了無線電通話時，他帶著微笑向我解釋，史考帝現在很可能會把大麻全部抽光光，而這樣會讓我們的工作容易許多。在各個抗議者營區接觸到毒品，是非常稀鬆平常的事情，而我們可以利用這些毒品來發揮我們的優勢，因為使用了毒品的抗議者比較容易應付。

史考帝位於一個非常狹小的空間裡，我們用了在曼徹斯特的相同手法，先將鐵鏈固定，確保不會掉落在他身上，再移除他身上的鐵鏈。等我們把他帶出錢多多小屋之後，發現了最後一個等著我們的驚喜。我們看到坑壁上有個洞口，洞口外吊著一雙靴子。那是迪斯可戴夫，他用水泥把自己封進了牆壁中。我們切開了他所待著的個空間，把他請了出來，過程中我們與他閒聊，他走出來後，大家又坐在一起好好地互相揶揄了一番，還一起喝了咖啡。我們團隊總共在這兒待了十四天。

工作源源不斷地上門。以一九九八年九月為例，我們驅離了佔據了牛津一個舊火車站的抗議者。當局準備把這座火車站夷平，建立一所商業學校。那個時候的國際專家集團已發展到了十五名固定員工的規模，而我們封閉空間與地道專家的名號，也慢慢地傳到國際上。

在牛津舊火車站的案子上，抗議者在車站地下挖出了一個很大的空間，裡面有六個人，各自鎖定在不同的桶子與灌滿水泥的洞中。我們爬進去時，這些抗議者全躺在那兒，沉默地盯著我們。有一個女人還用紅色的口紅把自己的整張臉都畫滿了。整個場景真的有些令人毛骨悚然。當我去處理其中一名抗議者時，他叫我走開，因為他是C型肝炎患者。這名抗議者還曾經一度用他那隻可以自由活動的手，解開了褲子拉鍊，尿得到處都是。

我們在地下工作的時候，執行官理應負責驅離屋頂與天花板上的抗議者。我們完成了我們的區域，準備撤出這棟建築，讓這裡被拆毀時，我們聽到了一個聲音。

「喔伊！你們漏了在上面的我。」

我們四處清查後，才發現有一名抗議者將他自己鎖定在煙囪體的後方。這件事也顯示了為什麼推土機進場前，每個角落、每個縫隙都要徹底清查確認。

一九九六年至一九九八年間，我們不斷地處理環保抗議者，因此也與他們建立了不錯的關係。由於我們的安全措施、專業，以及總是確保他們的安全與健康，並在需要的時候，提供他們熱飲與醫療照護，因此我們常常會收到他們的感謝。與抗議者建立起和睦關係，讓我們得以瞭解他們的作法與策略——以及查出來他們的下一個目標地點。這種互相的尊重與開誠布公的直接溝通，讓我們交出了百分之百的安全紀錄成績單。

隨著抗議示威活動的增加，以及愈來愈組織化的行動，我們的運作能力也再與日俱進。我在最新、最好的設備與訓練上做了投資，成立了繩索救援隊，也買了船，經營我們自己的海上團隊。海上團隊的部署目的在於保護核能材料在塞拉菲爾德（Sellafield）[14]場址的進出。我始終懷抱著一個創立水下行動組織的願景，希望能依靠潛水者進行搜救任務。我也一直密切關注著所有可以用來幫助我將這個願景擴大成一個事業的新科技。

一九八八年我去美國研究新式水下搜尋設備。美國在搜救科技上，領先了英國許多年。返程時，我花八萬英鎊購置了一台全新無人潛水器。這台設備就像是水下的無人機，可以用來搜尋船殼、水下礦石廠與湖泊的底部。

英國缺乏可用於搜救行動的設備，愈發讓我覺得洩氣——沒有任何警力使用無人潛水器。我知道有了正確的設備，我們不僅可以改善核能產業客戶的海洋服務，還可以在有人於水域失蹤時，協助提供緊急救援服務。每當失蹤者無法尋獲時，失蹤者的家人與搜救團隊都會非常沮喪，但是有了這樣的科技設備，我們就可以幫忙了。我意識到這台無人潛水器非常適合深水礦場。

之前透過警方與核能產業工作所建立的人脈，我認識了馬克・哈里森爵士（Mark Harrison MBE），他在當時是負責規劃與協調犯罪與失蹤人口搜尋的警方搜尋顧問（PolSA/police search adviser）。馬克是全國搜尋的負責人，他在看過了我們所具備的專家技能，並經過嚴格審查後，同意把國際專家集團納入全國犯罪與行動學院（National Crime and Operations Faculty，現已更名為全國打擊犯罪調查局〔National Crime Agency〕）的資料庫當中。我們成為獲得英國警方潛水行動（police diving operations）許可的唯一團隊。若是任何搜尋行動需要動用到我們的潛水隊或裝備，馬克同意聯絡我們。大約就是同一個時期，馬克也是坎布里亞警察局的總督

14 譯註：塞拉菲爾德（Sellafield）位於英格蘭西北部坎布里亞郡（Cumbria）的大型多功能核設施，原名溫德斯凱爾（Windscale），為全球最大的單一核設施，包括了核廢料再處理、核廢料儲存水池、中階放射性廢棄物處理場與貯存場、已除役的核能發電廠與核能設施，以及各種支援設備設施等。一九五七年曾發生過反應爐內起火的嚴重事故。

察長，在我告訴他有關我投資的無人潛水器後，他向我透露了一起在湖區（Lake District）深水區發生的失蹤懸案。我主動免費提供我們的服務，想要看看這個無人的遙控潛水設備的表現。

失蹤者是一名警察，幾個月前他配戴水肺，在奧斯湖（Lake Ullswater）進行休閒潛水時失蹤。坎布里亞警方知道他消失的大概位置，但是一直無法找到人，因為他潛水的海域大概有四十五呎深。馬克與出事地點最近的當地農夫地主溝通後，對方同意讓我們在湖邊紮營。我們帶了兩艘佐迪亞克（Zodiac）充氣艇下水，一艘攜帶著大型的無人潛水器，一艘戴著需要幫潛水器充電的發電機。我們有潛水員，無人潛水器需要兩人操作，一個人把設備送進水中，一個人操作電纜系統。當時正是可以把人烤焦的炎熱酷暑，很難看清螢幕上的畫面，於是我們等到晚上氣溫降下來後，才重新回到現場。我在這個時候可以清楚看到電視顯示器。

我們把充氣艇開出海，到搜尋區下錨，再把所有儀器都架設好後，就讓無人潛水器潛入了漆黑的水中。隨著機器的下沉，機體發出來的光先是在水中變得有些黯淡，接著就完全消失不見。水面上唯一能看到的，只有顯示器所泛出的光。我看著無人潛水器一面沉默地巡游到水底，停在一片淤泥當中，一面即時傳回現場畫面。

我們花了好幾天的時間，在那片海域「飛著」這台海底無人機，尋找屍體。這是一份單調又令人倍感挫折的工作，最終這趟搜尋任務無功而返。這次的行動可以被視為一次挫敗，但是我倒是寧願看成是一次學習的機會。

就算無人潛水器在已經劃定了目標的區域很有用，但在渾濁的水域區或目標位置不明的大片水域，搜尋效率卻不高。這次的搜尋行動讓我瞭解到這項設備的侷限，也因此讓我開始尋找更適合用於較大搜尋區域的其他科技。順帶一提，那位失蹤的潛水警察，幾個月後在湖的另外一片完全不同的區域，被另外一位休閒潛水者發現。

為了尋找有用的設備，我又飛了美國一趟，再次大手筆投資。這次買的是價值三萬五千英鎊的高頻側掃聲納。這個長得像飛彈的東西，放在船的後方，由船拖曳，向河床、湖床或海床發送聲波，傳回的聲波訊號經過電腦即時處理，可以建立出水下區域的細部圖片。

這套設備讓我們具備了搜尋失蹤的人、武器、證物或其他丟失物品的可能性。這是一套令人興奮的先進工具，當時的英國警方潛水單位尚未開始使用這類設備。皇家海軍的這套設備用於探礦，而警方搜尋水中的屍體或證物，主要還是靠潛水員或使用了不正確設備的志願者。

我接受了使用這套設備的基礎知識訓練，但為了真正瞭解這套設備可以在搜救領域發揮的效用，我需要實際進入水中盡可能收集資料。於是我在水庫與運河裡進行了側掃聲納的測試，瞭解這套設備的完整功能，以及部署在什麼地方最有效。我需要知道一名溺斃者、一把槍、一台賣場推車或一段樹幹，在圖片上各呈現出什麼樣子。處於分解狀態的屍體看起來有沒有什麼不一樣？這套系統的限制在哪裡？

我們有一副急救訓練用的醫學解剖人類骨骼，我為他取名喬治。在獲得了東薩塞克斯郡（East Sussex）韋爾伍德水庫（Weir Wood Reservoir）的首肯後，我帶著喬治搭著一艘我們的充氣艇出發。喬治穿著一件連身服，腳上綁著一條連結浮標的繩子，再增加了喬治的重量後，將他泡進水中，沉到水底。希望沒有人因為看到我們這邊正在發生的事情而去報警。我接著開始進入搜尋模式，開著充氣艇經過標示浮標，並有計畫往返於水庫各處，掃瞄水庫底部，看看喬治在我面前的電腦中，會製造出什麼樣的圖像。

我花了好幾個月的時間，在不同的水體進行訓練——甚至帶著這套系統去了西班牙，與部分公司成員在地中海裡進行測驗——最後我終於掌握了使用側掃聲納的技巧。我認知到這套設備所提供的視覺深度，可以讓我在幾個小時內鎖定失蹤者在一座湖或一個水庫裡的位置；若是沒有這套系統，這樣的搜尋結果可能需要耗時數週。

馬克好幾次出現在我同時測試無人潛水器與側掃聲納的場合，也看了一些從搜尋測試中取得的掃瞄圖。他贊同這套設備很大程度改變了整個搜尋行動的說法，於是把這套設備的詳細說明與其效能，也納入了資料庫中。

我們並沒有等很久就在一次任務中啟用了側掃聲納。

愛麗森・麥克加里格（Allison McGarrigle）一九九七年從人間蒸發，但一直到七個月後，跨到一九九八年才有人報案。三十九歲的她住在布特島（Isle of Bute）的羅思賽小鎮

（Rothesay）。一九九四年她與丈夫分手後，就搬到了島上，認識了兩個朋友，威廉・羅奇蘭（William Lauchlan）與查爾斯・歐尼爾（Charles O'Neill）。愛麗森並不知道這兩個男人有戀童癖。她在一九九七年六月二十日發現他們正在虐待一個男孩子時，威脅要報警。自那之後，就再也沒有人見過她了。那兩個人殺了她，把她的屍體裝進一個帶輪子的垃圾桶中，扔進海裡。她的失蹤是他前夫報的案。羅奇蘭與歐尼爾曾向好幾個人吹噓愛麗森已經被「處理掉」了，而且成了克萊德峽灣（Firth of Clyde）裡的「魚食」。

警方在收集了足夠證據，顯示她被棄屍海中後，馬克讓我去找那個帶輪的垃圾桶以及她的遺體。我們用了好幾天掃瞄克萊德峽灣內，位於大坎布雷島（Great Cumbrae）外的米爾波特海灣（Millport Bay）大範圍海床。帶輪的垃圾桶是個大目標，應該會很清楚地顯示在掃瞄器上，但是這次的工作令人感到挫敗。我們並沒有找到愛麗森，我非常失望，但是我很確定我們的搜尋作業非常周延。

歐尼爾與羅奇蘭直到二〇一〇年才因殺人罪被定罪，而那時，他們已另外連續犯下了多起性侵兒童的罪行。雖然我無法找到愛麗森的屍體殘骸，但是我看到了一片廣大海域海床的每個小細節，證明側掃聲納確實是個可以用於大範圍目的的有效海底搜尋工具。多年來，許多案件不斷證明這套系統效用極大，協助我們得以鎖定許多至關重要的證物以及失蹤者。

鎖定溺水者與殺人案被害者的位置，並帶回遺體，是件既令人痛苦、倍感折磨，還會衍生精神創傷的事情，但是為了提供這些死者的家人、朋友一個答案，這又是非常重要以及有價值的付出。我們第一次尋獲在玩水時溺斃的那具屍體時，我就有了這樣的認知。事情發生在劍橋郡（Cambridgeshire）伊利市（Ely）的一座湖中。死者是名三十二歲的男子。他開著一艘快艇，快艇後拖著一支滑水橇，沒有穿救生衣，結果在行駛間癲癇發作，整個人摔出了船艇之外，消失在茫茫湖水之中。

意外發生後，我們很快就接到當局通知。落水男子明顯不可能倖存。我們抵達湖邊時，他的家人也趕到了現場，迫切地想要找到人。當時的情境令人動容。警方陪在明顯悲痛的遇難者家屬身邊。我之前與倫敦空中救護一起行動的時候，就已見過許多死亡，但這絕不是什麼可以讓人習慣的事情。

事發當時與遇難者在一起的友人，正確地指出了他墜湖的位置，由於當時沒有水流，湖水處於靜止狀態，我確信屍體應該就在墜水地點附近。我們在穿戴潛水裝和設備，聽人說明大概要搜尋的地點時，一直都謹慎地維持低調。當事人的朋友與家屬都知道我們在這兒的目的，我感覺到一股強烈責任感，必須要以體諒但有尊嚴的態度進行這份工作。這是我們被通知搜尋的第一起溺斃者案件，但是沒有人感到驚悚或刺激。我只感覺到對受難者家屬的義務，然後將這份義務轉換成專業的職責。我試著把情感面放在一邊，將注意力聚焦於眼前的工作上。

由於我們已經在太多不同的情境下使用過側掃聲納，所以我很清楚這套設備在這座湖中的準確性不會太高，因為湖底鋪滿了水草，會讓掃描出來的畫面呈現扭曲。這座湖並不深，能見度很高。我們在當事人最後的位置做了標記後，我就滑進了沉靜的水中，慢慢沉至湖底，開始在水草叢中專注地尋找與感受，有系統地用一隻手撫過水草。幾分鐘之內就找到了死者。他面朝下地躺在湖底，雙手依然緊緊抓著生前想要掙脫的蘆葦。我們輕輕地解開了糾纏他的蘆葦，送到我們的充汽艇上，將他帶到一個沒有人圍觀的安靜湖邊，然後仔細地以肅穆態度，把他放進一個打開了的屍袋中。他大張的眼睛正看著我，手依然維持著攢拳頭的姿勢。

那是個炎熱的夏日。我們所在之處，原本應該是個愜意恬靜的地方。美麗與可怖之間的對比，讓人感覺非常不舒服。我還記得自己當時非常驚訝地發現蒼蠅是如何快速地就開始繞著屍體飛。我們將死者封進屍袋後，我朝著那些傷心欲絕的死者家屬走去。我為這名死者以及他的家人感到沉痛的悲傷，向失去了親人的他們，致上了我的遺憾。

「我們找到他，也把他帶回來了。」我這麼說。他們並不需要知道任何細節。毫無疑問地，他們之後會從必要的審訊中得知所有細節。不論任何話，都無法稍稍撫平他們失去親人的悲痛。我在他們對我表示感謝後離開現場。

一條生命就這樣白白喪失，我突然警覺到這一切其實是可以避免的。如果他穿了救生衣，他就能活下來了。這麼簡單的一件事、這麼便宜的一套救生設備，卻可能對那些身處開闊水域或麻煩中的人，帶來天差地遠的結果。在我的職業生涯中，截至那一刻為止，安全一直被視為重中之重，不論是進入地道，還是攀爬建築物。我盡一切可能降低風險。對我來說，救生衣完美降低了水中風險，是最符合邏輯的一件事。

死者的朋友們正在附近討論著舉辦一場烤肉會，為死者家人募集一些錢。由於心中剛想到水中安全，因此我向他們建議，或許他們應該考慮捐點錢買些救生衣。這是我第一次與溺水者接觸的經驗，之後幾年間，我又陸續碰到許多類似的案件。每一次碰到這種無謂的死亡，我都感到異常挫敗。我一直無法擺脫愈多年輕人在開放水域穿救生衣，死的人就愈少這種想法。最後這個念頭成了一個我幫忙啟動的活動，席捲全國。

第七章

我的生活一直圍繞著技能的開發與提升。站著不動會被打倒，確保自己維持業界領先的最好方式，就是不斷學習。我是訓練的忠實信徒，也確保我的團隊在所有我們涉及的工作領域，始終維持熟練的技能。技能熟練代表我們很有價值，而掌握的技能愈多，我們能提供的服務也愈多。

建立了潛水隊、購置了無人潛水器與側掃聲納之後，以前對潛水的興趣也重新被點燃，特別是水下尋物。我一直都著迷於尋找隱密之物，不論是荒廢礦坑中的古老泥瓦管，還是地道系統中的環保鬥士。

發現事物是我的一份天賦，除此之外，我還有一顆好奇之心，這些全遺傳自老爸。孩童時期父子一起在森林散步時，他就總是時有發現。他永遠都會撿到硬幣，然後把硬幣連同他的感悟力一起傳遞給我。我的第一套金屬探測器是老爸買給我的，那是一具沙灘用的金屬探測器。康沃爾郡的家族露營假期，我總是會隨身攜帶這套設備，然後在每天晚上度假者離開沙灘後，花上好幾個小時在沙灘上進行掃描，搜尋隱密的寶藏。

使用這套寶貝的第一個禮拜，我就找出了一堆別人掉的銅板，淨收入十九塊英鎊。在那個年代，對一個小孩子來說，這筆錢可以算是相當可觀的財富了。

國際專家集團的水下搜尋團隊成立時，隊員主要都是經驗豐富的前警方潛水員。我投入了大量資金，讓團隊接受適當的培訓、取得需要的資格。我還決定自己也要取得工業潛水員資格，因此參加了位於蘇格蘭威廉堡（Fort William）從十一月底開始，為期十二週的訓練課程。那個時候的威廉堡，室外溫度已經足以冰凍世界了。水下搜尋是這個課程的一個重要部分，但我還想學習如何使用工具以及水下切割設備。這個課程教導水肺潛水與水面供氣潛水，後者是讓潛水員接上一根連結水面的空氣管，訓練地點在林納湖（Loch Linnhe）。一開始的訓練課程在教室內，但沒多久，學員們就得全部沿著水上結了冰的碼頭向前走，準備我們的首次下水。初期訓練是由一位名為玖克的教練負責。這位前皇家海軍，負責安排我們第一場水下練習——潛水面鏡進水處理。我們需要爬下一段梯子，進入二十呎深的水中，取下潛水面鏡，讓其中浸滿了水，然後爬上梯子，利用正壓排除面鏡裡的水。這項訓練一再重複，從一般的潛水面鏡一直到全罩式面鏡。

隨著課程進展，我們進行了碼頭下的搜尋練習。大家在支架網格下游泳，為了模擬封閉區域與完全漆黑的環境，戴上塗黑了的潛水面鏡，練習各種不同的搜尋模式。我們必須在海床上拼接繩索、用螺栓把連結管子的法蘭盤拴緊，完全就是電影《怒海潛將》（Men of Honor）裡的畫面復刻。到了晚上，我們要念一大堆書，還得通過許多學科考試。潛水深度愈來愈深、課程愈來愈難，氣溫也愈來愈低。

大多數的其他學員都是剛進入離岸石油產業的年輕人。要說在他們身上還看到得年輕人逞能蠻幹的心性，也算是平實的看法。但是我卻與他們不一樣，我有家要養、有事業要經營。幾個星期的課程過去，我愈來愈緊張不安。儘管我們已經上了好幾個禮拜的課了，卻還是未能阻止幾個小時前，有人在碼頭外發生的潛水溺斃意外。雖然潛水學校沒有任何責任，但感覺上仍然像是個惡兆。我們的訓練練習包括了工業潛水員要面對的那種災害模擬。我們以沉在水底的二次大戰坦克車作為練習對象：爬過坦克車，練習使用水底切割工具與其他設備。

第一次戴著全罩式硬殼潛水頭盔潛水時，使用的是一種堅固的玻璃纖維頭盔，被稱為柯比．摩根（Kirby Morgan）「超級輕」（super light），頭盔頂上有一根把手，而頭盔其實極重。空氣透過一根管子灌進頭盔中，頭盔裡還有一支內建麥克風，可以無線電與陸地上的教練聯絡。頭盔由自己的伙伴幫忙戴上調整，並夾住氯丁橡膠頸封。我被分派到的任務是從碼頭底部出發，攀爬過老舊的戰鬥坦克車。當我正在享受平靜的水下環境時，頭盔裡突然充滿壓縮空氣，試著要把頭盔從我的頭上衝掉。我接通了通訊線，大叫：「把我弄上去！」在被拉出水面的過程中，我試著轉動自由流動閥阻止衝入頭盔內的空氣，但是這個機構故障了。等我回到陸地並取下頭盔時，我向教練說明了發生的事情。他試著將這起意外大事化小，但是頭盔若真的被衝鬆，後果可能非常嚴重。這位教練一面說沒有任何問題，一面扭動自由流動閥的軸柄，把閥體扭緊後，要我再下水。我拒絕照做，雙方發生了激烈的爭吵。維修人員從他的工作室被叫了過來，後來確認閥體的橡膠封墊上有顆沙礫，造成了整個閥體的損壞。

課程繼續，我們下潛的深度更大，待在海床上利用各種水下切割設備練習愈來愈複雜的任務時間，可以長達三個小時，身上穿的也換成了安裝上水管，滲出熱水讓我們保暖的潛水衣。我們也練習拯救其他潛水員的技能。我非常用功，努力學習如何進行水下搜尋、沿著河床線游動，以及如何利用自己空出來的手掃撫水底。我學習如何判斷水的移動、瞭解物體在水裡的樣子與變化，我還知道了身處零能見度的水下世界時，最好閉上眼睛，讓觸覺主導水下搜尋的工作。我發現自己可以在黑暗、寂靜的空間中集中精神，維持完全的專注。這樣的環境讓我重拾孩童時代礦坑裡的舊時光，那時我會坐在黑暗中，聆聽身邊被遮捂住的聲音。我發現自己有時候可以在地下或水底的世界裡找到平靜，緩緩的游動著，有條不紊地沿著一條繩索，手臂前後不停地揮動，持續搜尋。

當時的國際專家集團是個正在成長的企業，我們承包的業務種類已經很多了。我在大型抗議相關工作間歇的時期，抽出了時間上潛水課，但儘管人不在公司，仍與總部維持頻繁的聯絡。我覺得培訓非常重要，因為我堅信國際專家集團的能力，是奠基於尖端的設備與先進的技能之上。我不斷地尋找可以讓我們處於這個專業領域領導地位的最好設備與科技，我深信例行訓練的重要性，認為這是技能退步的防範之法。公司快速擴張，我們被要求參與的工作類型也愈來愈廣泛。隨便哪個月，都可能有好幾家私人承包商或地方議會聯絡我們處理抗議者事件，同時警方也會聯絡我們，要求協助搜尋湖裡或河裡的失蹤者。我有一支能力卓越的潛水員團隊與一支技能優異的抗議者驅離團隊。公司以專業與多樣化打出了名號。

在伯明翰北環疏通線M6收費路段的示威抗議活動期間，倫敦東南部水晶宮（Crystal Palace）[15]被燒毀前的舊址也正在醞釀另外一個麻煩。為了抗議該地點的公園綠地將改建為大型休閒中心，抗議人士設立了大柳環保抗議營區（Big Willow Eco Camp）。環保鬥士佔據那塊地已經超過一年了，他們住在強化的樹屋、地道，以及臨時搭建的建築物中。

一九九九年驅離這些抗議人士的行動，被稱為派克斯頓行動（Operation Paxton）。代表當地主管機構布朗姆利議會（Bromley Council）負責整個行動的人，是代理司法行政官約翰・哈爾格爾夫（John Hargrove）。與倫敦警察廳、約翰緊密合作的我，花了好幾個星期的時間，針對我們在這場行動中所需要負責工作，規劃了嚴謹的方案。

我對於我們在地面上可能面對的情況有相當程度的瞭解，因為相關單位提供了倫敦警察廳直升機所拍攝的影片，然而我對地道的規模卻一無所知。

15　譯註：水晶宮（Crystal Palace）為英國為一八五一年為期五個多月的萬國博覽會（the Great Exhibition of the Works of Industry of All Nations）於海德公園（Hyde Park）所建造的博覽會館，一八五四年整棟建築物遷至錫德納姆（Sydenham），一九三六年燒毀。

行動在某天的一大早展開，一整個車隊的租賃廂式貨車，載著執行官、警察與我的團隊到現場。當我們一路又熱又缺乏新鮮空氣地終於抵達營區時，媒體早已等在現場，準備從驅離行動一開始就展開報導。

營區中間是一個大型的塔樓，滿滿都是警方與執行官需要應付的抗議者。我們的目標是地道與兩個地堡，地堡之上有大約五千條輪胎，置於二十噸水泥當中，活像個核子放射物避難所。因為這些輪胎可能是造成火災的隱患，消防員也在附近待命。這些如山的橡膠萬一真的燒起來，嗆人的黑煙不但可能危害防空安全，還可能覆蓋半個倫敦。

我們先從現場南邊的地堡下手。通道豎井位於我們所移除的一個以樹枝、油布臨時搭起來的遮蔽所下方。那兒有個用鐵鍊鏈在地上的大金屬蓋，所以我們必須向下挖，切斷鐵鍊，打開蓋子，但在這之前，我們還得先確定金屬蓋下有沒有人。移開蓋子後，顯現在眼前的，是另一個明顯客製打造的蓋子。

當我們正努力地想要安全清出通道時，這個蓋子突然被掀開，一個滿臉驚恐的人出現，一面大口喘著氣一面呼救。我們快速把他拉出來安置在擔架上，送他到我們那個類似野戰醫院的醫療帳棚。

他向我們解釋他之前一直躲在地堡深處，抽換爐子的瓦斯罐時，並不知道罐子裡還殘留著瓦斯，所以在他旋開了瓦斯罐後，瓦斯外洩。他在地堡裡一直以蠟燭照明，於是撲身過去滅了蠟燭，以免那個居住空間變成一片火場。然而就算躲過了火災喪命，他發現自己依然處在很快就會充滿了丁烷的密閉空間內，所以匆忙逃命。很不幸地，唯一的逃生路線就只有他刻意設計讓人極難進入的通道豎井，所以他和地面之間，橫梗著五道厚重的鋼門，每一道門都加裝了鐵鍊扣鎖。

我們對於他在地道內發生的戲劇性事件一無所知，因為我們根本無法與地道建立任何型態的溝通，而且發電機與空氣壓縮機在身後運作的隆隆噪音，也蓋過了這個驚慌失措的男人在地下用盡全力，解開一條條鐵鍊、掀開一道道門的聲響。

若要等我們挖到足夠深度，再把他帶出來，他很可能得在地底待上好幾天。謝天謝地，他幫我們省下了所有的工作。

既然通道已開，我們開始為地堡提供空氣，然後爬下去確認有沒有其他人。等到我們對探查的結果感到滿意後，才用挖土機掀了地堡的頂部，瞭解這個地堡的建造結構。這樣的研究有助於我們在未來行動時，對狀況可以有大致的掌握。

這名抗議者有一個爐子以及一系列令人印象深刻的生存設備與補給。他的爐子是由一個大型的液化瓦斯瓶改裝而成，上面是個平底鋼板，用來煮東西以及用水壺燒水，爐子前面挖了一個用來放進木條的鉸鍊小門。地道中還設置了一根排煙的煙囪與一根接到地面的通氣管，通氣管連著一個大型塑膠牛奶罐，罐底用膠布纏了一個十二伏特的電腦風扇。風扇會把新鮮的空氣吸進他的坑室中。

我不得不佩服這名抗議者對於他的地堡所投注的精細規劃。不過接下來，我遭遇到截至當時為止的抗議者驅離生涯中，最壯觀的阻礙。

這些抗議者先在地面挖了一個十五呎深，大約七、八呎寬的巨坑，然後把一台車的前半段放進坑中。他們應該是從廢車場買了一台車後，切成兩半。半台車入坑後，他們接著繞著車體，蓋了一個與地面齊高的三層木架，再把土撥回坑中，直到把坑填平。結果就是我們所看到的：地面上有一個通道口與一個木頭支撐的豎井，但沿著豎井向下，終點卻是被埋在土裡的半台車子。抗議者即興創作的能力，以及一心一意要讓創作的東西比以前更大膽的決心，實在非凡。要創建出這個程度的障礙所需要的人力，大到令人難以想像，動用到的積極投入者人數，很可能堪比一支小型軍隊。

木架豎井中有三名位於不同樓層的抗議者，每一個人與上一層的人都以穿過木架層疊空隙的鐵鍊相連，鐵鍊分別扣住上一層人的腳與下一層人的頸。這是一條垂直串接了三個人的鐵鍊。坑底，在車子儀表板之下，另外還有兩名鎖定在固定物的抗議者。

車子特別難處理，因為我們必須在可能引發幽閉恐懼症的狹窄、封閉空間內作業。在這種危險而憋悶的空間中，與這些抗議者並肩合作，而非彼此對抗，是很值回票價的事情。已經被埋在地下好幾天的抗議者，因為進食與補水能力有限，又躺在自己的排泄物當中，沒有一個人喜歡他們所身處的環境。我們的目標就是盡快安全地把所有人都帶出地底。

障礙車必須以系統化的方式處理。我們從狹窄的通道頂端往下挖，擴大豎井寬度去接觸那名位於木架最上層的抗議者。他站在木架層級間的分隔平台上，腳上的鐵鍊穿過他那層木架的空隙，向下延伸至下一層抗議者的脖子。我們成功取下他腳上的鐵鍊，並將他帶到地面後，又繼續往下挖，一面擴大通道的寬度，一面強化通道的支撐力，然後對位在木架第二層、第三層的抗議者重複相同的程序。最後我們的團隊終於來到了車子所在的坑洞底部進行清理。

這段時間，我忙著奔波於地底與地面之間，地底需要工作，地面需要向警方與代理司法行政官報告執行狀況，他們也焦急地關注著腳下發生的所有事情。

最後一個頂部全是水泥輪胎的地堡，甚至是個更大的麻煩。沒有機具協助，我們根本無法向下挖穿水泥，但是若選擇使用機具，後續的震動造成整條地道坍塌的風險就會變得極大。在此情況下，進入地道的唯一作法，只有在旁邊挖一條長豎井，確保豎井比地堡更深，之後從這條豎井挖出一條橫向地道，通往地堡底部之下的位置，然後再向上挖入地道的坑室之中。這是一個相當大膽的計畫。我們團隊決定互相競賽，從相反的方向往下挖，看哪一隊可以先馳得點。最後當我們終於進入地堡時，坑室中間有一輛連結著一台汽車發電機的直立自行車，而汽車發電機同時又連結著兩顆汽車電池。住在地堡中的人可以憑藉踩動自行車，為電池充電，供應坑室使用的照明與通氣電扇所用。這座以鋼板為襯的地堡，建造得極佳。

這次整個地下驅離行動，花了九天才完成，過程中沒有任何意外或傷害。

因為這次的認識，政府當局開始對我們所使用的技術細節，以及我們提供的技術能力，有了較多的認識。我們不僅僅是在驅離抗議者，我們也在營救抗議者。相對的，抗議者也在進化，他們改進了作法、找到了更多具戲劇效果的有效方式阻撓官方工程。原本他們偏好的那些便宜且方便取得的D型自行車鎖，因為可以被我們直接移除，所以他們改換成了較昂貴但非常難切斷的氪石（Kryptonite）品牌電纜鎖。開始面對到這樣的電纜鎖時，我們必須購置更好的切割設備對應。這是一場靠智力取勝的競賽，一場在地底進行的貓捉老鼠行動。經過證實後，我的工程訓練的確是項無價之寶，我對工具以及不同金屬屬性知之甚詳，同時也需要不斷確認自己的工具與設備受到妥善維護，隨時維持在最高標準狀態。

在十年的歲月間，大家對於抗議者的看法出現分歧。部分媒體嘲笑他們，但其他媒體卻將他們奉為英雄。受到政府發展計畫影響的社區，往往給予抗議計畫的抗議者很大支援。一般來說，大家都不希望自己住家附近的林地遭到夷平、改建為道路或休閒中心。要我老實說，我有時候同意抗議者所堅持的想法。以水晶宮為例，計畫是要在倫敦美麗的公園正中心蓋一座擁有多個放映廳的影城。

然而話說回來，我也理解某些基礎建設計畫的必要性。以紐伯利外環道路為例，這條路的建造目的是為了舒緩嚴重的交通問題。現在大家都已接受了這條新路其實是件好事，因為引開了交通流量，解救了許多村子。但是我在這些工作中的角色，是要秉持專業，遠離這些爭議，而我也始終如一地如此行事。

我定期會在位於肯特郡查特頓（Chattenden）的警方全國搜尋中心（Police National Search Centre）演講。有天一場報告結束後，主任教官為我介紹了兩名美國人比爾與馬可斯，他們是美國特勤組的人，邀請我去華盛頓特區分享知識。

他們的邀請讓我倍感榮幸。一九九九年二月我出發到美國，住的地方離白宮僅兩、三個街口，我參觀了一個軍事基地，並在那兒針對我們驅離抗議者的經驗做了報告，也對抗議者對於重大基礎建設計畫所造成的損害程度，提供了詳細的說明。我與高階長官共進午餐，並一一回答他們的問題——在美國，環保抗議者被歸類為國內極端主義者。比爾與馬可斯接著帶我參觀了美國特勤組車輛與總統座車停放的所有地下設施。那天下午稍晚，我們進了白宮，比爾一面帶我參觀一面為我解說，還介紹其他特勤組的幹員給我認識。在美國總統的橢圓形辦公室裡，比爾告訴我他以前負責雷根總統的安全，總統大人總是會在辦公桌上擺著一大堆雷根糖。他在進行安全檢查時，也會拿起一兩顆糖吃。有天雷根把比爾困在牆角，伸出手臂搭著他並笑著說：「比爾，你一直在偷吃我的糖，對不對？」比爾說雷根是個很可愛的人。

在英國，我的詳細資料被放進了全國犯罪與行動學院名單中，這張名單上的人全是經過核准與認可的專家，可供英國所有警方聯絡。名單上的人包括了高度專業的法庭鑑識科學家，我被登記在專業搜尋專家的類別。

我因為搜救新科技的持續研究，注意到了透地雷達設備。這套設備首次在英國犯罪現場亮相的時間是一九九四年，地點是在英國格洛斯特市（Gloucester）的克倫威爾街（Cromwell Street），當時使用的目的是為了搜尋連環殺手佛萊德・威斯特（Fred West）的受害者。這套設備可以透過高頻無限電波反射出的地下物體，進行地層地圖的繪製。透地雷達設備需要架設在一個四輪底盤上，由人像推推車一樣，推動著儀器進行調查區域的掃描。內建螢幕會向操作者顯示地下的掃描圖像、所有的干擾、異常狀況，或掩埋的物體。

我意識到透地雷達設備可以為我的尖端設備軍械庫，帶來更廣泛的益處。我們可以利用這套設備定位抗議者的地道、掩埋的武器、遭到殺害的受害者、贓物，以及隱藏的坑室。一九九一年，我花了三萬三千英鎊購置一套透地雷達設備後，團隊和我開始測試並接受系統使用的訓練。我們在地下埋了各種各樣的東西，然後開始熟悉這些東西顯現在螢幕上的樣子。我愈來愈能掌握物體以及遭到干擾的土地，在經過了雷達傳送後，顯示出來的圖像差異。我可以辨識出地面哪裡受到了干擾、小東西埋在何處、哪裡有挖洞與填土的痕跡。我還可以釐清什麼是樹根、什麼可能是人的四肢或霰彈槍這類不祥的東西。鑑於這類設備在西方所造成的影響，我也希望這套設備可以為我們所服務的警方，帶來更高的價值。警方的工作一直非常吸引我，再說，從企業的角度而言，我可以看到市場對這類設備會有相當的需求，特別是刑事案件的處理。當時的我完全不知道這套設備的用處有多大，也不曉得日後在刑事調查方面提供的協助需求，會愈來愈多。

警方要求我們使用透地雷達設備的早期案件中，有一起是悲慘的薩里郡新生寶寶失蹤案。（其實那次根本不需要用到透地雷達）。有位飽受精神問題困擾的母親在生了寶寶後，寶寶就失蹤了。人家並不知道孩子是胎死腹中，還是誕生後夭折。警方懷疑這位母親可能把嬰兒的屍體埋在了她的花園裡，於是我被指派了這項令人沮喪的工作，推著透地雷達掃描整個區域。那次的掃描並沒有發現任何東西，但是說實話，這個結果讓我很高興。然而這起事件的結局卻無法令人感到開心，因為寶寶的屍體最後在一個大垃圾桶中被尋獲。

二〇〇〇年初，倫敦警察廳聯絡我協助進行一件殺人案的調查。來自赫特福德郡（Hertfordshire）波特斯巴鎮（Potters Bar）的雪倫・馬龍（Sharon Malone），是位三十歲的母親，有兩個年紀很小的兒子。她在一九九九年十一月二十九日失蹤。她的丈夫蓋瑞為了讓她安全回家，在電視上情緒激動地向大眾求助。但幾個禮拜後，他卻令人費解地帶著夫妻兩人的孩子，飛離英國，到西班牙定居。他說妻子失蹤的壓力，大到讓他無法承受。

二〇〇〇年三月，雪倫已腐化的屍體在當地一處名勝景點被尋獲，她只穿了一件T恤與內褲，戴著手錶與手鐲。她的屍體是在一個乾涸的河床中被發現，卡在一道金屬水閘門前。這表示她是在河道滿水位的時候，從更遠的上游一路被沖刷至此。驗屍發現她的頭骨前、後都有碎裂，特別是後腦出現了凹陷骨裂。

由於雪倫的四肢並沒有受傷的證據，法醫後來判定雪倫頭部的傷害，不太可能是源於屍體被沖到河流下游的被動傷害。她的頭蓋骨碎裂必然是因為某種武器導致。雪倫的手上沒有明顯的防衛性傷害，攻擊似乎是來自背後，顯示她是突然遭到攻擊，而且是從背後遭到某種很重的鈍物暴襲。

她失蹤的時候，當地大雨滂沱，調查人員推測她的屍體可能被埋得很淺，之後被大量雨水沖了出來。警方讓我尋找可能的棄屍地點。

雪倫的屍體是在科恩河（the Colne）中被發現的，這條河有許多支流，警方對可能棄屍的最初區域有相當掌握，這都要感謝他們對她丈夫手機資料的分析。她的丈夫是第一主嫌。

我開始搜索警方鎖定的區域，但不需要用到透地雷達。多年尋找隱密洞穴與地道的經驗，代表我有雙利眼，可以敏銳地發現不相稱的地貌。查看地面後，我注意到了一塊凹地。這塊凹地看起來有些礙眼，因為這片地區沒有任何自然成因能夠造成這樣的凹陷。儘管地面已乾，但我還是可以看得出來這片地區，在汛期曾有水流過。我趴在地上仔細觀察，也彎下腰撥開一些鬆散的表土。表土之下，我清楚看到凹陷周邊被砍斷的細小樹根。這表示此處曾在某個時點有過挖掘的行為。一起來的法醫考古學家也檢查了這裡的異常，確認曾有人用某種形態的工具或平口鏟在此地進行過挖掘。我接手用金屬探測器掃描，看看是否能找到證物。

既然已確定了可能的淺墳位置，我在第二天重回現場搜尋周邊的地下。我小心地清除了周圍的植被後，在一片荊棘區中央發現了一塊破了的油布，上面黏了好幾塊電線膠布。警方把這塊很可能是埋屍之前的裹屍油布帶回去驗DNA。

一如我參與的許多案件，這起案子延宕多年未破。二〇〇五年，未回英國參加他妻子告別式的蓋瑞・馬龍（Garry Malone）因為殺害妻子被定罪，判處終身監禁。警方後來發現他殺害雪倫的時候，兩人的婚姻觸礁，而他又有了外遇。馬龍負債累累，又陷在失去兒子以及無法負擔起經濟損失的離婚困境中。行動通訊基地台的證據顯示，兇殺案當晚，馬龍曾在雪倫屍體被發現處的幾百碼範圍內打過電話，這個證據證實了馬龍的罪行。

大約在相同時間，還有另外一起案件。史丹佛郡（Staffordshire）的警察局因為轄區類一起不尋常的可怕懸案聯絡我，要求協助。他們想要知道一個活人可以在封閉的桶子裡存活多長時間。一九九九年，地方議會的工作人員在靠近沃爾夫漢普頓（Wolverhampton）的潘德福德（Pendeford）鄉村公路旁，發現了一個密封的塑膠桶。他們打開桶子後驚恐地發現，桶子裡是一具裹在羽絨被中的腐化成人殘骸。病理學家後來推估殘骸可能在桶子裡待了三週。屍體的主人是佛洛伊德・杜德森（Floyd Dodson），一名阿姆斯特丹來的毒販，與南美、英國間毒騾的古柯鹼走私有關。由於屍體腐化程度太嚴重，他的身份還是從他口袋中的信用卡與筆記本中確認。根據筆記本後來暴露的內容，有人誘導他去參加住家附近的幫派成員聚會，然後被綁起來毆打。專家認為這些攻擊行為，加劇了他因為毒品使用而造成的心臟問題。佛洛伊德被羽絨被裹住、頭朝下地塞進工業用儲物桶後，又被置於駛往史丹佛郡的卡車上時，人是否還活著，沒有人知道。

負責此案的資深調查員聯絡了身為封閉空間專家的我，他想要知道如果佛洛伊德被塞進桶子的時候還活著，他在這趟旅程中可以存活多久。

從事後諸葛的角度來看，各單位聯絡我和我的團隊，要求提供各種不同的服務與技能，對此，我始終泰然對待。我策略性地發展國際專家集團的能力，提供對所有救援服務有用的需求技能，因此當我們可以提供的服務範圍愈來愈寬時，我處理問題的能力也愈來愈好。如果某個警察單位提出了與救援或封閉空間專業相關的不尋常要求時，我通常可以提出解決方案。國際專家集團團隊中還有兩個人也提供了我許多協助。史考帝與約翰是前空降特勤團的緊急救護人員，我們一起著手進行了些科學的人體應用實驗。我們利用相同型式的桶子，相同的大小、容積、設計、製造方式與材質，三個人輪流拿著測氧計、手電筒與試算表縮進桶子裡，然後把桶子封起來，這個時候，另外兩個人在桶子外面，拿著氧氣與醫療箱隨伺在側。這麼做的目的當然就是要將桶子裡的氧氣用罄。我們每隔著十五秒測量與記錄一次氧氣濃度，直到我們可以在不真正窒息的情況下，弄清楚多久之後會窒息為止。

佛洛伊德體格相當魁梧，在桶子裡佔用的空更大，特別是他還被裹上了羽絨被。我的耗氧實驗確實提出了一個很不錯的數據指標，佛洛伊德就算在最後那段旅程的一開始還活著，他也沒有足夠的空氣走完南環路（South Circular）。一想到他可能經歷的可怕死亡過程，全身就會毛骨悚然。

我把自己的發現做成完整報告提交後，警方利用報告的內容立案，也瞭解到了受害人可能遭遇的事情。

這件案子同樣花了好幾年才劃下句點。二〇〇三年，在法庭上被描述為「一名國際毒品幫派核心活躍份子」的奈吉．布雷德（Nigel Brade），因為殺害佛洛伊德而遭到判刑，但刑期只有短短的六年。

第八章

千禧年降臨之時，我和曼蒂與女兒幾乎已經連著好幾年沒有足夠的見面時間，一家人極需一些相處的生活時光。也該是善待自己的時候了，於是我們一家子坐上協和客機，飛到巴貝多去放鬆了兩週，享受陽光下的歡樂。

返家後，生活又回歸日常——當我說「日常」時，我指的是屬於我的「日常」型態。我的腳上綁著繩索，頭下腳上地被吊在埃塞克斯（Essex）一個距離地面十六呎的狹窄豎井內，豎井上方是一座二次大戰的碉堡。我身下，在一個金屬蓋底下，有一名脖子上圈著鐵鍊的環保鬥士，我正試著把他帶離他現在的位置。

抗議者營區位於靠近雷騰頓（Rettendon）的格洛斯伍德（Gorse Wood）。這個營區一九九九年就已設立，目的在於拖延A130公路的新建路段工程。當時的A130公路路線會穿過一個村子，而這個點成了交通意外頻頻發生的路段。新的路線規劃就是要引導交通流量離開那個村子，但要進行新建路段，就需要摧毀林地。抗議者的目標不僅要拯救樹林，他們還懷疑這個新的路段是M25高速公路延伸穿過埃塞克斯與肯特鄉間的更大道路與建計畫的一部分，而這個更大的道路計畫，將導致更多的工程興建以及對於鄉間的進一步侵害。

雷騰頓營區的抗議者與我們曾處理過的一些其他抗議者營區不同。大家認為這裡的抗議者並沒有獲得當地的大力支持。事實上，當地許多居民都歡迎這條新道路的興建；反對道路興建計畫的人，大多是來自其他城鎮的團體。佔據營區的抗議者，主要也來自他處，其中不乏我在之前抗議活動中結識的人。特別值得一提的是他們當中的「迪斯可戴夫」・德拉哥奈提（Dragonetti），提到他挖地道的過往，可說是族繁不及備載。當驅離通知於一九九九年十一月發出時，環保人士在營區強化他們的樹屋與挖地道行動，都已進行了許多個月了。等我的團隊與我抵達現場時，他們已建設完成了一個刁鑽至極的棘手地道。這是迪斯可戴夫的最佳地道作品之一，我們花了六個禮拜才清理完畢，讓這條地道正式掛牌歇業。

政府當局所提供的情報引導我們來到了一個二次大戰的老舊碉堡所在地，他們懷疑地道的入口就藏在碉堡內。但是我們在進入碉堡之前，需要先拆除一個蓋在碉堡之上的木製高塔，有名抗議者把自己鎖定在高塔上。處理完了這個木製高塔，並確保了這個區域的安全後，我們架起了我們的設備營、醫療營以及最重要的伙食設施。多年來，我已深刻瞭解到我們的茶水桶是最為重要的設備，因為一杯熱茶通常可以贏得抗議者的心。一杯茶或咖啡對建立信任的幫助極大，而只要抗議者信任我們，並理解到我們對他們並不粗暴時，我們與他們的對應就會變得容易很多。茶是讓我們工作更順利的潤滑劑。

兩道強化的鋼門封住了碉堡的入口，射擊口也被水泥填滿。我們並不知道碉堡裡是什麼狀況，儘管沒有陷阱的跡象，然而站在安全的立場，我們還是要知道即將面對的是什麼情況。經驗告訴我，我們不能直接在門上鑽孔，也不能用角磨機把門切開，因為可能有人鎖定在門的另一面。我們小心翼翼地鑿著碉堡其中一個開槍口上的水泥，直到鑿出一個可以放進閃光燈相機的豁口，然後拍了幾張照片。照片顯示碉堡內都是土，沒有人。

「他們人呢？」我一面快速翻動照片一面沉思。

我們花了好幾個小時移除那兩道強化門後，我先進入查看狀況。碉堡內大概堆了三呎高的土，土堆上方有個輪胎，被水泥與一顆汽車引擎的飛輪連在一起。我小心地從這塊輪胎水泥塊的一側將水泥塊掀開，看看下面是什麼。水泥塊的另一面吊著一根鐵鍊，向下垂入黑暗的深深豎井中。從過去的經驗判斷，我猜這條鐵鍊的盡頭很可能是某個人的脖子。我向下喊，但是沒有回覆。我輕輕地拉扯鐵鍊，鍊子很鬆，我繼續將鐵鍊往上拉，直到整條鐵鍊都被拉上了地面。

我把水泥輪胎蓋滾到旁邊後，土堆中露出了一個通往黑暗的狹窄豎井，豎井的建造方式，是將移除了頂部與底部的油桶沒入土中。油桶周遭被灌入了水泥，確保豎井的牢固。想要挖穿二次大戰碉堡的地面，絕對不是一件容易的事，這項工程必然花費了長達數月的辛苦工作。

突然之間，我聽到從下面某處傳來的聲音。

「別掀開蓋子。我鎖定在蓋子上。」

從豎井管道的上方，我用頭燈向下照，看到在距離地面約十二呎的地方，有一個金屬蓋。

聲音出自金屬蓋的下方。我開始意識到想要接近金屬蓋下面的那個人，將有多麼困難，因為油桶管非常狹窄。

我們擬定了一個計畫。我的團隊先要清理碉堡內的土，這樣我們才能有一個乾淨的平面進行工作，然後我們利用透地雷達設備掃瞄碉堡外的周邊，大概瞭解坑道的引導方向以及長度。執行這些工作的時候，我們另外發現了一條更大的坑道，朝著通道豎井相反的方向延伸。

我們在豎井洞口設置了一個救援三腳架。這是一種三隻腳的設備，一般用來讓救援人員在洞穴裡放下繩索與管線。被置於洞穴或豎井上方的三腳架頂有一個絞盤，繩索可以藉由這個絞盤下放或上拉，進而讓救援人員安全地下降至豎井、地下管道或其他封閉空間內。

接下來是困難的下一步。豎井的寬度只能容納一個人，而且沒有空間讓人俯身工作。唯一可以讓我接近金屬蓋與那個蓋子下面的抗議者方式，只有頭先下去。我的團隊用一條支撐繩，從我的靴子外面綁住我的腳，再用登山扣連接一條安全帶，然後用鋼索慢慢把我放下豎井管道中。

抗議者在豎井內每隔一段距離就做了些橫檔，當作攀爬時的手握及落腳支點，因此我在緩慢下降的時候，也將橫檔當成了支撐或槓桿的支點。我開始接近金屬蓋的下方，進行鬆開這個蓋子的艱困工作。

因為頭下腳上的姿勢，會讓血液往腦子裡衝，所以工作持續的時間很短。絞盤必須一再地把我拉回地面恢復正常。這種情況讓我意識到，礦場可能是世界上唯一需要把人頭下腳上吊進洞裡的工作。

最後，我還是設法輕輕地稍稍掀開蓋子，把手伸下去，摸到了鐵鍊以及鎖在鐵鍊上的抗議者。他所處的空間非常小，四處觸摸的時候，我摸到了對方的頭。我突然想到，如果這名抗議者抓住我，用手銬把我銬在什麼東西上，我必然完全無法動彈。這個想法讓我非常緊張。

「我只是在用手四處觸摸，想要弄清楚鎖定的位置，以及我們面對的是什麼狀況。請不要抓我的手。」我這麼對抗議者說。

同時我也鼓勵他多說話，轉移他的注意力，避免他可能產生如我想像那般要扣住我的想法。

我沿著鐵鍊觸摸，設法弄清楚了鐵鍊鎖住的是他的脖子。鍊條上並沒有上鎖，但是他用了一個小型登山扣扣住了鐵鍊。我慢慢地成功解開了登山扣，移除鐵鍊，在那當下，對方竟然立刻說了句「待會兒見，彼得」，然後快速脫離原位置，竄進了地道系統的內部。我就知道會這樣。以為他會跟著我回到地面，然後離開這裡的想法，簡直就是無可救藥的樂觀主義。那傢伙不但沒有這麼做，反而逃到更深的地道裡，到時候他一定會把自己變成另外一個我們得克服的障礙。

再次經過了一次「血液調整休息」後，我重新回到豎井中，繼續移除那個原來連結著抗議者的金屬蓋的工作。蓋子掀開後，主要地道顯露了出來。

「底下是個大工程，各位。」我向上大喊。

在地面的時候，大彼得與我曾就如何執行最佳計畫進行過討論。大彼得這個異常優秀卻又愛惡作劇的傢伙，對我頭下腳上的困境大笑不止。當他在地面小心翼翼地確保地面上一切都安全無虞的同時，我想他心裡應該有一部分很開心看到我被倒吊著放進一個洞裡。我們對於這類的景況必須大笑置之，因為這樣有助於團隊的凝聚。

油桶豎井是進入地道的唯一通路，但豎井實在太窄，萬一發生緊急事件，擔架根本下不去。我們從地面雷達影像知道了這條通道的起迄點，但是為了避免地道坍塌，我們無法挖進地道內，所以我們決定在六呎外的地方，挖個救援井，然後再挖個水平的地道，與抗議者的地道相接。

我們向所有人做過簡報後，花了好幾天的時間，挖出了我們自己與抗議者狹窄的死亡油桶通道平行的通道豎井，安全、支撐力堅固、寬敞。我們不但可以藉由我們的這條豎井通道進入他們的通道，還可以開始把抗議者一個個挖出來。

抗議者通道由鋼門隔間，這些鋼門必然是支持抗議者的當地鐵匠量身所製。我們必須把每道門都挖出來、帶到地面，然後一路前進一路補強地道的支撐力。團隊輪班工作，就像工廠的生產線，每個人都有指定的特定工作。每天早上我們都會發現抗議者在前一天晚上又把地道挖得更深，並把挖出來的土回填在原來的地道中。我們必須把這些土全部清除。抗議者還把他們排泄物的袋子留給我們清理。

地下的工作變成了一場趕上抗議者進度的競賽，不過由於我們擁有較優秀的設備、人力與技能，我們與他們的距離，一天天拉近。

這份工作最後終在二〇〇〇年三月結束，我們把最後五名抗議者，從他們堅守了三十四天的地道中帶了出來。

迪斯可戴夫雖然在創造與建立這套地道系統過程中，扮演了很重要的角色，但他本人並沒有出現在地道中，相反的，他一直都在地面擔任抗議者的聯絡官。他向媒體發言，並提供媒體抗議者所經歷的事情，以及他們可能的感受等內線消息。他告訴記者，他們對於自己被驅離感到十分挫敗，但同時卻也很開心挖掘的工作終於結束了。

「因為血液循環不足的關係，他們的腿會變得僵硬，方向感也會喪失。」迪斯可戴夫這麼解釋。

抗議者的目標在於盡可能提高開發商的成本，說服他們重新思考其他路線，以及拯救周遭的鄉間環境。他們達成了第一個目標：清除抗議者營區的花費，估計有六百萬英鎊。同一年稍晚，道路工程開始進行。

A130公路的抗議活動，標示了接力式道路抗議時代的結束。大型的道路興建基礎建設計畫開始減少，因為政治議題開始轉向，政府鼓勵大眾少開車、多使用公共交通工具。就事情的本質而言，環保鬥士確實在提高大眾環保意識這個部分，扮演了一定的角色，人類造成的氣候變遷，以及對化石燃料的依賴，成了政策議題。

然而這絕對不代表抗議文化的終結。相反的，抗議活動發生了演變，抗議目的也出現改變，但眾多老熟人依然在為根本性的環保目標奉獻心力。

同一時間，我們的工作也在進化。我們涉入了始終都是敏感議題的核能產業工作，也因為訓練執法單位與稅務海關總署的搜尋團隊，而受到他們的敬重。我們還成立了一支經驗豐富、設備精良的海上團隊，團隊中的潛水員曾使用無人潛水器，在水下搜索過船體，也經常接到稅務海關總署的聯絡。

我沒有時間休息，沒有時間從事業的角度盤點事情的發展，也沒有偉大的事業計畫。國際專家集團就是要提供大家需要的服務，而我也很高興去工作需要我去的地方。我對於這家公司未來的走向，毫無概念。

第九章

關於我的生活、國際專家集團的演變，最棒的事情之一，就是大家找我們做的工作範疇愈來愈廣泛。這時的我，認識了許多各個機關的人（其中有些人的身份極其機密，所以我也不能提到他們），如果他們有搜尋的需求，我們都是他們第一個聯絡的對象。

二〇〇一年十二月，九一一事件過後不到三個月，當全世界還在對後續的恐怖攻擊可能性，處於高度警戒狀態時，身為凡夫俗子的我，正在克勞利（Crawley）進行最後一刻的聖誕採購。突然間呼叫器開始作響，傳來的文字訊息是「聯絡反恐單位。緊急」，接著的是一串電話號碼。

我用手機撥了這個號碼。

「你的耳朵應該非常癢吧，彼得，」倫敦警察廳的一位指揮官，也是我的聯絡人亞倫接到電話時這麼說。「我現在正在開會。我們南部海岸碰到了一件正在進行的重大恐怖行動。有一艘貨輪可能攜帶了核子、生物或化學武器。特種部隊與皇家海軍已經把船扣下來了，我們需要搜索船艙。稅務海關總署的保羅在我這兒，他說你有人——他順便要我跟你問好。這個任務變化快速，我們亟需你和你的團隊到這兒來。」

「沒問題。」我回答。

那條船的名字是《妮莎號》（MV Nisha）。線報指出這條運糖的船可能夾帶了致命物質。這條船的航線是從模里西斯出發，中間停靠了吉布地。吉布地與據稱是蓋達組織避難所的索馬利亞及葉門都很近。

這次的攔截與搜索行動囊括了特別舟艇中隊（Special Boat Service，簡稱SBS）與空降特勤團的突擊隊員，還有爆炸品處理專家及反恐警察。十二月二十一日凌晨五點三十分，皇家海軍二十三型巡防艦《蘇瑟蘭號》（HMS Sutherland）將這艘貨輪攔截在薩塞克斯海岸外，特種部隊搭乘剛性充氣船登船。空中還有兩架載了狙擊手的大山貓直升機（Lynx Mark 8）提供掩護支援，另外兩架契努克直升機（Chinook）載著突擊隊員，直接繩降至貨輪甲板。由於突擊速度實在太快，打得貨輪船員全都措手不及。

反恐警察與爆炸品處理軍官接著登船，執行初步危險物清除，但沒有發現任何東西。這時貨輪已移至桑當灣（Sandown Bay）的懷特島（Isle of Wight）外一哩處下錨，我們就是在這個時候接到的通知。政府需要專業人士搜尋船艙，而我們之前曾與稅務海關總署合作過好幾次類似的任務。

團員匯集後，大家立即趕赴南安普敦（Southampton）碼頭，那兒已經設立了一個臨時控制中心。控制中心內有安排給參與此次行動每一個單位的辦公桌，包括海岸巡防隊、稅務海關總署、漢普郡警察局、倫敦警察廳、海軍、陸軍與特勤組。停在臨時控制中心外的那些沒有任何標示的卡車，屬於特別舟艇中隊。我走進權充戰情室的大型簡易棚後，等著分配上船。這個區域滿是為了這場行動而忙碌的人。身處在如此有組織又可能極其重要的事件中心，實在令人熱血沸騰。

不過到了中午，整個行動突然戛然而止，大家全都在打包設備與行囊，卻沒有人給出任何解釋。有關當局對我們表示了感謝之後，開車載我們回到了我們的基地。儘管這件案子不需要我們的服務，但我在回程的路上，卻不斷回想之前的景況多麼令人激動。那幾乎就是一個人一輩子最接近詹姆斯．龐德（James Bond）的時刻了。這場行動也給恐怖份子傳達了一個訊息，英國部署、動員特種部隊與其他相關機構人員，解除任何威脅的動作有多快速、立場有多堅定。

確實，我的專業生活開始把我帶到自己從未想像過的領域。我與警方協同的行動愈來愈多，建立起的高階人脈網也愈來愈大。我從來都不是犯罪影集的忠實觀眾，也從來沒有想要當偵探或調查員的雄心大志，但是各個警察局卻都選中了我的服務，於是我對鑑識與犯罪現場搜索，開始變得愈來愈著迷。

二〇〇二年春天，警方搜尋顧問馬克．哈里森一通電話把我召去了林肯郡（Lincolnshir），要我協助搜尋一名住在奧斯頓渡口（Owston Ferry）美麗村莊的十八歲女孩蘿拉·托恩（Laura Torn）。她喜歡騎著她的小馬，想要當名警察，然而四月二十七日一大早，她在離開了舉行她考取駕照的慶祝會後，就再也沒有出現在眾人面前了。慶祝會的場地在歪舍酒吧（Crooked Billet pub），位於村子裡的市集廣場。她曾與另外一家紅獅酒吧（The Red Lion）年紀較長的老闆蓋·貝克特（Guy Beckett）交往，兩人多次分分合合。他是蘿拉失蹤案的主嫌。

首先，我之所以接到通知加入搜尋，是因為有人在流經村子的那條河的河邊發現了她的鞋子，警方懷疑她的屍體或證物，可能被丟進了河中。剛開始我還抱持著謹慎的態度，覺得河邊的鞋子或許是凶手故佈疑陣的作法。

不管怎麼樣，我們把船放下水，開始利用聲納掃瞄河床。第一天一無所獲，第二天早上，我在相關單位於村子裡設立的事件處理中心，向資深調查員進行簡報時，蓋·貝克特從門口經過。他雖然有嫌疑，但那時因為警方沒有足夠的證據，因此他並未遭到逮捕。

貝克特的行為在蘿拉失蹤前就很怪異。負責這起案件的犯罪現場調查小組，在他的車子照後鏡上，找到了與酒吧旁邊狹窄通道相符的磨損痕跡，代表他曾經為了某種原因開車到酒吧的後方，很可能是為了載運屍體到其他地方丟棄。

側掃聲納協助我們確認了蘿拉的屍體不在河中，大家因此把搜尋焦點轉往他處，這也證實了這套設備的價值。警方要求我們持續搜尋，特別是貝克特在蘿拉失蹤後已知的出現地點。有人在幾哩外的肯德基看過他，所以我開車在附近區域以及路邊停車場、偏僻的小徑等可能的棄屍地點尋找證據，我還搜索了各種車子可以停靠的地方。兇殺案的受害者，有非常高的比例，都會被丟棄在路邊停車場或偏僻小路的前五十呎之內。對於要背負或拖拉屍體的人來說，這其實是段相當長的距離。我把車子停在一個路邊停車場上，搜尋停車場周圍溝渠。我找到了一個可能已經是好幾天前的肯德基餐盒。這個發現讓我得意洋洋，立刻以電話向資深調查員回報。我的發現，加上剛剛獲得的最新資訊，有效縮小了搜尋區域。警方要求我們把焦點集中在那個區域的數百、上千個乾草堆上。

蘿拉失蹤十一天後，她腐化嚴重的屍體在諾丁罕郡（Nottinghamshire）的米遜村（Misson）被找到。貝克特因謀殺她的罪名遭到判刑。在後來的審判中，法庭得知蘿拉拒絕了他的求愛後，他變得愈來愈暴力，最後兩人在紅獅的一次爭吵後，他勒死了她。貝克特承認殺人，被判處無期徒刑。

警方對我的信任程度以及提供給我的機密資訊，在不瞭解調查工作如何進行的外行人眼中，可能會覺得很奇怪，但犯罪現場通常涉及非常多人，其中有很多是經過了嚴格審查的平民，就像我。舉例來說，犯罪現場人員就是警方聘僱的平民，警方還會通知各種他們需要的不同領域專家，譬如法醫考古學家、可以藉由檢測證物、土壤或屍塊上面的有機物質，釐清這些東西曾經出現在哪些地方的植物學家、能夠繪製出血液噴濺模式的醫學專家，以及可以分析犯罪行為的心理學家。

全國犯罪與行動學院在布萊姆希爾區域的犯罪顧問打電話給我的次數愈來愈多。這個機構針對失蹤人口案件，開發出了一套搜尋策略，他們找我參與案件調查，搜尋證據與遺骸的頻率也愈來愈高。能幫忙，我覺得很榮幸。每次接到工作通知，我都會竭盡所能地想要得到一個結果，即使需要熬夜搜尋，我也照做，但是若沒有找到目標物，我會很沮喪。因此鑑識科學服務（Forensic Science Service，內政部的一個執行機構）頂尖培訓師之一的凱爾・哈特利（Keir Hartley）邀請我參加鑑識認知的相關訓練。

到了這個階段，我已經讀過了許多有關這個議題的書籍與資料了，從謹慎管控犯罪現場的經驗中，也學了到很多鑑識相關的知識，但是訓練課程依然讓我眼界大開。這個訓練課程教授警察人員、犯罪現場調查人員以及所有與犯罪現場相關的人員鑑識相關的基本知識，目的就是要讓學員們有意識地瞭解在犯罪現場應該如何行事、如何處理證據，以及自己的行為舉止會如何污染證物。課程範圍包括了ＤＮＡ轉移、纖維污染等科目。課堂有一個模擬的完整犯罪現場，包括噴濺的血跡與隱藏的證物。我學到了調查人員的一根頭髮，會如何讓檢察官輸掉整場官司；把諸如一副眼鏡這樣的小東西，放在犯罪現場桌子上的輕率之舉，會如何污染證物，我也知道了謀殺現場應該如何管理。

我們的工作對犯罪現場可能帶來的衝擊，因為這個訓練課程，而讓我有了寶貴的認知。舉例來說，如果我們用鏟子在薩里郡挖掘可能的棄屍現場，但鏟子上帶著之前在曼徹斯特執行任務時留下的土壤殘跡，那麼交叉污染之下，案子的調查，很可能就會因此被誤導到錯誤的方向。

沒多久之後，我們參與了一起重要的走私毒品便衣行動，鑑識認知的重要性在那件案子中再次被凸顯。我們當時參與的是一個大型的犯罪調查行動，警力在這個行動上投注了大量的資源。礙於行動因素，我無法提供太多細節，遑論警方追捕的幫派極其危險。警方接獲線報，走私份子把托運進入英國的古柯鹼，埋在一所學校操場的附近。我的工作是要利用透地雷達，找出那些藏匿在地下的毒品，挖出來，然後把摻了智能油脂（smart grease）的相同替代品埋入原處。智能油脂是一種隱形化合物，具特殊DNA記號，會轉移到任何碰觸到這種油脂的人或物之上。

我和克里斯一起執行這項任務。我們使用經過仔細清理並封在袋子中的消毒工具，確保不會產生任何土壤污染的問題，而且兩人還做了一番偽裝，盡可能表現得不引人注意，以防罪犯正隱藏在有利的位置監視。我們扮成兩名工人，穿著工作服，甚至戴上了平頂的報童帽，利用一輛小型的破舊廂型老貨車作業。其間的細節族繁不足備載。我確定自己看起來非常不整潔，還刻意留了好幾天的鬍渣。建築工地都會使用透地雷達設備掃瞄地下管線，因此我們一面工作一面說話，當我們用設備掃瞄地下時，我們嘴裡說的是我們尋找的「管線」，可能會在哪兒，就是怕有人偷聽到我們說的話。克里斯和我甚至取了假名。

雷達顯示有一個區域出現曾經翻動過的地方，我和克里斯和我慎而重之地照了相後往下挖，只挖了幾吋，就發現好幾包經過仔細包裹的古柯鹼。我們照了相、拿出來，放入一個證物袋中。然後又冷靜地把土填入洞中，煞費苦心地確保地面看起來跟我們開挖之前一模一樣。兩個人漫不經心地繼續做著我們應該做的「工作」，最後才朝著貨車的方向走。我們把車開出一小段路後，與警方聯絡人在事先安排好的地點碰面，把證物交了出去。

警方後來用替代物取代了我們挖出來的毒品，並用我們的照片，確保重新部署過的埋藏地點，看起來與我們發現時完全一樣。感謝我的鑑識訓練，我們的工具沒有讓那個區域受到任何污染，因此沒有引起任何懷疑，當然也就沒有危害到後續起訴過程的任何環節。便衣警員後來跟蹤被毒販取走的掉包毒品，以智能油脂作為證據，把走私的犯罪份子繩之以法。

這次行動的幾個月後，警方聯絡要求我們協尋一名在威爾斯失蹤的青少年。二〇〇二年九月珍娜·布魯克菲爾德·鮑德溫（Jenna Brookfield Baldwin）從位於昆特（Gwent）的自家失蹤時，年僅十五歲。她與報案的母親迪翟瑞（Desiree）、在雞肉處理工廠擔任保全的繼父麥克·鮑德溫（Mike Baldwin）同住。珍娜失蹤後的前幾週，迪翟瑞不時會接到無聲電話，一開始她以為是珍娜打來的，所以她深信自己的女兒還活著，然後她開始接到諸如「媽，別擔心。我很好。我在現在這裡，過得很高興」之類的簡訊。

事實後來證明電話是麥克．鮑德溫打的，簡訊也是他發的，目的就在於擺脫警方。他早就殺了珍娜，並把她埋在離家好幾哩遠的林地中。

警方從一開始就對麥克．鮑德溫起疑。他提出的證詞與事實不符：他說珍娜曾打電話回家，但這件事根本不可能發生，因為他家的電話線故障。然而調查人員還是假裝上當，讓他以為警方只是在處理一起人口失蹤案的調查。昆特警察局打電話給我，要我在特定區域執行透地雷達掃瞄，他們認為在這些地區找到珍娜屍體的可能性很高。

搜尋行動開始之前，負責此案的一位資深警官向我們大概說明了事情的來龍去脈。簡報內容精簡、嚴肅，我們被告知了案件的基礎資訊，也清楚理解我們在這件案子中要扮演的角色。我們的最重要目標就是找到屍體。身為一名父親，情感上很容易就產生波動——畢竟，只要聽到孩子失蹤，誰不會難過、擔心、恐懼、氣憤，以及產生各種互相拉扯的揪心感覺？但是身為專業人士，我需要聚焦於工作，專心一致地把全副精力放在搜尋的任務上。當時參與搜尋行動的所有人，不管做什麼，幾乎都已確定無法拯救珍娜，但是我們還是可以幫助她的家人、試著幫她伸張正義，而要做到這些事情，最好的方式就是以雷射般專一的注意力，不受情緒干擾，盡可能周延徹底地執行我們的工作。

警方一開始賦予我們的任務，是搜尋鮑德溫家的花園。我們依照要求，用透地雷達設備進行掃瞄。然而其實光憑肉眼，我就可以判斷這裡的土壤沒有被翻動過，但是我想要百分之百確定，所以我們一絲不苟地進行雷達掃瞄，即使珍娜未被埋屍於此，或許可以找到殺人凶器之類的一些證物。完成了花園的雷達搜尋後，警方要求我們搜尋更遠的地方，並請我們指出並檢查任何可能棄屍的所在。

在靠近鮑德溫家的林地中，我注意到了一個出入孔蓋，立即聯想到李絲莉．惠特斯（Lesley Whittle）以及外號黑豹的唐納．尼爾遜（Donald Neilson）案件。十七歲的李絲莉是惠氏（Whittles）客車公司的財產繼承人，一九七五年尼爾遜從她的臥室中把她綁走，希望能拿到贖金。尼爾遜把絞繩綁在她的脖子上後，就將她藏在一個排水豎井的橫檔上，她最後被發現的時候已經死亡，若非刻意被推下橫檔，就是不慎跌落。排水系統是很常見的棄屍地點，而這一個出入孔離鮑德溫家夠近，值得一搜。凶手一般不會把屍體丟到太遠的地方，通常在住家附近五十呎的小徑或林地中可以找到，若是沒有預謀的激情犯罪案件，凶手往往更容易驚慌失措，試圖盡快擺脫屍體。

搜索隊有時候會拉起蓋子、用手電筒照一照豎井內部，若沒有發現任何東西，他們就會繼續向前搜尋其他地方。聰明的凶手會把屍體丟進豎井後，親自下去把屍體拖到別人看不到的地方。抱持著這樣的想法，我們為了確定屍體是否在下面，爬下了垂直的豎井通道，再沿著水平的排水道向前爬。

調查是持續進行式，因為警方只要發現新的資訊，就會根據資訊行動，並於必要時進行人力重新配置。幾天後，警方接獲了一些新資訊，他們要求我們到附近的採石場尋找珍娜的手機，警方相信她的手機可能被丟在了那兒。我們帶了繩索到那個區域後，規劃決定了下到採石場採掘面的路線。我們從採石場的其中一邊開始，自高處下降到低點，並在下降的過程中，以手指觸碰的方式，一吋吋地針對採掘面進行搜尋。這項工作非常耗費精力，對於細緻度的要求也很高。當攀爬者爬到採掘處的底部時，繩索會沿著採掘面移動數呎，重新開始相同的手指搜尋循環。我不知道我們到底垂吊了多少次，但時間一個小時一個小時地過。神奇地，我們真的找到了一個手機，當有人大叫一個標的物尋獲時，我還特別小小放縱一下，允許自己對我們出色的工作表現點頭致意。手機被仔細地放進鑑識管中送去分析，遺憾的是，最後確認那並不是珍娜的手機。

我們在這個地方待了一個禮拜，整個社區的人都支持搜尋行動。我們在村子裡的停車場安置了一輛行動拖車，有天一位當地的居民為我們送來了一個剛做好的牧羊人派，我覺得暖心極了。

我們奉命搜尋的最後區域當中，有一座山丘上的湖，位於鮑德溫上班的路線上。我們為了能快速取用設備，把全地形車和兩台四輪機車都開來了。在這種棘手的地形上，這類車輛確實重要。

當地民間謠傳這是座無底湖，但是根據側掃聲納掃瞄的結果，這座湖中間最深的地方也不過才六呎。我們在一個小時內就斷定珍娜的屍體不在湖裡，如果靠潛水員進行這樣的搜尋，好幾天的時間絕對跑不掉。為了尋找屍體，當局偶爾會採用排乾湖水的作法，不過這種方式費用昂貴，而且對環境有巨大的衝擊。

我們搜尋了一週，始終沒有重大發現，但到了十一月，案子的發展對鮑德溫愈來愈不利。他犯了許多錯誤。舉例來說，珍娜失蹤後不久，他就買了一台新車，他對警察說原來的車壞了。警方循線找到了他的舊車，卻發現什麼問題也沒有。鮑德溫後來遭到逮捕，承認殺害珍娜。他說兩人在爭執時，珍娜意外墜樓身亡。珍娜失蹤兩週後，鮑德溫帶著警察到了他以淺墓埋葬繼女的偏遠山腰林地區。

雖然找不到鮑德溫的殺人動機，但其中一個調查方向認為鮑德溫可能曾向他的繼女求愛，遭到對方的斷然拒絕。我後來得知呈堂證供的證物之一，是鮑德溫在珍娜失蹤第二天到當地五金行以信用卡買的一把鐵鍬。二〇〇三年陪審團判定他殺人罪成立，無期徒刑定讞。

結束了威爾斯搜尋工作的幾週後，副首相辦公室（the Office of the Deputy Prime Minister，簡稱 **ODPM**）聯絡我參與一項與搜尋任務完全不同型態的工作。當時的副首相是約翰・普雷斯考特（John Prescott）。

消防隊工會（the Fire Brigades Union, FBU）要求百分之四十的調薪，否則威脅要進行全國性罷工。代表政府與工會交涉的普雷斯考特副首相聲稱工會的要求「天方夜譚」。交涉持續在進行，但政府為了預防罷工，擬定了應急方案，屆時軍隊會利用被稱為「綠色女神」（Green Goddesses）[16]的舊式消防與救援設備，對應緊急服務的需求。副首相辦公室想要知道國際專家集團是否可以在任何道路交通事故，或涉及封閉空間救援、繩索救援的意外事件上提供支援。

國際專家集團到了這個階段已參與過抗議者驅離、水中搜索、犯罪現場搜尋、專家搜尋以及核能產業的海上任務等工作。履歷令人驚豔。我想到幼時曾幻想過重建雷鳥神機隊，沒想到夢想竟然成真，真是太不可思議了。

然而頂替消防工作在道德上是個很棘手的決定，因為我百分之百支持消防隊。我曾與他們在太多工作上並肩作戰，我不想破壞他們的罷工。但是話說回來，我也瞭解自己的團隊，再說我有技能、有經驗，遑論我們還有設備與資源，從幫助大眾的角度上來看，這些都是無價之寶，而且在消防人員罷工期間，這樣的安排畢竟可以挽救性命。最後，第二種想法勝出，我同意提供協助。政府與工會之間的協商破裂。二〇〇二年十一月十四日，消防隊工會組織了二十五年來的第一次罷工。這場罷工持續了四十八小時，而國際專家集團則在這段期間二十四小時待命。我的團隊駐紮在我們多爾金的基地裡，機動車輛全都事先裝置好了可能需要的設備。我們利用這段時間來強化自己的技能，而大彼得這位前消防隊教官也教導我們道路交通問題排除與意外救援的技巧。

我們並沒有等多久就接到了第一通求救電話。

鄉間路上發生了一起交通事故，一名十八、九歲的女孩子在經過一個急轉彎路口時，從車上摔了下來，被困在一輛車下。我們火速趕到現場，發現這個女孩剛剛好就被壓在車子的下面，臉朝下，已受傷的腿卡貼著熾熱的排氣管，皮膚上都被燒出了一個大洞。一位急救醫生也在同時間趕到，快速地評估了她的受傷狀況後，低聲告訴我們，他覺得女孩可能無法保住她的腿。

我需要盡快把她從車子下救出來，最好的方式就是把車子從她身上抬起來，並在必要的時候切開任何擋路的零件。所幸大彼得和我一起負責了這項工作。

我們先用一條很大的繩帶把車子固定住，繩帶綁在一棵樹上，另外加上楔子阻止繩帶朝任何方向滑動。然後我們仔細地用千斤頂把車子頂起來，將那個女孩從車下移開。醫生在她離開車子桎梏的那一刻，立刻接手將她送上救護車後帶著她離開。沒多久一輛綠色女神出現。我不知道那個女孩後來的狀況如何，但我知道我們救了她的命，而我們正是因為這樣的原因，才同意違背消防隊工會的意願，提供協助。這一切都值得。

16 譯註：綠色女神（Green Goddess）是百福汽車（Bedford Vehicles）在一九五三—五六年間為英國輔助消防隊（Auxiliary Fire Service）生產的消防車，配備自行驅動式泵浦，車身被漆成綠色，因此被稱為綠色女神。

第十章

不論過去了多長的時間，有些任務就是會如影隨形地陰魂不散跟著你。某些事情發生了，某些讓人震驚、某些展現了慘無人道的一面，這些事件會永遠烙印在心中，猶如一塊污漬。

我知道我永遠也忘不了亞當．莫瑞爾（Adam Morrell）。我從來沒有見過這個小伙子，但可怕的命運讓我當們兩人在二〇〇二年的十一月有了交集。

當警方的搜尋顧問馬克．哈里森代表萊斯特郡警察局打電話給我的團隊和我時，亞當已經身亡。他的屍塊陸續在拉夫堡（Loughborough）各處被人發現。最早被發現的是一隻手臂。有位女士在沿著大聯盟運河（Grand Union Canal）散步時，注意到運河水面上漂浮著一個可疑的黑色塑膠袋，袋子上還纏裹了銀色膠帶。這個塑膠袋看起來實在奇怪，所以她把袋子撈了上來。袋子的形狀怪異。當她扯開袋子的開口，看到了從袋子裡伸出來的指頭與手。接下來，亞當的兩條腿在灌木叢下被發現，雷同的包裹方式與袋子。然後是他的軀體，出現在某人後院的角落。除此之外，還有人在一個變電站裡發現了一袋衣服。

亞當是個有很多煩惱的十四歲小伙子，在學校經歷過霸凌，後來從學校輟學，與當酒保的父親同住。他努力地想要回到正軌，據稱死前在轉介學校（pupil referral unit）裡表現得相當不錯。

當亞當認識一個比自己年紀大、爸爸在當警察的青少年馬修・威爾許（Mathew Welsh）時，對方表示願意教他自衛之術，他立刻掌握了機會。他開始跟威爾許、威爾許的女友莎拉・摩里斯（Sarah Morris）以及這對情侶的一位年紀較大的朋友奈森・巴內特（Nathan Barnett）混在一起。威爾許與巴內特當時才剛搬進拉夫堡哈夫洛克街（Havelock Street）上的一棟房子裡，他們打算在那兒設立職業介紹所。摩里斯在夜店認識威爾許後，也搬去了那棟房子同住。亞當上完轉介學校的課後，通常都會去那兒探訪三人組，偶爾還會在那兒過夜。一般認為他之所以與這三個人作朋友，是因為他對環境有點不適應，需要有人陪和他一起打發時間。在大家的口中，亞當是個很可愛的搗蛋鬼，想要擁有一群朋友。十一月十四號，亞當打電話告訴父親晚上要在朋友家過夜。他掛上電話後，就去與年長三人組碰面，而當時這三個人一直都在喝酒、抽大麻與吃搖頭丸。

當亞當威脅要報警說他們在使用毒品時，情況開始急轉直下。威爾許等三個人困住了亞當，開始對他拳打腳踢。接下來的兩天是無法想像的煎熬與折磨，亞當在這兩天中不斷遭到毆打與折磨。後來法庭聽證會的陳述是亞當的頭被「當成足球」踢，他的臉腫脹到其中一名施暴者說看起來像個「外星人」。施暴者踐踏他的身體、把加了糖的滾水澆在他身上。（這是一種特別殘酷與令人痛苦的施暴方式，又稱為「監獄燒夷彈」——因為糖會形成黏在皮膚上的化合物，延長燒灼的時間。）為了遮掩亞當的呻吟，屋裡的音樂聲震天價響。摩里斯後來告訴警察，攻擊第二天的傍晚，她聽說亞當被人掐住喉嚨弄死了，屍體被丟到浴缸中以鋼鋸支解。

警方要求我搜尋發現部分屍塊的運河時，我對於這些細節一無所知。我只知道有個少年死了，屍體以最恐怖的方式遭人丟棄。當時大家還沒有找到他的頭和另一隻手臂。這個案子實在太可怕，因此我很想找到他，或者應該說找到他剩下的殘骸，這些話說出來實在令人毛骨悚然，哪個神智正常的人會想要找到這樣恐怖的東西。然而就像珍娜·鮑德溫的案子，我的角色就是幫忙調查，繼而透過這樣的協助，幫助受害者家屬與受害者深愛的人。個人對於嫌犯的感覺必須先放在一邊。情緒並不在選項範圍內，所以我壓制了所有的強烈反感，集中精神在手上的工作。我的目的不是審判。

我們抱持著這樣的心態，在嚴肅的簡報後，依照要求，在運河邊做好了搜尋的相關安排。這個行動規模並不大；同時還有其他的警員正在鎮子裡進行調查，但是我們是唯一被賦予水道搜尋任務的人。大家沒有什麼交談。這份工作與抗議者驅離工作之間，存在著天差地遠的不同。這次的工作，沒有取笑逗樂、沒有玩笑，只有嚴肅、肅穆與一絲不苟的儀器搜檢。

我們使用側掃聲納掃描起伏的河床，嚴謹繪製出運河好幾哩的河床景象。我專心看著螢幕，尋找著所有看起來與河底不相襯或不尋常的東西。每次收到指示搜尋一個區域時，當局就會讓我執行整個搜尋任務、指揮我團隊。當局信任我的專家身份，警方也把空間留給我，讓我做我應該做的事情。這個搜尋區域一開始除了幾個老舊的交通錐、一個賣場推車和兩台自行車外，什麼也沒有。但沒多久我就在水深僅及腰的陸橋下發現了幾個怪異的東西。我緊緊盯著螢幕；螢幕上出現了兩、三個我無法辨識是什麼東西的圓形異常物品。我的潛水隊負責人羅賓・賈門（Robin Jarmain）是位經驗極為豐富的前薩塞克斯警方潛水員。由於此處的水很淺，所以他直接把手伸進水中緩緩地撫掃。突然之間，他停下了動作。

「有東西。」他說。我們在這個區域做了記號後，我去找犯罪現場人員——對方正在尋找纖維、指印、其他證據，並保存與記錄他們所找到的所有東西，後續這些證物都會送到實驗室中進行科學分析。這位當時正在附近河岸上的犯罪現場人員，帶了一塊消毒過的塑膠布走到我們這兒，把塑膠布鋪在地上。接著羅賓從運河河床把他發現的東西提了出來，小心地交給我。這個東西裹在黑色的垃圾袋中，袋子外纏滿了銀色的電線膠布。一切跡象都告訴我，垃圾袋中就是那個孩子的頭顱，而在領悟的這一刻，我的血都凍住了。我在發抖，不是出於恐懼，而是因為恐怖地認知到這個孩子曾經歷過的事情，以及凶手對他的殘骸所表現出來的極不尊重態度。我覺得至少要給這個孩子一些尊嚴，是我的義務，於是我非常溫柔地把亞當的頭顱放進一個無菌的證物硬紙盒中。當時我的其他感覺只剩下這顆頭顱竟然這麼重，猶如一顆灌滿了水的足球。我不知道自己在期待些什麼，但是我真的不知道一個十多歲的男孩子頭顱竟然這麼重。我驚愕又難過，眼淚不斷地流，於是走到了遠一點的地方，眼睛無法聚焦。僅存的唯一恩典是整個可怕的景象，並沒暴露在大眾的眼前，因為我們當時都在橋底下。那天是星期日，橋上的生活一如既往；整個小鎮都在正常地過著日子——除了攻擊事件所在的那棟屋子裡曾經發生的一切，然而攻擊事件與曾經發生的所有事情，也全遭到警方的資訊封鎖——沒有人會知道如此恐怖的事件曾經發生過。

頭顱被送去了殯儀館，病理學家會在那兒進行檢驗，他們的工作是分析頭顱上的切口與疤痕是否與任何已經找到的可能凶器吻合。亞當的屍體之後會像拼圖一樣進行拼湊，確立事件發生的情況。

大家完成了工作後，打包開車回薩里郡，在這趟長長的歸途中，大部分的時間都很安靜，氣氛也很沉重。之後的幾天，我有時會在半夜驚醒，依然感覺到手中那顆頭顱的重量。在自己的工作案件中投入如此強烈的情緒，對我而言，實在是很罕見的情形，再說，到了這個階段，我早就已經能夠隔離自己的情緒了，但是這件如此恐怖的案子，卻實在難以忘記。那個孩子所經歷的折磨以及他的死亡，完全沒有意義。

第二年的十二月，十九歲的馬修・威爾許殺人罪成立，被判刑至少二十年。二十七歲的奈森・巴內特，為了減輕刑責，承認過失殺人，之後根據《精神健康法》（the Mental Health Act），被判處無限期拘留在有人看守之處。十七歲的莎拉・摩里斯雖然免除了殺人罪名，卻因刻意攻擊亞當，遭判四年有期徒刑。丹尼爾・畢格斯（Daniel Biggs）被排除了殺人以及造成受害人嚴重身體傷害的罪名，但承認串謀妨礙司法公正，遭判兩年辦監禁。法官在判決前的聽審過程中，直陳這幫人毫無人性。

第十一章

亞當．莫瑞爾的案子過後，大家還來不及排解壓力，搜尋蘿拉．托恩的案子就找上門了。接著幾乎就在托恩的搜尋結束之際，我們又接到了另一通警方電話，要我們一起搜尋一個失蹤的孩子。他們懷疑這個孩子可能在海濱度假聖地大雅茅斯（Great Yarmouth）失足落河。

丹尼爾．恩特維斯托（Daniel Entwistle）七歲，最後一次露面是二〇〇三年五月三日星期六，地點是鎮上的他家附近。他的雙親寶拉與大衛當天晚上因為孩子沒有回家吃晚餐而愈來愈擔心。兩人開始發瘋似地找人，還請求朋友、鄰居一起協助。諾福克（Norfolk）警察局收到了警報，啟動了大規模的搜尋行動。

當地有家便利商店的電視監控系統，捕捉到了丹尼爾失蹤當天約五點零五分的畫面，那時他還在他家附近。除此之外，有人看到他和一群男孩在流經城鎮入海的耶爾河（River Yare）附近的碼頭玩耍。

第二天一大早，碼頭附近的河邊發現了丹尼爾的紅色BMX自行車。就在這個不祥的發現之後，我們很快就接到了警方搜尋顧問要求參與行動的電話，問我們是否可以在河裡搜尋身高不滿一百公分的丹尼爾。

耶爾河有潮汐，換言之，如果丹尼爾真的在水裡，那麼過去的十二個小時間，他也很可能出現了位置的移動。要在任何有潮汐影響的水下進行搜尋，河水的流速、搜尋前所耽誤的時間，以及水面下的雜物是否留住或卡住了屍體，都是決定搜尋能否有結果的關鍵因素。如果對水流與潮汐模式有所瞭解，就可以預測沒入水中的屍體，可能會朝哪個方向流、流多遠。孩子的身體結構與大小，對於屍體的流動也具一定影響力，屍體腐化的程度也是。一般來說，在流動緩慢的河水中，或者在湖泊、池塘裡，若沒有任何其他阻礙的因素出現，屍體會腐化，而經歷微生物分解過程的屍體，會出現腫脹，因而浮出水面。

然而開闊海域的變數實在太多，我們無法正確預測沒入水中的屍體會浮出水面或被沖拍上岸。通常搜尋行動愈早展開，需要對應的變數愈少，當然找到標的人或物的機會也就愈大。

以丹尼爾的例子來說，我們在他失蹤後的四十八小時內展開搜尋，在某些情況下，這個時間足以尋獲屍體，但由於他是在有潮汐的水中失蹤，我們知道他很有可能已經被沖入海中。潮起、潮落每六個小時循環一次，這是水體的劇烈變動。若是河道離海有相當距離，即使有潮起潮落，屍體一般還是會待在特定範圍內，至於會被沖上岸或沖往下游，則由潮汐而定。但若是在出海口，屍體會隨著退潮，被沖入海中，那就非常難尋獲了，因為可以帶走屍體的水流太多。

我們徹底搜尋後，並沒有找到丹尼爾，只找到了一艘碼頭上的槳輪蒸汽船在翻修時傾倒入河的廢物。

令人難過的是丹尼爾的命運至今依然成迷。有一派的調查理論認為他可能淪為了戀童癖的受害者。大家都知道丹尼爾的父親一直都有酒精成癮的問題，二〇一五年，五十三歲的他被發現死在家中。我後來根據報導得知，他曾在一九八七年因為與十三歲以下的女童發生性關係而服刑六個月。警方在丹尼爾失蹤的時候，就已經知道了那次的判刑，也曾審訊過大衛，但從未將他列為嫌犯。我慢慢地瞭解到，儘管遺憾，但是懸案往往就算大家都盡了全力，依然無法破案，而失蹤的人也繼續人間蒸發。

一個個令人沮喪的失蹤人口搜尋工作持續進行中。我接到的下一通電話來自於倫敦警察廳專門刑事部（Specialist Crime Directorate）的資深調查員安迪．貝克（Andy Baker）。他當時正在處理的案子，不論從任何角度來看，都駭人聽聞。

倫敦豪斯洛區（Hounslow）有一家三代人全都從家中失蹤。阿瑪吉特．裘漢（Amarjit Chohan）二月十三日失蹤。兩天後，他的妻子南西、兩個分別只有一歲半與兩個月大的兒子迪文德和拉文德，以及南西的母親莎朗吉特也跟著失蹤。

阿瑪吉特又被稱為阿尼爾（Anil），在希斯洛機場開了一家業務興隆的貨運公司。一開始有人懷疑阿瑪吉特可能涉入了一些非法生意，因此全家逃離了英國。但是之後接獲的一個線報，卻又對這樣的猜測產生了質疑。線報表示阿瑪吉特在失蹤前，曾以一封親筆簽名信，將公司的所有掌控權移轉給了另一位同事肯尼斯．瑞根（Kenneth Regan）。瑞根的朋友是阿瑪吉特的生意合夥人，之前也開始拜訪阿瑪吉特的公司。瑞根是名被定了罪的海洛英毒販，為了換取司法的寬宏大量，他在遭判刑二十年監禁後，成了警方的線民。是他一手策劃接管了阿瑪吉特的公司，並招募了一位友人威廉・赫爾恩西（William Horncy）協助。隨著全面調查的展開，警方開始揭露這兩個人令人震驚的計畫；他們不但插手阿瑪吉特的成功企業，還用這家公司來洗錢。

瑞根騙阿瑪吉特參加了一場在威爾特郡（Wiltshire）舉行的會議。阿瑪吉特以為他是要和一位荷蘭買家談貨運生意，結果卻被綁架到瑞根的家中，並在那裡遭到凌虐，被迫簽了一封信以及錄下了一段讓家人不要擔心，他很快就會回家的音檔，所以他的家人始終都以為阿瑪吉特沒事。警方相信阿瑪吉特在遭到殺害的兩天後，瑞根與赫爾恩西又開著租來的廂型貨車到裘漢家，殺害了南西、她的母親與兩個孩子，將屍體運走。受害的這家人全被埋在德文郡的農地裡，但是這兩名凶手擔心屍體會被發現，於是在數週後的四月十九日，又將屍體挖出來，開車載運到多塞特郡（Dorset），用一輛快要散架的老舊汽艇，載到英吉利海峽中棄屍。

多塞特警察局的海上小組當天看到了瑞根他們的船，船上的警察還記得當時對此事發表過看法：那天的天候極糟，警方認為在這樣惡劣的狀況下出海，對任何人來說都太危險。棄屍十天後，漂浮在伯恩茅斯碼頭（Bournemouth Pier）附近海面上的阿瑪吉特的屍體被路人發現。驗屍檢查發現阿瑪吉特體內殘留了鎮靜劑，手腕與腳踝都有束縛的痕跡。阿瑪吉特曾在絕望之下，藏了一張指名瑞根的字條在襪子裡。警方聯絡我，想要我們協助搜尋其他的屍體或任何當時一起被丟下海的其他證物。我趕到指定地點後，聽了案件的簡報。這時調查已進入尾聲。阿瑪吉特的屍體已經尋獲、警探們知道這家人都遭到了綁架與殺害，也知道受害人的屍體全都被載到了德文郡，埋在農地裡，然後又被挖出來運到了多塞特郡。我到警方懷疑當初凶手移轉屍體的停車區查看，警方認為凶手就是在這個地方將屍體從汽車搬到置於拖車上的船上，之後把拖車駛到一個碼頭後開船出海。我知道嫌犯的身份、知道警方透過行動通訊基地台分析，確定了凶手的行動，我也看到了那艘船在當地加油站加油的電視監控影片片段。

為了縮小廣大搜尋區域的範圍，我回到鑑識科學服務單位，查看已被帶回進行鑑識檢驗的那艘凶手使用過的船，並當場研究船的大小、船的製造、引擎的馬力以及油箱容量。我還檢查了船體是否附著了任何藤壺——藤壺會形成拉力，耗損更多的燃料。我釐清了引擎的油耗狀況，利用所有的數據計算這艘船在棄屍當天，返程可能的距離。但是就算有了這樣的大概範圍，我們需要搜尋的區域依然非常大，變數也非常多，因此尋獲屍體的可能性非常低。然而不管怎麼說，這樣的一個大案子，任何可能的線索都可以協助把萬惡的罪魁禍首繩之以法，僅憑這點就值回票價了。為了進一步縮小搜尋範圍，我研究了海圖，海圖可以顯示水深以及所有海床上有趣或罕見的特徵。在搜尋區內，有一片海床被大家當成了傾倒砂石之所，這裡也是棄屍的不錯地點。

我的團隊與多塞特警察局聯合進行搜尋行動，他們派出了他們的海上團隊「警戒隊」（the Alarm）負責潛水工作，我們也動用了側掃聲納。大家花了一整個月在南部海岸外搜尋其他人的屍體以及所有當初可能被瑞根與赫爾恩西一起丟下海的東西。

我們從普爾（Poole）區開始，沿著海岸搜尋。一天又一天，大家先是謹慎而周延地掃描海床，接著再潛入水中調查所有發現的標的物。這份工作冗長而費力。我每天晚上回到飯店房間後，還得規畫第二天的搜尋行動。一旦一個區域完成搜尋，我們就會劃掉這個區域，移往下一個區域。然而結果卻令人沮喪。我發現了好幾個目標物，但每次潛水員跳下水游到海底時，卻只發現石頭。

令人遺憾的是情勢並不站在我們這一邊，儘管大家都非常努力，但是搜尋行動卻一無所獲。其實每個人都很務實，也都清楚這次的搜尋行動無疑大海撈針——這是項非常艱鉅的任務——然而只要有一點點機會，搜尋工作就必須繼續。所有人全睜大了眼睛、全心投入，沒有人因為搜尋無果而互相指責或質疑彼此的能力。那段日子過得很低落，但我心中始終堅持相信兩件事：我在幫助這家人、我在協助調查。

大海最終還是釋出了一些祕密。七月，被裹在風帆罩裡的南西屍體，被一條在懷特島外作業的漁船撈捕上船；四個月之後，她母親的屍體也被沖到島上，但是兩個孩子的屍體一直沒有出現。

二〇〇五年，瑞根與赫爾恩西殺人罪名成立，中央刑事法院判處他們至少二十三年的監禁。協助陪審團把事情發生經過拼湊出來的幾個關鍵證據包括了把嫌犯與船連結在一起的行動通訊基地台分析、監控系統，以及阿瑪吉特鞋子裡的紙條。另一名同謀彼得・李斯（Peter Rees）也因殺害阿瑪吉特・裘漢而定罪，但排除了他殺害其他裘漢家人的罪名。李斯也被判終身監禁。李斯是赫爾恩西的朋友，曾假扮可能的買家，並在赫爾恩西與瑞根去殺害裘漢一家人時，負責看管阿瑪吉特。他也參與了在德文郡農場挖出屍體以及到海上棄屍的過程。

裘漢一家遇害的調查，是倫敦警察廳專門刑事部主導的大案，也是我參與過的最大規模案件。我意識到自己擁有了其他人想要擁有的技能。從國家級的專業技能角度來看，我顯然闖出了名號。這個案件本身並非試驗場，因為我已經是個經驗豐富的專家了，而且曾參與過許多調查，但身為私人承包商，能得到警方的信任，並與有關單位並肩合作一個月的事實，也展現了我們高水準的實力。

就像是要證實我的服務價值一樣，裘漢案件之後，隨著電視節目《繩之以法》（Crimewatch）[17]的呼籲，一件有兩個人遭到殺害的知名懸案也獲得了新情報，而我們很快就接到了協助辦案的要求。

哈利與梅根・圖茲（Harry and Megan Tooze）是對邁入六十的夫婦，一九九三年七月被發現陳屍在他們位於蘭哈里村（Llanharry）的偏僻農莊中。兩人都是頭部中彈，凶器是一把十二口徑的霰彈槍。凶手執行完這種行刑式的槍殺後，在屍體上蓋了一塊地毯，並把屍體藏在牛棚裡的草捆之下。

一位鄰居聽到槍聲報警，警方趕到後發現老夫妻家門沒有上鎖，廚房裡有準備了一半的午餐，沒有人食用。

他們女兒的伴侶強納森．瓊斯（Jonathan Jones）遭到逮捕，警方在受害人家中的瓷杯上，發現了瓊斯的指印，他因此被控殺人。檢方聲稱瓊斯想要繼承老夫妻的十五萬英鎊。被告辯護律師則辯稱指印很可能是強納森趕去農莊協助警察時留下。一九九五年瓊斯被判有罪，處以終身監禁，但這項罪刑卻在被告一九九六年上訴後遭到撤銷。經過了三名法官表示他們全都「清楚認定」罪證不足之後，瓊斯在上訴法院被當堂釋放。備受爭議的指印說明了犯罪現場鑑識意識的重要性。由於犯罪現場當時並未受到完整保護，因此大家無法確認指印留在杯子上的時間。的確，上訴審理也表示缺乏將瓊斯先生與殺人案連結在一起的鑑識類證據。圖茲夫婦是遭到近距離槍殺，凶手身上應該會被噴濺到血液或腦漿之類的物質。警方拿走了瓊斯先生的衣物、眼鏡，甚至他的洗臉盆回去進行查驗，卻沒有發現任何證據。一九九〇年代，由於證據的

17 譯註：《繩之以法》（Crimewatch）是英國廣播公司製作的電視節目，於一九八四—二〇一七年間播出。該節目藉由重述重大懸案，希望大眾提供破案線索。

保存與存取未能嚴格依照規定執行，造成了好幾件無法結案的案子。

英國國家廣播公司的《繩之以法》在圖茲夫婦遭到殺害的第十年紀念日，向大眾提出了呼籲訴求。節目播出之後，有人出面主動提出了新的情報。當初殺人案發生時，這個人的工作是檢測已棄用的老舊礦場水質。那座礦場在一九六二年就已關閉，豎井也被加了蓋，但水泥蓋上加了一個小金屬接入點，突出於水泥蓋約三呎，接入點上還連著一個用掛鎖鎖住的鉸接鋼蓋。他記得在兇殺案發生的那個時候，自己正在豎井內進行環境水質檢測，豎井蓋上的鎖已遭到破壞，表示有人曾動過那個蓋子。

在最初的調查中，這個區域一直沒有被調查過，因為沒有資訊顯示這裡與殺人案有任何關連，而且這裡距離案發現場並不近。警方一開始並未搜查這裡，並不是調查失誤，而是他們必須要有特定的情報才能把某個區域劃為重點地區，但是之前並未收到任何類似情報。

聯絡我的人是總督察長崔佛．艾文斯（Trevor Evans），他從全國犯罪與行動學院那兒知道了我的所有經歷，而且全國犯罪與行動學院還向他解釋，他所要搜尋的通道豎井大概深達七百五十呎，更不幸的是，豎井內被水淹沒了。儘管聽起來像是個很艱難的搜尋工作，但我知道我可以做到。我當時才剛從美國購入了一些機器設備，包括一台更新、更小的無人潛水器，以及一台檢附了一千呎電纜的水下攝影機，有了這些設備，豎井內淹水反而更易於行事。

當局要求我搜尋任何與殺人案相關東西，特別是霰彈槍、霰彈槍子彈，以及沾血衣物。我透過接入點把無人潛水器下放五十呎，直到潛水器接觸到水。當無人潛水器在詭異的黑暗中繼續下降潛行時，我的隊員小心翼翼地放出電纜，而我則緊盯著錄影機的螢幕。潛水器四個明亮的鹵素燈泡，在豎井的牆面上投射出了陰影。

潛行不到三呎，無人潛水器就抵達了豎井的盡頭。我放慢潛水器的速度，讓機器輕輕地停在坑道底部，避免攪動起一大片渾濁，阻礙能見度。我們接著垂直放下水下攝影機，定位在潛水器之上數呎的地方，這樣我才可以清楚地看到潛水器與周遭的區域。

豎井底部佈滿了數十年來形成的裂縫，每一個裂縫都需要仔細掃描，以免裂縫下的祕密永遠見不到天日。如果裂縫中有東西，那麼我有自信可以找到。我坐在我們的指揮拖車裡，面前是兩個錄影機螢幕，一個是無人潛水器的鏡頭，另一個是水下攝影機的畫面。水下攝影機與潛水器的電纜，透過三角架下的兩組滑輪，平行而列。我喝了一口茶，沉默地工作。不論是從水下攝影機或潛水器的鏡頭，我都沒有發現任何顯眼的東西，於是我啟動潛水器馬達，小心地操作著潛水器繞行這個礦井的方圓——畫面十分清晰。我沒有放過任何一個角落或裂縫，但是沒有看到什麼值得注意的東西。我接著操作著無人器接近裂縫，發現可以利用機器的旋翼輕輕「清掃」裂縫，於是把電動推進馬達當成了清除淤泥的風扇。我一個區域一個區域地掃搜，等淤泥塵沉澱後，再進行下一個區域的掃除工作。這是一次非常耗時，且需要細緻處理的搜尋，不過幾個小時的搜尋後，有個東西吸引了我的注意。

「有東西了，」我對崔佛這麼說。「是霰彈槍彈殼，看起來像是十二口徑的。」

崔佛就只是無語地盯著我看。

「用來殺人的子彈有沒有任何可供辨識的記號？」

「子彈表面應該有『比賽』兩個字，」崔佛證實道。

我操作著無人潛水器，讓機器更靠近子彈，放大畫面，沒錯，就在那兒，子彈邊邊上寫著「比賽」兩個字。

這個證物非常完美，崔佛樂翻了。他沒有任何疑慮地認定這個子彈曾在殺人案中使用過。因為這個發現，警方要我們回去對整個豎井進行為期一週的搜尋。在這次什麼都沒有放過的嚴謹搜尋過程中，我還找到了衣物以及一個從蓋子開口處掉入豎井底部的小旅行箱。這兩樣證物下沉至豎井底部，落進了兩個不同的支樑間。

我們與南威爾斯警察局的水下搜尋潛水隊合作，他們必須藉著一個平行的通道進入豎井內，成功地拿到證物。

就在我忙著搜尋時，我們的行動吸引了當地一些孩子的注意，其中兩、三個小傢伙問我們在找什麼。多次的搜尋經驗讓我學到的重要課程之一，就是永遠都必須聆聽當地人說的話，因為他們對這個區域的瞭解比我們多太多了，而且他們往往會提供很重要的資訊。於是我跟這些孩子閒聊了起來，覺得他們在這個地區玩了這麼多年，可能知道其他一些值得搜尋的隱密之地。我告訴他們我們在找什麼，還問他們是否聽說到過有人曾在這附近找到一把霰彈槍或子彈。

「我哥幾個禮拜前就找到了霰彈槍槍管。」其中一個孩子大聲地這樣說。我挑起了眉毛，並把崔佛叫了過來。

「真的？在哪裡找到的？」我問。

「在那邊的荊棘叢裡。」他指著一個地方。

我又問他槍管在哪裡。

「我哥把槍管帶回家了，全塗成了粉紅色，掛在他房間的牆上。」

一位與我在一起的警官，剛開始並沒有注意到這些孩子，突然之間他興趣大增。

「我們可以跟你回去看一下嗎？」他這麼問。

於是槍管就這麼找回來了，並被送到位於切普斯托（Chepstow）的實驗室中進行彈道檢驗。我後來並沒有聽說槍管是否與凶器符合，不過我想應該不會錯。大多數我們參與的警方工作，只要工作結束，就會移往下一個工作，但警方的調查則是會繼續。

我發現的證物儘管很重要，但這件案子仍然無解，殺人犯也依舊逍遙法外。如果未來真的重新開庭，我相信我所找到的證物一定會對這件案子有所幫助。

同一年，我的團隊和我還參與了搜尋其他知名懸案的屍體與證物行動，希望我們的經驗與設備可以帶來突破。

這類案件中的第一件是柯林・懷特（Colin White）案，他是二〇〇二年二月失蹤的一名工程師。懷特的妻子安妮・狄更斯（Anne Dickens）一開始被列為嫌犯，二〇〇四年遭到逮捕，但從未被正式起訴。另一名嫌犯是一名建築工人，同樣未被正式起訴。警方要求我們利用透地雷達掃描這對夫妻新近才整修過的房子。我們的主要尋找標的是屍體。大夥兒搜尋的第一個區域是維護得很好的花園。柯林失蹤後，花園與屋子都有過相當大程度的整修。過去許多殺人案的凶手都曾利用建築工程與花園造景來隱藏他們處理受害者屍體的事實。有些凶手喜歡把受害者留在離自己很近的地方，連環殺手佛萊德・威斯特就是這樣的例子。我們掃瞄了花園，但沒有任何發現，於是轉進同樣經過了整修的廚房。如果有人曾經想過要把柯林的屍體埋在附近，卻又不得其道而行，那麼把屍體藏在新鋪設的水泥地板之下，上面再將廚房設備全面改裝，就會是個很理想的機會。正因為如此，我需要搜尋的範圍包括了從廚房設備之下到廚房的牆面，而且非常抱歉的是，我還必須堅持拆除廚房設備。懷特家的人應該很感謝警方特勤支援團隊過於狂熱的努力，他們負責犯罪現場所有重物搬運的相關工作。警方特勤支援團隊成員拆除廚房的工作並不如我期待的那樣細緻，最後廚房變成了一片災難現場。我們清理了廚房，也確認沒有埋屍跡象，接著又搜尋了房子其他地方的地板之下，因為地板下的縫隙也有機會藏匿屍體。

經過徹底搜尋後，我很確定這棟屋子很乾淨。我們沒有發現任何懷特先生的跡象，我在寫這個章節的時候，他依然不知所蹤，而他的案子也持續位於懸案之列。

另外一件用到透地雷達設備的案了，是失蹤的青少年莎拉．班佛（Sarah Benford）案，她最後一次現身是二〇〇〇年四月。這個迷茫的十四歲孩子吸毒，證據顯示她被人口販子帶到倫敦與年長的男人進行性交易。在她失蹤後的兩、三個月，還有人看過她，但整件案子到了二〇〇三年就無人問津了，警方公開宣佈他們確定她已遭到殺害。

二〇〇四年警方聯絡我，要針對與調查相關的一棟房子進行透地雷達掃瞄。

那棟房子的狀況慘不忍睹，到處都是煙灰缸與污穢的家具。與房子連接的土地最遠一角養了些寵物鴨，狀況更是糟到我必須致電請皇家防止虐待動物協會（RSPCA）來處理，但是他們也無法帶走這些鴨子，我們只好自己清理這些腐臭的籠子，再鋪上全新的稻草、提供鴨子食物。

在後門外的院子裡，透地雷達在露台下掃到了一個大型的異常物，可能是具屍體。我回報警方搜尋顧問後，對方告訴我那是一根不需要繼續搜查的水管。我要求查看這棟屋子的相關規劃圖，進行資訊確認，卻又被告知不用擔心，而且我們的工作已經結束了。

我對這樣的回覆很不滿意，所以打了電話給警方搜尋顧問，提出這種處理方式的關切。他們通知了全國犯罪與行動學院，但沒有人針對我的關切採取任何行動。這種交代不清的狀況困擾了我很多年，我拒絕就此放手。

我認為，搜尋證物與屍體時，應該盡可能周延地做到自己所有可以做的事情，連一顆石頭都不能放過，這樣到最後，我參與的工作才能劃上句點。任何一個錯失的線索或早夭的搜尋行動所帶來的連鎖反應，對那些只是想要知道自己深愛的人在哪裡、發生了什麼事的家人與親友而言，很可能就是多年的不確定。

十年後，當我在對一群犯罪現場管理者演講鑑識相關的題目時，一位來自北安普敦郡（Northamptonshire）的警察走過來與我談話，他告訴我他正在複審莎拉・班佛的案件。我告訴他我當初所關切的問題，對方解釋他並不知道那個異常物的事情，於是我把原始檔案寄給他，包括當初送交警方的信件。之後我和資深調查員舉行了後續會議，並提出我的發現。我告訴他們這個異常物必須檢驗，並主動提出帶著透地雷達設備重回那個露台。但是幾個月過去，一點動靜也沒有。我又打電話給那位犯罪現場管理者，對方告訴我內政部已經搜索過那個區域，並回報沒有發現任何東西。我還是無法被說服。又過了幾個月，調查記者馬克・威廉斯—湯瑪斯（Mark Williams-Thomas）與我聯絡，他正在製作這起案件的紀錄片。馬克回到那個地址，與現在住在那兒的女士溝通後，得到了她的同意，重新對整棟房子進行一次搜尋。

十年多的時間過去，我再次帶著透地雷達設備回到了原地。那個異常物當然不是水管。我往下挖，就在距離地面幾呎的地方，我發現了一個直徑約三呎的大天坑，裡面填滿了碎石頭——完美的棄屍之所。內政部的團隊顯然並沒有盡責地仔細搜尋。我們移除了碎石。儘管莎拉並不在那兒，她的屍體也從來沒有在那兒停留過，這次的挖掘工作並沒有找出任何她究竟發生了什麼事的線索，但是我的堅持卻讓這件事有了可以交代的結束。

並非每件工作都有結果。如果當局要我參與的每件案子，我都可以寫出成功搜尋到一個關鍵證物或一具屍體的話，那一定棒透了。然而這並不是真實的人生。犯罪是一件複雜又令人摸不清頭腦的事情，努力解開所有的謎題，把一切未交代清楚的事情拼湊在一起，是警察的工作。線索常常得不出答案，有時候證據與受害人永遠都沒有機會見到天日。然而這並不代表我們就不要去搜尋，也不代表對於那些看起來不像線索的線索可以掉以輕心。每一顆石頭都需要去翻找看看、每一個直覺都要去跟隨看看、每一個消息都要去調查看看。我確保自己抱持著開放的心胸做每份工作，也承諾不論需要多長時間，都堅持完成每份工作，直到我深信自己已搜尋過了所有地方。當然，若是沒有任何收穫，失望在所難免，但至少我能夠清楚地安慰自己，這樣的結果是因為那兒沒有東西，而不是因為我不夠徹底與仔細。

我們涉及的工作範圍從崇高到荒謬，應有盡有。大家都非常重視我，也讚賞我的工作表現。我有寶貴的技能，可以在水底、建築物之下、溝渠與地道之中進行搜尋，可以爬上建築物，也可以鑽進排水溝。我是個很有用的助力，是個解決問題的人，是把搜尋用的瑞士刀。

在圖茲夫婦謀殺案這類的破案搜尋行動之後，很快地我又被召回去從事看似較平淡無常的工作。打電話來的人是埃文與薩默塞特警察局（Avon and Somerset Police）的一位熟人。

「彼得，我們這裡需要你。有名逃犯躲上了樹，手裡有刀，拒絕下來。」

幾分鐘後我回過神來，發現自己已在一台國際專家集團的緊急應變車上了，正朝著謝普頓．馬雷特（Shepton Mallet）的方向而去。路上我接收到了更多的細節。犯人是個戀童癖，從性犯罪牢房區逃脫，要去找他的妻子，但是他的妻子卻打了電話報警。警方追捕下，逃犯逃到一個墓園後爬上了樹，樹周圍圍滿無疑想要動用私刑的人。逃犯握有凶器，威脅著自殘以及傷害所有試圖接近他的人。

埃文與薩默塞特警察局沒有繩索隊，所以直接與我聯絡。等我在傍晚趕到現場時，那名逃犯在樹上已經待了大半天了。兩名警方的談判人員跟他溝通了好幾個小時，卻始終無法取得任何進展。我感覺那兩位談判專家並不是太高興看到我，可能是因為外人介入此案，傷了他們的專業自尊。我與他們進行了尷尬的初步交流後，又被告知平民不得進行警方談判，但我設法說服對方我知道自己在做些什麼，也準備好了。我在背包裡裝了食物與飲料，還向現場的緊急救護人員借了一副聽診器，然後我開始攀爬逃犯躲藏的那棵冷杉。

「我是名緊急救護人員，」我向著逃犯這麼大叫，希望這個小小的白色謊言可以讓他比較願意聽我說話。「我要上去確定你的狀況。不用擔心，我不是警察。」

我穿的是救援服。

那名逃犯就在接近樹頂的位置，坐在一根樹枝的彎曲處。他很瘦、禿頭，看起來很疲憊。

當我接近時，他不太認真地試圖把我嚇走。

「不要再靠近了，我有刀。」他對我吼。這名逃犯朝我揮動著一把瑞士刀。除非我手上有罐他想要打開的豆子罐頭，否則他顯然並沒有使用這把刀的意圖。

「把刀拿開，」我對他說。「你只會讓已經糟糕的情況變得更糟。沒有人要傷害你。我只需要檢查你的生命徵象，確定你的狀況良好。」

對方冷靜了下來，讓我到離他夠近的地方，假裝做出一連串緊急救護人員會做的事情，然後量測他的脈搏。

「你有脫水的情況，」我對他說。「你需要喝點東西。」

我從背包裡拿出了飲料遞給他。他感激地喝著。

儘管我知道這個人是個性罪犯，也不同情他，但是我來此的目的是工作，所以需要把所有的對他的情緒都收到心裡，開始和他對話、讓他冷靜下來，並引導他思考開始爬下去的必要性。

「你根本不可能做成任何事，而且在這裡待得愈久，你給自己帶來的麻煩愈大。」我這麼解釋。就在我打算加深彼此的友好關係時，樹下傳來一陣躁動，我們兩人都從枝杈間向下看。

之前圍在樹下的群眾，稍早已解散到一家附近的酒吧裡待著，但是現在已是晚上十一點，酒吧打烊，於是人群又再度回鍋圍住了墓園的入口，在哪裡與警方說話並對著這個逃犯大聲謾罵。人群中有一位體型非常魁梧的男子，聲音特別醒耳。

「讓我過去，我去把他抓下來。」我聽到那名男子這麼說。

然後我看著他沿著墓園的圍牆小跑，來到我們這棵樹下的圍牆邊。他爬過了接近六呎高的圍牆，直接跳到我們這棵樹的一根較矮的樹枝上。就一名身材如此碩大的男人來說，他的動作靈巧地令人印象深刻。接著他開始向上朝著我們爬過來，樹身不斷因此顫顫抖動。

逃犯開始驚慌。

「我要跳下去。」他大叫。

「不行，你不能跳。」我說。

有位警員衝過來抓住那名體重過重的好漢大腿，把他從樹上拉了下去後帶到其他地方好好地斥責了一番。

等到巴著大樹不放的逃犯冷靜下來後，我的一位團員上來替換我，讓我可以喘口氣。最後，在我們抵達現場三個小時內，逃犯被說服了，自動爬了下來。我對他採用的溝通技巧，就是之前我需要與抗議者建立友好關係與贏得對方信賴的作法。我把自己的情緒放在一邊，跟對方談他的生活、他會什麼會出現在這兒，以及他的感覺如何。我讓對方覺得安全，讓他瞭解到我的出現不是為了審判他，而是為了幫忙解決問題。在接手的所有工作中，我從來沒有把自己看成是審判的角色——那是法庭與司法系統的工作。

離開時，警方的談判專家向我道謝，並表示我的工作表現傑出。我後來並未聽說那個逃犯的狀況，不過很可能還是被送回牢裡繼續服刑。

幾週後，我們重操舊業，參與了和逃犯或證據搜尋任務屬於不同時空的工作。我們的繩索隊受到英國交通警察徵召，協助處理抗議者活動。這一次抗議者選擇的場所是倫敦的運輸系統，時間是國際防禦與安全設備展覽會（Defence & Security Equipment International，簡稱DSEI）的展覽期間。這個展覽會在倫敦碼頭區（Docklands）的倫敦展覽中心（Excel Exhibition Centre）進行。感覺上就像是前一分鐘還穿著鑑識人員的服裝，用雷達掃瞄嫌犯的花園，下一刻改穿潛水裝，拖著側掃聲納繞湖搜尋屍體，再下一刻又換上了救援制服，勸誘抗議者離開建築物。

這一次是反對武器交易的抗議活動社運份子，計畫透過破壞碼頭區輕軌鐵路（Docklands Light Railway，簡稱DLR）的行動，來阻止大家進出展覽會。我的團隊隊員與我在驅離行動前，接受了電氣化鐵軌的安全相關訓練，確保我們不會在驅離行動中變成炸雞。受訓課程在阿克頓（Acton）的倫敦地下鐵轉運處舉行，上課時我們看了一段電視監控影片，裡面有個想要從鐵軌上偷銅線的可憐傢伙，拿著斷線鉗不小心碰到了通電的鐵軌。電壓穿過他的腳踝，從頭部竄出，讓他的頭像座火山一樣爆炸噴發。這段影片絕對達到了讓讓觀眾專注的效果。

展覽會當日，我們一大早就與政治保安處一起聽簡報，並被告知當局預估抗議活動不會太激烈。我們被派到碼頭區附近一片名叫銀鎮（Silvertown）的荒地等候區，與英國交通警察的分隊、倫敦消防隊以及救護車服務一起在此待命。第一起事件隨著交通高峰期的開始，而在當天很早的時間就發生了。

一名年輕的抗議者用D型鎖把自己鎖在碼頭區輕軌火車的前面。當我們趕到時，一群憤怒的通勤者正圍著他，有些搭車者還威脅準備親自代替政府執法，要把這名年輕抗議者，連同他與D型鎖鎖定的殘肢，一起移開。這個可憐的傢伙被嚇壞了，看到我來解開他的鎖，並把他帶離現場，高興得不得了。

接著我們接到呼叫，要趕赴另外一個車站處理另一名抗議者。那位抗議者背著背包，汗流浹背地在火車頂上跳上跳下。等我們確定對方並不是恐怖份子後，我也爬上了火車頂和他溝通，把他勸了下來。

那一整天，示威抗議活動都在持續進行。我們接到的第三次呼叫，是另一列火車上的三名女孩，其中兩個用D型鎖鎖在一起。我們動用了液壓切斷鉗才把兩個人分開，然後將她們置於在擔架上，從火車上抬到月台，由警方在月台直接進行逮捕。另外那個女孩繼續不斷地沿著火車頂奔跑，所以我制訂了一個聲東擊西的計畫，我和三名帶著突襲雲梯的隊員，從火車的一頭轉到另一頭。當抗議者的注意力被干擾時，鐵路工程師小心地打開車門，讓我們悄悄地把雲梯架在車廂的兩端。萬一抗議者從車頂跌落，另一位隊員也已準備好在鐵軌上接住她。我們當中的兩個人依照指令爬上車頂，然後在對方跌落之前抓住了她，小心地將她綁在救援擔架上送到地面。

隨後，另一個車站的一名抗議者開始變得暴力，我的一位隊員爬上玻璃屋頂上成功驅離了他。為了所有人的安全，這位抗議者必須被綁住並上銬。那天最後一場驅離行動中，兩名女性抗議者中的一位也出現了暴力行為。當時其中一名抗議者在火車頂上，另一名則是從火車上跳到了車站的跨軌信號架上。當我們試圖抓住那名在火車上的女孩時，她對我們拳打腳踢，而在信號架上的那個女孩，在意識另一邊的車頂有巨大的高度落差後，就變得非常順從，乖乖地從信號架上下來了。

這次驅離行動所對應的抗議者，與一九九〇年代的環保鬥士，看起來完全屬於兩種不同世界的產物。首先，這次的抗議者很安靜。他們沒有團體，也沒有互相作弄取笑。他們不認識我們，但是他們好像也不認識彼此。我想這種情況應該是網路與社群媒體造成的結果。現在就算素昧謀面，也可以輕易地被動員、集結。在過去，抗議者自己會組織成一個關係密切的關係網，而現在陌生人可以自己找出抗議活動進行的地點與時間，各自參與。就是這麼簡單。

當然，這樣的抗議活動讓警方更難應對，因為網路與社群媒體是較不正式的組織抗議活動方式，沒有可以滲透的社團。這種情況也解釋了為什麼我們在早上的簡報中會被告知當局預估抗議活動不會太激烈的原因——因為根本沒有情報顯示其他的狀況。

第十二章

距離當初第一份紐伯利工作即將十週年之際，我的生活已成為不斷在救援工作、抗議者驅離、犯罪現場調查與屍體搜尋之間忙碌的模式。

搜尋屍體的工作對我一直有持續的影響。屍體與殘骸訴說著死者的故事。有些死者走得很安詳，在收穫豐碩與充滿了關愛的環境中，過完長長的一輩子後，躺在床上，於睡夢中告別自己的人生，然而我被要求尋找的屍體與殘骸，訴說的卻都不是這類型的故事。

從亞當．莫瑞爾被支解的屍塊，到湖中那個緊緊抓著讓自己陷在水底無法動彈的水草，直到肺部充滿了水的開船者，這些屍體與殘骸都在講述著悲劇以及遇難者夭折的生命。

時間流逝，這樣的故事不斷出現。

二〇〇四年四月，有關當局要求我們調查一個特別令人難過的悲劇事件。兩名潛水者在復活節於格洛斯特郡的全國潛水與活動中心（National Diving and Activity Centre）失蹤，一般判斷他們已經溺斃。

二十五歲的廚師漢克．奧斯汀（Hank Austin）與戀人珍妮．戴維斯—伊凡斯（Janine Davison-Evans）一起去了潛水與活動中心。這座潛水活動中心擁有全英國最深的採石場水域。兩人都上過完整的潛水課，漢克的潛水經驗更豐富，完成了九十三次不同的潛水。這對情侶在二〇〇三年十二月布萊克內爾潛水俱樂部（Bracknell Dive Crew）舉辦的聖誕聚會上，因為對於潛水有共同的愛好而相識，在一起才四個月。

那天活動中心的員工在晚上關門時，發現漢克的車子還停在停車場，才通報失蹤。顯然發生了可怕的事情。南威爾斯警察局以及埃文與薩默塞特警察局的水下搜尋隊被通知進行處理，很快地，潛水隊主管鮑柏．蘭道（Bob Randall）警官與我聯絡。鮑柏後來與我和我的潛水隊也一起合作。我與團隊帶著無人潛水器和側掃聲納出發，準備面對水底正在等著我們的任何情況。在前往現場的路上，我回想著這些年來自己在蘇格蘭課程之前所接受過的潛水訓練，想著如果訓練或裝備不足，潛水會是多麼危險的一件事。有太多的變數可以讓一次休閒活動變成一場災難。

我們抵達現場後立即投入工作，一開始是用聲納探詢這對情侶的蹤影。採石場有不同的下降深度，從二十五呎、五十呎，到七十呎。每一個不同的下降深度都會以壁架標示，而標示牌周圍全都是大石塊。如果屍體卡在這些石塊當中，那麼聲納就發揮不了效用，於是我們改用無人潛水器。連著好幾個小時坐在那兒操縱潛水器在水下巨石間穿梭。我們的搜尋一直進行到晚上。我把潛水器下降至七十呎，這將是我們當天晚上最後的搜尋區之一。當我去向資深調查員進行簡報時，我的一位隊員戴倫接手潛水器的操作。然後戴倫大叫。

「發現目標。」

我衝回去看著螢幕，螢幕上毫無疑問是兩個人的影像。他們躺在七十呎深的巨石當中，用潛伴繩扣住彼此成相疊姿態，一動也不動地躺在靜止的水中。他們看起來很安詳。

當天實在太晚了，把他們帶出水面的工作得等到第二天早上再進行。他們已經死了好幾個小時了，讓另一個人在深夜冒著生命危險潛入那麼深的地方，實在沒有意義。不過為了讓我們第二天早上可以找到他們，我用一條橡皮筋固定住潛水器的控制桿，讓潛水器像個哨兵般持續圍著他們打轉，但是我關掉了潛水器的燈光，給予這對在安息之地的情侶一些尊嚴，我覺得這似乎是自己應該做的事情。

第二天，我打開了潛水器的燈光，兩人出現在螢幕上，與前一天晚上我離開時的位置完全一樣。

兩具屍體所在的深度是個問題。這個深度超過了警方潛水隊以及我們團隊規定的五十呎深度限制。當我們在討論該如何把屍體帶上來時，潛水活動中心的一位教練走過來，問我們是否可以提供協助。七十呎的深度需要一位「混合氣體」潛水員。所謂的混合氣體是指三種氣體的混合──氦、氮、氧──這是潛水員在更深的水底所需要幫助他們更安全呼吸的氣體。這位教練向我們界是他是合格的混合氣體潛水員，自願下水把繩索連在那對情侶身上，好讓我們把他們拉到我們可以潛入的深度，帶回遺體。法律規定我們不可以給予這位教練任何指示──所有的行為都必須出於這位教練的個人選擇，而且只能是他出於自主的選擇。我們向他解釋了這樣的規定，對方表示很樂意這麼做。他離開去準備裝備，一個小時後，他開始了在黑暗中緩慢而令人心生恐懼的下潛。

幾分鐘後，我看到他游進了潛水器鏡頭的視野內，把我們的潛水繩固定在兩位失蹤潛水者的裝備上。對這位教練來說，這應該是個令他難過的一幅景象，畢竟大多數人都很幸運地不習慣看到屍體。他很快地就游開了那裡，被自己剛才看到的畫面嚇壞了。

我們擬定的計畫要利用兩艘船。鮑柏會下潛到五十呎深的地方，我們把這對情侶的屍體拉到他那兒，讓鮑柏用另一根繩索連接到兩名死者身上的安全帶。鮑柏與兩具屍體接著再全都固定在與船連結的繩索上，由我開船橫過採石場水域，把屍體先安置在十五呎深的一塊石架上。鮑柏必須在那兒先進行減壓，這樣另一位警方潛水員才能與他會合，解開兩個屍體之間的連結。這是一項精細且緩慢的工作。兩名死者除了潛水頭盔外，其他的潛水裝備都必須在水下脫除，然後再將他們的屍體置於擔架上，小心地拖回地面。

屍體一旦出水，我們就得謹慎地不去移除他們的潛水頭盔，因為裡面的任何殘留液體都必須經過檢驗，幫助病理學家釐清遇難者的死因。兩具屍體後來被送去了鑑識棚。又是白白喪失的生命。

潛水活動中心很好心地在餐廳裡準備了一些食物，我們與警方潛水隊一起坐在中心的外面。一位穿過停車場，哭個不停的女士說她是其中一位遇難者的母親，想要向我們所有人道謝，謝謝我們把那兩個人帶回來。圍坐在桌邊的所有大男人，全都沉默不語，好幾個眼中閃著淚光。沒有人說任何話。對所有參與這次任務的人來說，這是一件令人難過的事故。

漢克的潛水電腦表提供了一些非常有用的資訊。電腦表內的資料顯示這對情侶當天下潛了兩次，而第二次快速下潛到水底的數據被記錄了下來。漢克的氣瓶已經沒有殘餘的空氣了，但珍妮的氣瓶中還有空氣，表示她在空氣用盡前就已死亡。

前一週，漢克曾在海中潛水，海潛需要額外的重量來抵銷鹽水的浮力作用。我們在採石場水域發現他時，他的配重皮帶上依然帶著額外的重量，這讓我懷疑他是否因為這額外的重量而拉著珍妮一起下沉。

二〇〇五進行的調查發現珍妮的死因是「壓力性損傷」。這是一種因為壓力而造成肺部撕裂的情況。漢克也溺斃了。永遠都不會有人完全確定究竟發生了什麼事，才造成這樣的一場災難，不論是不是一個把另一個拉下去，一起進入了水中墳場，這對戀人最後在黑暗水中綁在一起的景象，卻讓我很長一段時間都無法忘懷。

第十三章

歷史對於勝利者的評斷，通常要比勝利者的手下敗將要和善，但是二〇〇七年十月，從金斯諾斯（Kingsnorth）發電廠高達七百五十呎高的煙囪爬下來的綠色和平攀爬成員，從事後看來，卻是站在事件對的那一邊。他們或許輸了那場戰役，但現在卻顯然贏得了整場戰爭。

這場大膽的特技活動在破曉前展開，六名綠色和平組織成員設法滲透進入了火力發電廠後，就爬上了發電廠裡的一座煙囪，迫使整座發電廠停止運作。他們抗議電廠使用具污染性質的化石燃料發電——比後來的空污發電抗議活動早了非常多年。

在法院代表執行官向抗議者發出驅離的法院命令當天，電廠緊急聯絡了我們。等到我們抵達現場時，綠色和平成員是如何成功非法進入電廠的過程，已經是再清楚不過了。客氣的說法是電廠的保全防護不足。其實部分的圍牆早已倒塌，侵入者根本就可以直接走進電廠。

綠色和平這個組織的權威與聲譽與日俱增。不久的幾年前，綠色和平還差一點在美國成為被禁止的恐怖組織，只不過在聯邦調查局具爭議的調查之後，這個組織獲得了平反，反而是包括善待動物組織（People for the Ethical Treatment of Animals，簡稱PETA）等其他組織名譽掃地。在抗議者大膽地爬上了位於肯特的磚製煙囪之時，綠色和平早已因為重要的努力以及提高世界對於諸如雨林砍伐與捕鯨等議題的意識，而聲名遠播了。

這個組織這種直接行動的特技行為，通常都會令人大開眼界，而且在執行上，往往顧及專業與安全。我之前曾與這個組織接觸過，知道他們動員的都是專業、有經驗的攀爬者。我很敬重這些人與這個組織。就抗議活動而言，綠色和平堪稱表率。他們謹慎選擇他們的活動，製造出最大的衝擊。

在開車前往位於肯特的發電廠路上，我也知道自己不太可能需要面對任何暴力行為的問題，我要面對的唯一問題，很可能是接近他們的困難度，因為他們出動的都是優秀的攀爬者，而這些攀爬者的所在處，通常也是最棘手的地方。

但是我也不必擔心，因為等我抵達現場時，他們在巨大的煙囪上，用油漆漆下了「高登」兩個字後，就主動地爬了下來了。高登指的是當時的首相高登．布朗（Gordon Brown）。我覺得只要再加上「琴酒」兩個字，就可以變成數哩之外都可以看到的英國高登琴酒廣告了。我們的工作是爬上煙囪，確認抗議者之前所在的抗議之處是否人都已經清空，以及現場是否安全。

整個煙囪體由四根獨立的窄管煙囪組成，外面加封一個外殼作為擋風牆。爬上煙囪頂的路徑位於外殼牆體的內面。四根煙囪中有兩根依然很熱，所以在長長的攀爬過程中，煙囪內部的熱度還是非常驚人。更讓人感到不適的現實是由於煙囪內部滿是黑色的煤煙，所以攀爬時必須戴上防塵面罩。

我們靠著煙囪內部的梯子爬了上去，每一百呎都會在牆架上停留一下稍作休息。我揹了一袋水確保水分充足。我們花了一個小時爬上煙囪頂端，然後轉到煙窗外部，站在外部平台上，抗議者就是從那兒展開了他們的油漆漆字旅程。那兒的景觀令人嘆為觀止，但站在風中，我感覺到整座煙囪都在搖晃。

這份工作在當時看來，就像是個乏味的搜尋與安全確保行動，但是這場抗議活動後來在環保運動史上，卻成了一個分水嶺的時刻。六名環保鬥士遭控造成發電廠大約三萬英鎊的損失，二〇〇八年九月這場官司在梅德斯通刑事法院（Maidstone Crown Court）進行審理。六名抗議者承認他們試著關閉電廠，但聲稱他們的行為具法律正當性，因為他們試圖阻止氣候變遷對世界其他各地帶來更大的財產損失。他們請了包括氣候科學家詹姆斯・韓森（James E. Hansen）以及一位來自格陵蘭的伊努伊特領袖在內的專家證人提具證據，確認氣候變遷已經嚴重影響全球的生活。陪審團判定六名抗議者全部無罪，而這起案件也被認為是把防止氣候變遷造成財產損失，當作法庭上「合法藉口」辯護一部分的首起判例。後來的案件中不斷使用這樣的辯護策略。

審判一個月後，抗議者又佔據了金斯諾斯發電廠部分場址，抗議意昂集團（EON）規劃興建兩套新的火力發電設備。在當時，意見與政策的潮流趨勢已在背離火力發電。二〇一〇年意昂宣布退出這個計畫。始終無法透過改造符合目標要求的金斯諾斯火力發電廠，在用完了歐盟環保法規定的分配運作時數後，於二〇一三年關閉。

接下金斯諾斯工作的那一年，我們還接到了通知，趕去另一個敏感的抗議現場。那次在最後一名抗議者被帶離後，餘波影響卻依然持續了很長的時間。

通知的電話來自於倫敦市政府的市長辦公室。一名社運份子在西敏宮對面的國會廣場上設立了一個被稱為倫敦和平營（London Peace Camp）的營區，設立的目的是為了抗議伊拉克戰爭。當年稍早，就有人曾為了反對戰爭而發生過一次大規模遊行，大眾的情緒一直都沒有退燒。

在我們二〇〇七年八月行動的前幾週，國會廣場花園的綠地上，大概設立了三十個帳棚。官方表示大多數帳棚都與任何核准的抗議無關。附近的住戶、上班族與國會議員全都怨聲載道，而著名的廣場也帶來了醜陋的公共衛生隱患，到處可見垃圾與人類排泄物。其中一名抗議者把帳棚設在一個原展示前首相大衛・勞埃德・喬治（David Lloyd George）雕像的空底座上。雕像在那段時間從底座上移開去進行清洗。

當權者當天急著驅離抗議者。

「我要他們晚上六點前驅離，這樣我們才來得及上新聞快報，」我在郡會堂的聯絡人這麼跟我說。「我需要你們盡快提出你們的報價。」

「事情不是這樣處理的。」我向他解釋我們在同意任何事情前，都需要討論行動需求。我趕火車去了倫敦，直奔郡會堂，準備驅離行動的團隊會議正在那兒召開。倫敦警察廳指揮官向市長代表提議，他們會聽取我的建議，晚上十點後在夜色的掩護下執行驅離行動。經過了一些協商以及我堅持我們不準備把驅離行動變成一場媒體的馬戲表演之後，大家簽了合約。

我的團隊那天稍晚完成匯集，在大家換上防護衣、披掛設備與戴上頭盔前，我先向他們進行簡報。我的目標是那個設置在底座上，已經成為象徵焦點的帳棚。行動一展開，我就帶著梯子直奔那座帳棚而去。等我把梯子靠在底座結構上架好後，開始往上爬。我向帳棚內探望。

「抱歉打擾。」我對帳棚內的一位中年女士這麼說。

「走開，」她這麼命令我。「你不准把我拖離這裡。」

「沒有人要把你拖開，」我向她保證。「我只想跟您說說話。要喝咖啡嗎？」

到現在，這一招已經成了教科書中資歷最深的套路了。

「我很想喝杯咖啡，」她這麼說。「好冷。」

我遞過去一杯熱飲，問她我是否可以進入帳棚和她坐在一起，喝點東西，聊聊天。她說她是個母親，在這兒紮營好幾天了。

過了一會兒，我把真相告訴她。

「聽我說，今天結束前。我們必須把您帶下去。我知道您的朋友說了我們很多的壞話，可是我們只是在做我們的工作，就是這麼簡單。市長下令把您帶下去，而且要確保您一切安好。」

外面有人對我大聲辱罵。

「閉嘴，」這位女士朝著外面大吼。「他是個好人。」

我問她住哪兒，她說這個帳棚就是她的家。

「這樣好不好，」我說，「這裡實在不是太舒服，如果您願意下去，我來看看是否可以幫您弄到一個睡袋跟一個軟墊。」

「真的嗎？」她問。

「我來看看我可以做什麼。」

在我承諾提供一個新的睡袋後，她讓我把她綁在擔架上，我們將她抬到了地面。

就在我幫她鬆綁的時候，另一名擺出攻擊態勢的抗議者朝我走過來，劈頭就是一頓辱罵，然後說，「我希望你媽以你為榮。」

那位女士像道閃電般站起來，直接在對方臉上摑了一巴掌。

「離我遠一點。他是好人，」這位女士如此怒斥那名抗議者。

那天晚上，當整個廣場綠地都被清空時，我們在雕像底座的四周設置了帶刺的鐵絲網，避免任何其他的侵入者佔據此地。整個廣場區都被圍了起來，除了進行清理與維護之外，也為了防止其他未經核准的紮營行為。

但是那天晚上並不是國會廣場抗議營區的句點。三個月之後的二〇一〇年七月，和平抗議者又回到這裡建立了「民主村」。他們在法庭上努力爭取待在國會廣場的許可令，但是上訴法庭最終還是駁回了他們的申請，允許執行官與國際專家集團對他們進行驅離

抗議者這次在他們的營區建造了一些結構不穩的木造框架與鷹架，並將自己鎖定在這些東西上，阻礙驅離行動的執行。一如既往，這些營區對健康有極大的危害，紮營的抗議者在此溺尿，在樹叢中排便、丟垃圾與棄置各種廢物。

抗議者在營區中央設置了一個三腳架，而那次驅離行動的關鍵，就在於搶先於任何抗議者成功爬上三腳架，並將他們自己鎖定在那上面之前，先行攻佔那支三腳架。為了這個目標，我們運用了出其不意的概念，把所有的交通工具全藏在其他的小街道上，然後於凌晨一點迅速進場。有位女士成功地把她自己鎖定在鷹架上，但在我和她聊了一會兒天，並請她喝了一杯咖啡後，就小心地把她身上的鎖切開並移除了。

另外一名抗議者爬上了八呎高的木台，不停地大聲發言並展現出攻擊傾向。我豎起梯子爬上去檢查他的身體狀況。突然間他抓住我，朝我的手臂咬下去。幸好我當時戴著克維拉纖維（Kevlar）的袖套。正當我們扭打在一起的時候，整個木台坍塌，我們兩人都跌落在地上，我成了他的肉墊。其他隊員設法把他從我身上拉開後，執行官就把他帶走了。我毫髮無傷。

再一次，現場被淨空，廣場周圍設起了圍欄，阻止任何人返回此處。但是另外一群人持續

在人行道上進行抗議，其中有些人揮舞著橫布條，布條上寫著「被驅離者」。他們威脅要在圍欄拆除後再回來。

然而驅離令與這些胡鬧的把戲，一直都不適用於國會廣場最知名的抗議者布萊恩·豪（Brian Haw）。他在二〇〇一年開始為了抗議英國與美國外交政策而在國會廣場紮營抗議。二〇〇七年當他在國會方圓一英哩內進行未經核准的示威抗議，並被判定非法後，又成功地爭取到繼續抗議的許可。他宣稱國會方圓一英哩內不得進行未經核准的示威抗議的法令，並不適用於他的案例，因為他的示威抗議早在這條法令起草之前就已開始。他的抗議與法律戰爭持續了將近十年，直到二〇一一年，他因為健康狀況不佳才離開了國會廣場。二〇一一年他在德國接受治療時，因肺癌過世。

第十四章

二〇〇六至二〇〇七年間，我參與調查了十年來最大殺人案當中的兩件。兩件案子都需要我和整個團隊把個人情緒放在一旁，對我們被要求參與調查的極度恐怖罪行，保持客觀與專業的疏離。

二〇〇六年一月二十五日，拉瑪特．蘇勒曼尼（Rahmat Sulemani）因女友巴南茲．瑪哈默德（Banaz Mahmod）的失蹤而報警，儘管他與女友上次說話不過是一天以前，但是他確實有擔心的理由。

巴南茲出自一個嚴格遵守傳統的庫德家庭，這家人在一九九五年申請政治庇護，當時巴南茲十歲。她的父母瑪哈默德．巴巴奇爾（Mahmod Babakir）與貝雅（Behya）不同意女兒與自己族群以外的人交往，也禁止孩子們穿著西方服飾。巴南茲的一個姊姊貝克哈爾（Bekhal）因為結交非庫德族朋友，以及梳了西方髮型而遭到毆打與威脅。最後在她在父親威脅要殺了她以及家裡所有其他的女性成員後，逃離了父母位於溫布頓（Wimbledon）的家，出去躲了起來。他們的族群把她父親無法控制自己女兒的事情，看成是一種懦弱的象徵。

巴南茲兩個姊姊的婚姻都是由父母決定——其中一個姊姊十六歲就嫁給了比她大十五歲的

男人——在巴南茲十六、七歲時，她也被迫與一個比他大了很多的男人結婚，踏入了遭受虐待的婚姻關係中。她的丈夫來自伊拉克一個偏遠鄉間，與巴南茲的家族是同鄉關係。巴南茲錄下了她的描述，詳細說明了她如何在許多不同的場合遭到強暴與毆打，也曾向警察通報自己受虐的狀況。當她告訴父母想要離婚時，他們的回覆是離婚會為家庭帶來更多的恥辱，並對更廣大的族群帶來影響。

但是兩年的婚姻後，巴南茲再也無法忍受了，她離開了丈夫，回到了父母位於溫布頓的家。巴南茲的父親與叔叔阿里．阿格哈．瑪哈默德（Ari Agha Mahmod）對此極不贊同，後來當她與並非出身於他們族群的拉瑪特交往時，她父親與叔叔的怒火燒得更旺。

瑪哈默德家族在二〇〇五年十二月召開的會議中，認為巴南茲帶給家族恥辱，同意應該將她處死，也就是大家所知的名譽殺人。巴南茲偷聽到了父叔在電話中討論的執行計畫，於是送了一封信給溫布頓警察局，並在信中提出了五個參與計畫的人名，他們是她的父親、叔叔與三名堂兄弟。

除夕夜裡，巴南茲的父親強迫灌她喝酒後，就試圖要殺了她，她打破家裡的窗子，逃到住家附近的咖啡館中，在那兒報了警。與她碰面的警員並不相信她說的話。

二〇〇六年一月二十二日，三個巴南茲信件中提及的人試圖綁架拉瑪特。他成功逃脫後，與巴南茲一起向警方報案。她原訂兩天後要再到警察局去，但一直沒有出現。當天早上，巴南茲的父母送最小的女兒上學，讓她一個人在客廳睡覺，但是等他們出門後，巴南茲的父親與叔叔找來的三個人——穆罕默德・馬里德・哈馬（Mohamad Marid Hama）、穆罕默德・沙雷・阿里（Mohamad Saleh Ali）與歐馬・哈山（Omar Hussain）——進入屋子，對巴南茲施以超過兩個小時的折磨與性侵後，再用捆繩勒死了她。她的屍體被塞入行李箱後帶走、處理。

巴南茲的父母一開始對她的失蹤說法是她常常在外面過夜，但是當拉瑪特依然堅持巴南茲失蹤時，警方對她的父母與阿里進行了訊問，並搜索了他們的住處。這時不一致的說法開始出現，調查行動也由倫敦警察廳的兇殺及重案調查部（Homicide and Serious Crime Command）接手。案子的負責人是總督察長卡洛琳・古德（Caroline Goode），她在嫌犯遭到逮捕，其中哈馬（拉瑪特指認他是當初試圖綁架自己的其中一人）已正式遭到起訴、還押候審後與我聯絡。哈馬在遭到拘留期間，電話被祕密錄音，他在電話中大吹大擂地談論這起殺人案與棄屍過程。卡洛琳希望我們針對幾個警方的懷疑地點，以及那些涉案者的房子進行搜尋，重點在於找到巴南茲的屍體。

嫌犯以庫德方言交談，其中一份文字紀錄資料顯示，當這些男人在討論棄屍的時候，曾提到水這個字。警方提供了我們一張需要搜尋的可疑地點清單，包括了巴南茲叔叔曾經翻修的一位禮儀公司經理的家、其中一名嫌犯的花園，以及好幾條排水溝與水道。

我用透地雷達掃描大範圍區域、檢查了警方指示我們搜尋的禮儀公司經理那裡的庫存棺材，也帶著攝影機排查了所有相關房舍的排水溝、查驗了埋在地下的管線。這些地方都是很好的藏屍空間。

我們在這個案子上花了一個禮拜，但是整個搜尋行動卻湧動著一股令人不安的暗流，我有一種說不清道不明的整體感覺，覺得我們很不受當地人的歡迎。曾經有一次在搜尋某人住家附近的河流時，當我們正在河岸上組織行動計畫，附近居民都跑出來，站在橋上俯瞰著我們的搜尋，然後開始對我們叫罵。

當時我很清楚這件案子的來龍去脈，我們也知道警方與一直都在擺架子、盡可能不配合的巴南茲家族之間的緊張關係，所以並沒有期待他們會為我們舉行一場歡迎宴會。大家盡可能漠視那些叫罵的聲浪。我們在附近的水裡找到了一把切肉刀，封袋後送去檢驗，結果確認與案件無關。

大規模的陸上與水下搜尋並沒有尋獲任何線索。

當我們繼續搜尋的當兒，負責這起案件的警探也正在全力推進調查。某個週六的晚上，卡洛琳來電告知他們的偵訊導向了位於伯明翰漢斯沃斯（Handsworth）的一座花園，警方在那兒發現了一塊地區，有新近才被翻動過的跡象。她問我是否可以緊急帶著透地雷達設備去那兒。然而正因為土地被翻動的跡象明顯，我的服務並不會增加任何價值，警方已確定那裡就是棄屍地點了。所以我告訴卡洛琳她這時並不需要我。

「你需要法醫考古學家。」我這麼對她說。法醫考古學家利用人類學的技術，能從墓地裡找出證據與人體殘骸，我曾與他們有過多年的共事經驗。

沒多久，依然塞在行李箱裡的巴南茲屍體，在花園裡被尋獲。後續的審判中，哈馬辯稱他並未參與這起殺人案，只有幫忙處理屍體。但陪審團聽到了一卷錄音帶中令人難過的細節說明，這是探監期間，警方祕密錄下哈馬對一名未透露姓名的訪客所說的話：「她的靈魂就是不願意離開身體。我們花了半個小時。我一直踢、一直踩她的脖子，才把她的靈魂弄出來。」他描述他如何在另一個人準備勒殺她的捆繩時，用一隻腳站在巴南茲的背上，如何「飛快地讓她閉嘴」，以及她如何在整個受虐過程中嘔吐。這就是一場真正邪惡的罪行。

當局又花了好幾年，才終於讓所有涉案的凶手接受司法制裁，因為在殺人案後，穆罕默德．沙雷．阿里與歐馬．哈山就逃到了伊拉克的庫德斯坦區（Kurdistan）。二〇〇七年六月，陪審團一致裁定巴南茲的父親與叔叔殺人罪行成立，被判處終身監禁，最短的刑期分別為二十年與二十三年。穆罕默德．馬里德．哈馬在審判開始後不久就承認殺人，遭判終身監禁，最短刑期十七年。

二〇〇七年十月，阿里在伊拉克因為一起肇逃意外，造成一名青少年男孩死亡而遭到逮捕。他在二〇〇九年六月被引渡回英國，成為伊拉克引渡到英國的第一名犯人。歐馬．哈山一直躲在偏遠的地區，但二〇〇九年十二月他在與其中一位兄弟的爭吵中，被射傷了腿，然後在送醫治療期間遭到逮捕，二〇一〇年三月被引渡回英國。

二〇一〇年十一月，穆罕默德．沙雷．阿里與歐馬．哈山殺人罪成立，獲判終身監禁，最短刑期分別為二十二年與二十一年。二〇一三年十二月達納．阿敏（Dana Amin）協助處理巴南茲屍體罪行成立，被判處八年有期徒刑。阿敏對他的定罪與判刑提出異議，但異議申請在二〇一四年九月遭法院駁回。

這起案件後，總督察長卡洛琳．古德因為傑出的領導調查表現而獲頒女王公安勳章（Queen's Police Medal）。卡洛琳是位非常傑出的警探，我極為敬重。巴南茲．瑪哈默德案一年後，我又一頭栽進了另一起大規模的鑑識搜索行動中，最後這場搜索行動讓彼得．托賓（Peter Tobin）這個英國最惡名昭彰的連環殺人犯之一落網定罪，他於二〇二二年十月死亡。

這個調查行動從蘇格蘭的格拉斯哥（Glasgow）開始。去蘇格蘭度假的波蘭學生安潔莉卡．克魯克（Angelika Kluk），一直都住在格拉斯哥當地的一座教堂中，她以清潔教堂交換免費的住宿。她在二〇〇六年九月失蹤。斯特拉斯克萊德（Strathclyde）警察局宣布她為失蹤人口。安潔莉卡在格拉斯哥工作的姊姊公開呼籲大眾提供她妹妹下落的資訊。安潔莉卡所有的東西，包括錢、筆電、回家的機票與護照全都留在她的房間內，她的手機也失蹤了，但手機被關機。

警方發現安潔莉卡失蹤的那天，曾幫一位教堂的雜工派特·麥克拉夫林（Pat McLaughlin）粉刷一個車庫。麥克拉夫林是個化名，這個人真正的姓名為彼得·托賓，是個結過三次婚的連環施虐者、騙子與變態精神病患。他在一九九一年搬到西洛錫安郡（West Lothian）巴斯蓋特（Bathgate），一九九一年五月搬到肯特郡的馬爾蓋特（Margate），到了一九九三年，他又搬到漢普郡的哈芬特（Havant），那年八月他在哈芬特持刀攻擊並強暴了兩名十四歲少女，並刺傷了其中一人，事後打開屋子裡的瓦斯開關後逃逸，讓兩個女孩在屋子裡等死。兩個女孩後來都從那場災難中活了下來。

托賓開始逃匿，但還是遭到了逮捕，因犯下的罪行而被判刑下獄。托賓二〇〇四年出獄後，搬到了蘇格蘭的佩斯利（Paisley）居住。一年後他遭控攻擊另外一名女性後消失。再次出現時，他使用了化名麥克拉夫林，並在教堂找到了工作。警方一開始偵訊他有關克魯克案時，並不知道他真正的身份或過去。之後他又消失了。當警方徹底搜索教堂的時，發現了安潔莉卡的屍體被裹在油布中，埋在地板之下。她的雙手遭到捆綁，身上與頭部遭到連續戳刺。警方因此啟動追捕行動，幾天後托賓在倫敦一家醫院內被捕，身上穿的T恤還有把他與殺人案連在一起的DNA。

托賓在二〇〇七年三月接受審判，強暴與殺害安潔莉卡的罪名成立，判刑至少二十一年。法官說他沒有人性。

托賓遭到逮捕後，警方開始努力尋找他與其他可能罪行的關連，拼湊這個人的行動，結果意識到他們可能抓到了一名連環殺手。這起調查案的代號為《變位行動》（Operation Anagram）。

二〇〇六年，洛錫安與邊境地區（Lothian and Borders）警察局重啟一件懸案，調查一個名叫維琪．漢彌頓（Vicky Hamilton）的女學生失蹤案，並為這件調查案取名為《桃花心木行動》（Operation Mahogany）。當警方發現維琪失蹤時，托賓也住在巴斯蓋特，兩件調查案就整合為一起調查案了。警方搜尋顧問馬克．哈里森這時與我聯絡，要我搜尋與凶手相關的各個地點。我們要尋找的是屍體與證物。

維琪一九九一年二月最後一次出現時，年僅十五歲，當時她在福爾柯克（Falkirk）附近等公車。之後就再也沒有人看過她了。托賓在維琪失蹤幾週後，離開了巴斯蓋特，搬到了馬爾蓋特。警方已經找到了一些DNA證據，可以把一個曾經屬於維琪的錢包，與托賓的兒子串在一起。那個時候，我們對托賓的瞭解並不多，我們聽取的簡報與指示是進入托賓曾居住的房子後，搜尋房子與花園，目的是希望能找到一些證物，證明維琪．漢彌頓曾在這裡出現，或者依然在這裡。

二〇〇七年六月，我們到了蘇格蘭，進了托賓之前住過的一棟房子，這棟豪不起眼的半獨立屋舍，位於羅賓遜路（Robertson Avenue）上。我們被指派的任務就是針對這棟屋子、花園與屋子的附屬建築，規劃與執行一次完整的鑑識搜尋行動。對我們來說，這是個工程浩大的任務。我之前聽過這個案子的相關簡報，當解釋案情的資深警官說明調查過程如何揭露案情時，我的血都涼透了。所有的證據都顯示我們面對的是一個連環殺人兇手。我很快地把自己的情緒與憎惡感放在一邊。我需要一顆清明的頭腦。我腦子裡就像有個開關，可以把我轉到了專業工作模式。我到這裡的目的是完成工作，因此我會盡可能徹底地搜尋。

警方封鎖了道路，路障處也配置了警察。我們把車子停好，車子上裝了一堆已完成消毒並用袋子個別套裝的工作設備——鏟子、鐵鍬、鑽頭、鐵鎬等。這棟房子就是間普通的家庭住宅，整齊而清潔。托賓已多年沒有在此居住，現在這棟房子屬於另外一家人所有。那天早上屋主先行離開。我們穿上了整套的鑑識服，著手開始對這棟房子、閣樓與花園的每一吋土地進行徹底而仔細的搜尋。整個搜尋區域被劃分為一格格的小區域，這樣我們才知道該搜尋哪裡，以及記錄下所有送去進一步檢驗的物品或物質。現場還有提供法醫考古學家檢驗的土壤箱，他們這次也與我們一起協助調查。

在工作的時候，一位鄰居告訴我們他還記得托賓曾在花園裡挖了一個很大的洞。那時這位鄰居還問托賓是不是要直接挖個洞通到澳洲。托賓回答他正在挖一個沙坑。後來的某一天，這位鄰居注意到那個洞被填平了，又問托賓他的沙坑怎麼了。托賓說社會服務機構要他把洞填起來。

原來那個大洞的位置上，現在是座假山，這個安排立即引起了我的注意，覺得可能是個目標地點，因為假山並非常見的裝飾。

那次現場有兩位法醫考古學家，負責人是珍妮佛．米樂博士（Dr Jennifer Miller）。他們開始拆除假山。警方在假山清除後，將尋找人類殘骸的狗，也就是一般稱的尋屍犬帶進現場。這類的狗兒都經過特殊訓練，可以辨識並找出腐化屍體氣味出處。目標地區被開了些細細的小洞通風後，狗兒上場，開始牠的嗅探任務。幾秒內，小傢伙就鎖定了其中一個小洞，鼻子貼著地，尾巴使勁地搖。

半個小時後，第二隻狗上場嗅探一些新開的小洞，這隻狗也表明了地下出現氣味，不論是現在還是曾經有過的味道。我用雷達掃過兩隻狗兒指出的地區，數據顯示確實有一大塊區域曾經經過翻動，而且深度超過兩呎，確認這就是托賓曾經挖的那個洞，也是他告訴鄰居是個沙坑的那個洞。

考古學家動手開挖。他們找到了原來那個洞的輪廓，然後熟練地循著多年前在土壤中挖掘的原始切點向下挖，一邊挖一邊把挖出來的土放在消過毒的土壤箱中進行鑑識。最後大家挖出來的洞，與托賓當年挖出來的洞完全一樣。

挖掘工作完成了，卻沒有維琪．漢彌頓的蹤跡，不過所有的證據都指出托賓在一九九一年殺害了她之後，曾讓她的屍體在此停留了好幾個月，直到他離開這個地方，才把她的屍體移至他處。

我們繼續用透地雷達掃描花園，發現了更多經過翻動的地方，調查後得知是新管線埋設的地區。不過我另外發現了廚房地板下有塊空間，可惜事後證明只是一塊下沉的地方。工作進行的時候，一切都很安靜——與我們執行抗議者驅離的工作不同，這裡沒有收音機，也沒有互相打趣開玩笑的聲音。我專心盯著雷達螢幕，一點都不希望出現令我分心的東西。其他隊員也都穿著他們白色的鑑識服，全神貫注地執行著分配到的工作。現場氣氛認真而嚴肅。

完成了花園掃描後，我轉進屋，開始搜尋廚房的工作，這時我的兩名隊員艾登與羅賓則是在已經移除了所有絕緣材料的閣樓上，以指觸的方式進行搜尋。他們兩人在那兒找到了好幾樣屬於托賓的舊物，這些東西在這個閣樓裡已經待了十六年，其中一項物品至關重要。

我聽到樓上傳來一聲大叫後，立即往上跑。在空蕩蕩的閣樓角落，艾登與羅賓找到了一把刀。這把刀若非不慎掉落，就是被刻意放置在緊鄰承重牆邊角的托樑間一個約六公分寬、二十公分深的縫隙中。三個人小心地把這把刀放入鑑識管中，送去進行檢驗。

我們在這個現場工作了一個星期，搜尋了屋子周圍的排水溝、把錄影機伸進煙囪中，也仔細地搜尋了這座屋產的每一吋地方。在這段時間，那把刀的檢驗結果出爐，上面殘存著維琪的

DNA。

這是把托賓與維琪失蹤乃至遭到殺害案直接串連起來的主要證物。我們之所以能在這件案子中扮演如此關鍵的角色，要歸功於整個團隊的辛苦工作與勤奮不懈。

離家的這段時間，我們一直都是以團隊的型態行動，最後一個晚上，大夥兒放任自己在飯店酒吧喝幾瓶啤酒。這並不是什麼值得慶賀的場合，如果是慶賀，那就太不得體了，但這是一個我們肯定自己傑出工作表現的機會。在所有我們參與的犯罪案件中，我們很清楚總是會有受害人、總是會有性命就這樣被摧毀。我們在這件案子裡的工作，不是把受害人帶回來，而是協助有關當局，確保托賓會因殺人罪而被定罪判刑，這是我們可以期待的最好結果。

後來我們再次被徵召去搜尋托賓另一處之前落腳的地址，這次是在接近樸茨茅斯（Portsmouth）的南海城（Southsea），我們在那兒切開了地板，進行地下搜尋，還在地窖使用透地雷達。這時我們已經知道托賓是個非常狡猾的人了。他喜歡把東西埋起來，這是他的一貫手法。我們在南海城忙得不可開交之時，托賓另外一處在肯特馬爾蓋特的前住處，也正由警方與經驗非常豐富的法醫考古學家露西．希本（Lucy Sibun）搜尋中。同樣的故事又出現，鄰居們說他們曾看到托賓在花園裡挖了一個大洞，但後來又把洞填了起來，說社會服務機構要他這麼做。對我來說，這些屍體顯然會在托賓以前住過的其中一棟房子裡。一切證據都顯示他是個喜歡把受害人放在身邊的殺人凶手。但這個習性會在他每次搬家的時候給他帶來問題，因為他必須把這些屍體全部挖出來帶走。

維琪．漢彌頓的屍體在馬爾蓋特那兒的屋子裡被找到，同時被曝光的屍體還有另外一名失蹤的女孩迪娜．麥克尼可（Dinah McNicol）。維琪被包在塑膠布中，指甲上還殘留著指甲油。

一九九一年，迪娜與一位男性友人在參加了漢普郡的一場節慶後失蹤，當年十八歲。兩人搭便車回家，不幸上了托賓的車。托賓讓迪娜的朋友在M25高速公路的八號交流道下車後，就殺了迪娜。

托賓在二〇〇八年十二月因殺害維琪而被定罪，一年後又以殺害迪娜被定罪。

托賓還與其他十四件尚未偵破的殺人案有關，警方懷疑他犯下的罪行不止這些。除此之外，也有人懷疑他就是一九六八至六九年間，在格拉斯哥殺害了三名年輕女子，但身份始終不明的殺人犯聖經約翰（Bible John）。

我一點都不懷疑彼得．托賓在不為人知的地方，埋了更多他所殺害的受害人。他是個危險的掠食者，為太多人帶來了悲慘的結果。我和我的團隊在將他繩之以法的過程中，扮演了這樣重要的一個角色，只要想起來，就會覺得驕傲。

第十五章

截至當時為止，托賓的案子或許遠比我所參與的其他所有調查案件，更加鞏固了我是個瞭解犯罪現場搜尋，並且可以交出成績的聲譽。

我們的團隊成員全都有所成長與發展，可以說是全英國最有經驗的私人專業鑑識搜索組織，而且備受各級政府機關的尊重與重視。我不是一個會自鳴得意的人，所以保持低調，遠離媒體閃光燈，但是儘管如此，我還是要承認自己打造出這樣一個團隊，是一項相當了不起的成就。以前大家都稱我們黑衣人我，但是到了二十一世紀的最初十年間，我們就成了白衣人，穿著鑑識服，在犯罪現場與全國一些最資深的警探並肩工作。

我喜歡這樣的工作。我進入這一行不是為了個人榮耀，也不是為了出名。我賴以謀生的工作，從很多角度來看，都是個令人沮喪的工作，有些部分甚至令人厭惡。然而自知有能力可以為受害家庭帶來解脫、為受害者追求正義，讓我可以告訴自己，所有的犧牲與惡夢都是值得的。

當然，國際專家集團還有另外一面：救援、抗議驅離，以及企業委託的工作，而這些，不騙人地說，提供了遠遠超過我之前曾經想像過的舒適生活。工作接踵而至，而且隨著時間流逝，我們愈來愈忙，生活成了奔馳於抗議者營區、潛水地點與犯罪現場之間令人發狂的雲霄飛車，而我始終沉浸其中。

有一次我連著數週離家工作。我很想念我的女兒，但是離家卻常常是件憂喜參半的事情，因為在家裡，我的婚姻狀況並不是太理想，曼蒂和我漸行漸遠。

我無法控制家庭生活，卻能控制自己的工作，只好一頭栽進工作中，讓工作把我消耗殆盡，直到自己弄清楚究竟在追求什麼，而這個問題成了我唯一在乎的事情。

再說，我對我的團隊也有責任。我有人要養、有薪水要發。我無法拒絕上門的工作，遑論我就是喜歡做這些事。

因此當很久以前在紐伯利外環道路抗議事件認識的馬爾文·愛德華斯打電話給我，讓我聯絡某個在愛爾蘭沿海小鎮碰到大問題，需要一個長期解決方案的人時（結果這個工作持續了九個星期），我怎麼可能推辭？

那個小鎮碰到的問題是抗議者與殼牌石油、挪威國家石油探勘公司（Statoil Exploration Ltd）與朱砂能源公司（Vermilion Energy）合資公司之間的衝突。這三家能源公司成立了一項名為科里布天然氣計畫（Corrib gas project）的合資專案，專案內容包括在愛爾蘭西北海岸開採天然氣、建造一條輸氣管，把天然氣送到梅奧郡（County Mayo）的格倫加德（Glengad），以及興建一座天然氣處理廠。在這個時候，全球都已認知到相較於石油與煤炭，天然氣是一種較好的化石燃料，因為天然氣的排放物較少。儘管依舊不是完美的燃料，但根據大家的理解，在開發更具永續性的基礎建設同時，天然氣是過渡時期用來製造能源的較好選擇。

各類社運份子在一個名為貝殼到大海（Shell to Sea）的傘狀組織召集下，聚集於此，並設立了一個抗議者營區。這場戰役已持續了好幾年，大家的情緒高漲。二〇〇五年，有五名抗議者因為與抗議活動相關的罪名鋃鐺入獄。我在殼牌汽油認識的人向我解釋，他們公司雇用了一艘巨大的佈管船《獨寶號》（Solitaire），但是社運份子想從海上攔截工程的進行。

「我們現在可以說是處在沒有退路的絕境。」他說。「《獨寶號》一天就要花我們一百萬英鎊。那是全世界最大的佈管船。」

我們的行動與費用儘管完全無法與佈管船的程度相提並論，卻也所費不貲，而且最後這個任務成為國際專家集團接下的最大規模工作之一。我們為了這個案子出動了十六個人到愛爾蘭，外加兩艘船。有些工作適合用船進行，我們需要更大的船（改述《大白鯊》〔Jaws〕名句）[18]。

為了這次的工作，我買了一艘之前用做漁業巡邏的船《復仇女神號》（Nemesis），克里斯和我重新改裝了這艘船並塗上新漆，確保符合相關法規。我還額外需要兩台配置絞盤的荒原路華車，用來托運剛性充氣船，以及放船下水。

我召集了團隊，訂了住宿處後，大家就出發前往愛爾蘭。這是一次準軍事態勢的行動。我先去了一個更遠的海岸小鎮基利貝格斯（Killybegs），我們在那兒駐紮了一個禮拜，除了適應新環境外，也收集一些情報，以及與停泊在海岸邊的《獨寶號》船員碰面。

接觸抗議者前，我們先對抗議者營區做了一些偵察工作，瞭解他們的運作方式。營區就駐紮在海岸線旁，約有五十名社運人士。任何群體中，有些人總是會比其他人更積極，更「狂熱」。我們找出了這些更積極的抗議者，也釐清了他們當中的領頭人，然後連著觀察了好幾天。每天早上——取決於天候——他們都會爬上小艇，划著槳進入大船與駁船工作，以及為埋管進行切挖溝槽作業的海域。然後這些抗議人士會努力帶來最大的干擾，阻撓工程的進行。有時候他們還會跳上船上的起重機吊斗中。這種行為簡直就是不顧生命安全也要凸顯他們的堅持，然而阻止挖掘工作的結果，也符合抗議者的期待。

一切進展都取決於海上狀況。駁船與挖泥船只能在浪高低於一米的海面上作業，所以天候不佳時，所有工作都必須停止。從財務的角度來看，海上狀況好的時候，持續進行工程是極為重要的事情。但海面平靜的日子，抗議者也可以出海，然後跳入海中，游到海上起重機之下。

18 譯註：「你需要更大的船」。（"You're gonna need a bigger boat."）為電影《大白鯊》中的經典名句，是警察局局長布洛迪（Chief Brody）在看到鯊魚出現後，向獵鯊人昆特（Quint）說的話。除了陳述鯊魚很大，他們的船相對很小的事實外，也表達了當下對手遠比自己強大的危急處境。現在有人用這句話來表示當事人對於要面對的問題沒有評估好自己的條件，頗有些自不量力之意。

不論哪一天，潮汐表與天候預測都成為我們是否參與行動的重要指標。

最後「歡樂時光」真的啟動了。我們在早上九、十點間，看到社運份子穿上潛水衣、配戴好漂浮裝置，開始往海中出發時，我們也同步出發。接下來就是一場貓捉老鼠的遊戲，在這場遊戲中，以小型船隊型態出發的抗議者，盡可能加快他們的划槳速度趕至工作區域後，就像小旅鼠般一個接一個地從船上往海裡跳。我們謹慎地把船開到抗議者身邊，把他們撈上來。有些抗議者只是像人形障礙物那樣飄浮在海面上，當我們把他們拉上船時，他們都很配合，但有些人則非常積極，而且變得具攻擊性。愛爾蘭共和國的國家警察部隊（the Garda）也和我們一起行動，並逮捕了好幾個人。整個場景往往就是一團混亂。

有一天，一名攻擊性特別強的抗議者成功抓住了一名警員，並把他拖下了海，還刻意將警員的頭往海裡壓。我和我們團隊的一位潛水人員瑞克看到這個情況後，立即在水中跳到這名攻擊者身上，他這才放開那名警員，開始向我們揮拳。我們設法制伏了對方，協助警員把他送到警方的船上，結果那傢伙上了警察的船後依然在拳打腳踢，最後被上了手銬，遭到逮捕。那名抗議者投訴愛爾蘭共和國警察暴力執法，我們協助提供了目擊證人的證詞，駁斥他的說法。

這樣的行動模式持續了好幾週。晴朗日子裡，我們就出海努力把抗議者擋在船隻正在工作的範圍以外。工作相當辛苦。雖然工程有所進展，但是除非命運之神插手干預，不然看起來，這個任務會是場長期的投入。

《獨寶號》甲板後方有一具名為刺針（stinger）的類似起重機的大型機具，用來將管線下放至已在海床上挖好的溝槽內。某天《獨寶號》在施工時，一場暴風雨來襲，儘管刺針在暴風雨期間被置於底部，但船向後移，造成刺針突然斷裂。第二天早上聽到這起意外後，我趕到專案辦公室瞭解情況，有位氣急敗壞的官員告知整個行動終止，船需要維修，得等到第二年才可能回來繼續執行工程。最後，在天氣也幫了一點小忙的情況下，抗議者達成了他們的目的。

然而就像我所參與過的許多抗議活動一樣，勝利都是短暫的，天然氣在二〇一五年開始供應。只不過抗議的活動目標愈來愈微妙，他們很清楚無法阻止抗議計畫的進行，不論是道路、跑道，還是天然管線。他們抗議的重點在於吸引群眾注意他們的原則目標，提升大眾的意識，以及干擾計畫的進行。就這一點來說，這些抗議者在愛爾蘭的活動很成功，因為他們造成了合資計畫進度的嚴重延宕，讓合資公司多花了數百甚至上千萬英鎊的費用。

抗議者的目的一直在變，活動的規模各異，但是抗議者採用的方式卻大體相同：佔據某個地方、引起媒體的注意，然後一意孤行，直到法律程序提出驅離命令，再由警方、執行官或國際專家集團抵達現場，把這些抗議者送離他們佔據的現場。

在二〇一〇年代末期，我們雖然在很大程度上遠離了黑衣人的形象，卻又參與了另外一個類似突襲入侵行動的水上任務。

二〇〇九年，一群霸住者佔據了泰晤士河靠近金斯頓的一個名為渡鴉（Raven's Ait Island）

的小島。小島的原使用者——一家婚宴場地公司——破產後，這群人打著社區行動主義的模糊旗幟，搬到了島上，辯稱渡鴉島是公共土地，本來就是要給大眾使用，還說他們要為社區回收這塊土地，建立一個自給自足、友善環境的社區中心，並成立環保團體。地方議會不同意他們的核心主張，告上法庭，要求驅離這群人。

驅離通知發出後，我們接到通知要安全護送這群人離開渡鴉島。由於我的團隊中有許多人都出自軍中，曾是海軍或傘兵，所以大家都迫不及待地想要執行這次凌晨的奇襲行動。我們潛入的那個晚上，似乎為了增加戲劇效果，湖面上竟然霧氣圍繞。

我們有島上建築物的平面圖，也有營區的照片，還從河的兩岸觀察過島上狀況，所以很熟悉小島上的相關佈局。除此之外，我們還接到情報指出，行動計畫展開的那天晚上，霸住者應該正在抽大麻，反應會變得遲鈍。

我們搭乘兩艘都是四行程靜音馬達的船，在泰晤士河向上游航行了約一哩左右後，穩定駛進距離小島僅一、兩百呎的範圍內，然後關掉引擎。大家在濃霧中划著船朝小島而去。穿過霧氣，我可以看到靠近後島的一塊空地上，霸住者生了一堆火，全圍坐在營火旁。有一個人正在用吉他彈著齊柏林飛船樂團的《天堂之梯》（Stairway to Heaven），這對我們倒是很有利的狀況，吉他聲能夠遮掩我們可能發出的所有聲音。

大家坐著船漂到可以上岸的階梯旁，低著身子，悄悄上島，然後盡可能接近島上的人。當吉他演奏結束時，我踏步向前走出了濃霧。

「晚安，各位。」我這麼說。

他們當中好幾個人發出驚慌的尖叫，卻不知道該怎麼辦。

「你們知道我們為什麼會出現在這裡，」我向他們解釋。「遊戲結束了，該收拾收拾離開這裡了。」

少數幾個人開始爭辯，但他們很快就冷靜了下來，有一個人決定試著做出最後的抵抗。他衝向一個之前留下的婚禮宴會布置大帳棚，跳到帳棚上，跨坐在棚頂，要我們去抓他。

「先讓他在那兒待一分鐘。我們等下再去處理他。」我對大夥兒這麼說，當下把焦點放在其他霸住者身上，確保他們全都一起離開這座島。

等我們把注意力重新放在那名大帳棚上的人時，我發現帳棚是由一截截接起來的柱子支撐。

我大笑。

「我們不需要爬上棚子，」我說。「只需要把底下的柱子拿掉就好了。」

我們真的就這麼做了。我們一個人負責一根柱子，從最底下的柱段開始移除，直到整個棚頂落到地上，那名霸住者別無選擇，只能站起來，窘迫地走開。這個現場很容易就被清理完畢。抗議者拿起他們的東西後，由我們護送離島。渡鴉島獲得解放，佔領者被驅逐了！

休假變得愈來愈難，但是我只要休假，就會利用這段停機時間思考，如何提升國際專家集團提供的服務。我在二〇〇九年休假時，看到直升機在頭上飛，猛然想到如果我有飛行駕照，又有直升機可以開，事情會變得多麼方便啊。花在坐汽車、廂型車來往於全國各地不同工作地點的時間，必然能夠大幅降低。

我知道直升機很難操控，但我喜歡挑戰，所以我在當時居住的瑞蓋特鎮附近尋找直升機飛行學校，最後找到了總部在薩里郡紅山小型飛機場的倫敦直升機公司（London Helicopters）。

那天晚上，我想得愈多、里奧哈（Rioja）紅酒喝得愈多，我就愈能意識到國際專家集團擁有自己的直升機，會是件多麼酷的事情。我可以更快地趕到工作地點，還可以對犯罪現場進行空拍。

第二天早上我致電直升機飛行學校，訂了一堂體驗課程以及十小時的飛行訓練。結束假期回到職場幾天後，我開車到小機場，與我的教練羅伯·戈爾斯坦格（Rob Garstang）碰面。看起來很嚴厲的他請我到講課室去。

「你今天為什麼會來上體驗課程？」他問我。

「我想要拿到飛行員執照，買一架我自己的直升機。」我這麼回答。

「你跟其他人一樣。」他嗤之以鼻地這麼說。

我們走到室外，朝著停機坪上兩架小型R22兩人座直升機而去。R22是典型的飛行學校直升機，由法蘭克．羅賓遜（Frank Robinson）發明。羅賓遜在自家車庫裡建造出了他的第一架直升機。早期製造的R22曾有過許多墜毀意外，主要是飛行員的失誤，但R22今天已成為全球銷售量最大的直升機。

羅伯指著直升機上的不同部分，給我上了一堂安全簡介。

「好了，我們走吧。」簡介後他對我這麼說。

進入駕駛艙後，我看著所有的開關、按鈕與儀器，才領悟到這件事需要相當程度的投入。羅伯呼叫塔台，然後撂下了一連串的飛行員術語，啟動引擎、全速前進。我隔著面前的球體玻璃往外看，感覺自己就像坐在一個魚缸裡。當我們離開地面後，景觀好極了。

我們爬升到兩千呎時，羅伯自信滿滿地說，「我要向你展示直升機引擎故障時該怎麼處理，這個叫做自動旋轉。」

我是來飛直升機，不是找死的，我心裡這麼想，但沒有時間抗議，因為羅伯眨眼間就關掉了節流閥，以每分鐘一千五百呎的速度朝地面砸。我們就像是一大塊金屬梧桐木的種子，以好幾節的速度往下栽。一個失誤就是兩條命。當直升機來到了一個空曠的地區時，羅伯技術高超地讓直升機盤旋了一會兒後，又重新起飛。我們試了幾次急轉彎，他向我解釋各個儀器，以及萬一降低集體變距桿的速度不夠快，螺旋槳片就會出現延滯，導致墜機的情況。感覺上他一直在試著讓我打退堂鼓，我不禁懷疑我究竟是給自己找了什麼樣的麻煩。

準備落地時，他又展示了一次引擎故障的模擬，我們再度朝著地面猛衝後，盤旋了一陣子才落地。

在簡報室裡，他問我是否還想要當一名直升機飛行員。我說是，然後告訴他我已預定了十個小時的課程，第二天準備再跟他一起飛。

想要取得直升機飛行員執照，我需要通過九項考試、至少累積四十五個小時的飛行時數、接受嚴格的飛行員身體檢查，以及考過最後一次飛行考試。在我上課的這個區域，整個考照流程的花費是兩萬英鎊。

隨著我在直升機裡時間的累積，我開始瞭解羅伯冷面笑匠式的幽默，我們的相處也漸入佳境。他建議我讀一本關於直升機各種死亡墜機的書，書名是《直升機飛行員的死亡陷阱》（Fatal Traps for Helicopter Pilots），這樣可以讓自己熟悉一些常見與不太常見的人為錯誤。

很快就到了我的考試時候，隨著飛行時數的累計，我通過了所有的考試。每一個里程碑都讓我更加自信。完成第一次單人飛行時，我樂翻了，那是一趟繞著機場飛的行程，然後我拿到了我的單人飛行證書。我像個興奮的學生一樣在父母面前顯擺我的證書。兩老也是讚聲不斷，但是當我回家告訴曼蒂這件事時，她卻顯得興趣缺缺。

拿到證書這件事進一步激勵了我，於是第二天我又單獨去繞圈飛了五次。接下來的幾天，我完成了十個小時的繞圈飛行，也邁入了下一輪的挑戰，亦即飛離我練習的機場，進行十小時的越野飛行。在有資格完成這項挑戰之前，我必須先向教練展示我有足夠的自信透過無線電溝通、安全地操控直升機、在引擎故障時有能力安全落地、在沒有衛星導航的情況下飛行，以及飛入管制空域。我飛至吉爾福德（Guildford）再返回的第一次越野飛行順利完成，於是在接下來的幾週內，我也完成了這個階段的訓練。

下一個階段是「落地他處」（land away）的越野飛行，我必須飛至另外兩座機場，並在兩座機場落地。分配給我的兩座機場分別是肯特郡的羅徹斯特（Rochester）與利德（Lydd）。我規劃好飛行路線、釐清了風向與風速，在地圖上做了標記，也查看了天氣預報與飛航公告（Notices to Air Missions），確認紅箭飛行表演隊（Red Arrows）不會在途中向我逼近。

我以零失誤的成績完成了這次的飛行，停靠在羅徹斯特時，還喝了一杯茶、吃了一塊蛋糕，與相關人士討論了一下肯特空域擁擠的問題。對我來說，這趟飛行是個項很大的成就，而在接下來的幾個禮拜，我不斷為了最後的飛行測驗進行複習。

考試前一天晚上，我早早入寢，一夜好睡。第二天早上吃完早餐後，開車到紅山飛機場（Redhill Aerodrome）與考官威爾碰面。他是一位備受敬重的飛行員，擁有數千小時的飛行經驗。在教室裡，他問我有關飛行的各種問題，並要求我說明為考試準備路線以及規劃所有的相關事宜。到了教室外，他陪我繞著直升機走了一圈，問我各個部分的作用，看著我執行飛前檢查。

這場考試用了兩個小時，包括越野飛行以及一連串引擎失效的模擬。在越野飛行階段，考官測驗我使用一種極高頻全向導航系統，這是衛星導航出現之前，飛行員沿著地面無線電信標飛行所仰賴的導航系統。回到機場，我還要接受緊急事故演習與降落嘗試失敗的考核。這是非常緊張的一百二十分鐘，在考試期間我必須隨時抱持最佳的專注力、冷靜的頭腦來對應考官丟出來的下一個挑戰。

由於我實在太過專注，感覺上時間似乎一閃而過。當威爾問我是否要把直升機飛回機棚降落時，我驚訝地發現考試竟然結束了。我關掉了引擎，威爾伸出手對我說，「恭喜，彼得，你有自己的翅膀了。」

我花了很大力氣壓抑自己的情緒。我太高興了。對我而言，這是一項巨大的成就，也代表一種新層次的自由。我的父母為了表示支持，陪著我來考場；在我考試時，他們耐心地等著。兩位老人家迫不及待地想要知道結果，而在我眉開眼笑地走向他們時，他們也高興壞了。

回家後，我告訴曼蒂考試結果。

「做得好。」她說。

很快我就為國際專家集團買了一架直升機。我擁有了屬於我自己版本的崔西島，有船、有車、有四輪驅動車，還有一個指揮中心與機車。

我們慢慢以使用尖端科技聞名業界。從早期購入側掃聲納引進英國，並開始使用於水下搜尋開始，我一直密切關注著科技的發展，而且總是在尋找下一個大傢伙。各種設備的發展百花齊放，特別是機器人與無人機領域，有些甚至美好得不像是真實產物。有天我接到一通電話，對方告訴我他發明了一種可以看穿牆壁的裝置。我抱持著懷疑的心態，請他到辦公室來進行示範。就算最後證明烏龍一場，最起碼我們可以大笑一番。對方帶著一把像是頭上長了兩根天線的槍來到了我們辦公室，宣稱這項裝置可以偵測到瓦礫間的心跳。這個設備看起來很輕，和小孩的玩具似乎沒有什麼差別。他說許多政府部門都對這項設備非常感興趣，而且都想購買。他的說詞並沒有說服我，我禮貌地拒絕了對方。多年後我發現這個人遭到了逮捕。政府確實購買了這個設備，並進行大規模測試，結果完全沒有效用。整件事就是一場騙局。

直升機讓我們擁有了更多的自由，也讓我可以更容易往返於工作場所與父母的家。老爸與老媽非常喜歡聽我說我做了些什麼事，而且當我帶他們進行他們的首次直升機航行時，兩人都非常感動。

各種工作來來去去。一群主要由女性社運份子組成的抗議者在西伯頓（West Burton）電廠示威抗議，她們像突擊隊員一樣剪斷了電廠的安全圍籬後，在一個電廠煙囪頂架起了一頂帳篷。我跳上直升機，直接飛到現場。

另外還有一起在聖誕假期期間針對薩塞克斯郡的新貝克斯希爾疏通線（Bexhill relief）展

開的抗議活動，立場堅定的抗議者戴著巴拉克拉瓦頭套，爬上樹與站在雪中毫無準備的執行官對抗。我的團隊進入現場後，敏捷地爬上樹，成功把所有抗議者都請了出去，順便清理了第二個營區的一條地道。那次的抗議活動收穫了大量媒體的關注，因為聲量最大的社運份子當中，有一位是偽裝者合唱團（The Pretenders）主唱克莉絲・辛德（Chrissie Hynde）的女兒。

我們的設備與經驗後來在二〇一二年為我們贏得了一紙前所未有的合約。因為我們具備的與眾不同的專門技術，特別是在快速水上救援以及繩索與封閉空間救援方面，薩里郡消防與救援服務與我們簽署了一份提供二十四小時支援協助的合約。這項決定經過郡議會的小內閣通過，開啟了全英國私人企業提供緊急應變服務的先例。根據合約，我們被授權駕駛藍光任務車，為此我們還受了為期一週的集訓。我們也獲准在任何道路上以超過速限二十哩的速度奔馳。在課程最後，我必須駕駛藍光任務車完成最後二十五公里的行駛，才能取得正式的駕駛證。

我的工作全都需要超高能量，但是讓老媽最佩服的一件任務，卻是在我剛拿到直升機飛行證件之後的那份工作。

「我要去見教宗了。」有一天我這麼對她說。

老媽是愛爾蘭人，也是天主教徒。

英國議會財產局（the Parliamentary Estate）的警衛官（Serjeant at Arms）與我聯絡，要我

參與這項高敏感度的任務。政府當局都知道我的名字，也都很信任我。二〇一〇年教宗本篤十六世來英國進行國事訪問。這是個非常高規格的事件，政府當局不希望有任何抗議者擾亂教宗造訪國會大廈的行程，令英國政府尷尬難堪。

為了監控抗議者，防患未然，我和團隊成員連續兩、三個白天與晚上都駐守在西敏宮的屋頂上放哨。那段時間，我們是大規模保安行動的一份子。那次的保安行動成員還包括了狙擊手以及反恐警察，他們全都待在幕後，低調執行任務。我們擁有大笨鐘座落所在處的伊莉莎白塔（Elizabeth Tower）以及所有其他具標誌性建築物的最高權限進出通行權，大夥兒不斷巡邏，確保教宗抵達時不會出現任何不友善的突發狀況。

教宗來訪的那天，一切事情都進行得很順利，處處都是騎著機車、配戴真槍實彈的外交保護人員。我們的團隊守在屋頂上。我可以看到教宗座車駛入國會大廈內不對外公開的庭院。因為實在忍不住，所以我為老媽拍了一張照片。看到一位擁有如此大權勢、如此大名鼎鼎的天主教領袖人物，實在是很神奇的一件事。能夠成為當天保安行動的一份子，我感到非常榮幸。

第十六章

有次在一場宴會中，我向某人解釋，我的工作內容包括了幫忙搜尋失蹤的殘骸，以及讓死者的家屬可以得到寬慰，對方的反應是：「原來你在上帝的失物招領處工作啊。」

用這樣的說法來形容我工作中最敏感且往往也是最困難的一部分，我覺得相當具有詩意。在進行搜尋工作時，我的鑑識與調查頭腦總是全神灌注地聚焦於科學面與事實面。搜尋的重點在於使用正確的工具、找出蛛絲馬跡，以及解開迷團。這是客觀的一面。然而同時我也是個有家庭的人，而且我對他人有同理心——對於部分參與案件所帶來的感傷，我也無法免疫。就算我可以降低心中的主觀想法，聚焦於手上的工作，人性的部分也永遠無法割捨。這不僅僅是把屍體從河裡打撈出來，也不只是尋找埋在土裡的殘骸。每一個成功尋獲的「失物」背後，都存在著愛與失落的人類故事。

二〇一〇年有兩件搜尋案可以說明我的工作重要性以及引發情緒激動的程度。六月時，西麥西亞（West Mercia）警察局聯絡我，要我瞭解一下《彩虹行動》（Operation Rainbow）的內容。這是一起長達了一年半卻仍未解開謎題的失蹤人口案件，警方已經打算收手，若再沒有結案就要直接擱置。

搜尋的目標人物是四十一歲的達米安．塔吉（Damian Tudge）。他有兩個孩子，二〇〇八年十一月十三日與妻子出門喝得爛醉後失蹤。夫妻兩人回到他們位於基德明斯特（Kidderminster）的家中後發生爭吵，期間，職業是焊工的達米安揮手對妻子動粗。她後來告訴訊問的警察，那次的攻擊完全不像是她丈夫會做的事情，他們在一起二十年，她丈夫從未對她動過一根手指。她解釋當達米安領悟到自己之前做了什麼事情後，臉色因驚嚇而變得慘白。不論什麼原因，打女人就是錯誤的行為，但是達米安的反應以及他對自己的懲罰太過嚴厲。他極其懊惱自己的行為，於是離開了家，上車，開車離開。十一月十四日凌晨兩點三十九分，他發了一封短信給妻子。短信的內容是：

> 我愛你，我永遠愛你和孩子們，可是經過了我剛才做的事情後，我現在要去做正確的事情。

這是他留下的最後訊息，接著人就失蹤了，連他的藍色標緻二〇五（Peugeot 205）也找不到。

行動通訊基地台根據他最後一通簡訊，分析他曾在塞文河（River Severn）鄰近波德利鎮足球俱樂部（Bewdley Town Football Club）附近的一個區域停留過，所以我從那裡開始搜尋。我開始研究這個區域的地形測量圖（Ordnance Survey Map），想知道這裡是否存在著可以讓車子不見天日一年以上的豎井、採石場、地道或湖泊。

這件案子是個謎。警方堅持達米安的車不在河裡，這個結論源於環境局（Environment Agency）的意見。環境局認為達米安的車子若是在河裡，那麼車子的機油、汽油殘留，就會出現在他們敏銳的監測設備上。我也被告知特殊聲納設備曾對這條河的這個區域進行過多次掃瞄。

這些資訊立即觸動了我的蜘蛛人感應。我曾執行過許多次後續搜尋，而這些經歷足以讓我瞭解警方有時認定的有效設備，往往都是想像很美好，但現實卻很骨感。

「當時使用的聲納設備是誰的？」我這麼問。

答案是一個志願性質的搜救組織。由於警力資源耗損嚴重，所以經常請志願性組織執行水面搜尋，然而儘管這些志願性組織的人都非常厲害，也應該獲得大力表彰，但是他們使用的設備卻從來都達不到我們對於自己設備的規格要求。

「我可以向你們保證，他們使用的是魚群探測器。」我這麼說。

魚群探測器是個名符其實的設備，是漁民用來尋找大批魚群所在的廉價聲納系統，用來尋找車輛或屍體的效果並不好。

我於是致電給那個搜救組織的負責人，對方確認當初搜尋時用的設備的確是魚群探測器。我向他們的付出與協助致上感謝。這通電話證實了我的猜測，河道其實根本就沒有經過徹底的搜尋，而最可能找到車子，或許還可能找到達米安的地方，應該就是在河裡。

河邊根本沒有可以讓達米安把車開進河裡的滑道，所以他很可能是開著車直接從河岸衝進河中。由於他已經失蹤了一年半，任何在當時可能成為他之後去處的線索，不論是遭到破壞的樹叢或被連根拔起的植物，早已經重新生長。

幸好塞文河下游有一個水堰與一個船閘，行動通訊基地台分析後認定達米安可能曾經出現在那裡。不論是浮在水面或沒入水中，隨波流動的汽車，都不可能穿得過水堰與船閘。我們需要搜尋的河道範圍大該有一哩。

我召集了潛水隊，大家整裝後，制訂了一張區域網格圖後，就讓載著側掃聲納的充汽船下水，展開搜尋任務。不到十五分鐘，我就在河床上鎖定了不止一台，而是兩台汽車的位置。

我們當中的一位潛水員艾登先下水游過去。水中的能見度很糟，於是他用手撫過汽車，找到了牌照的位置後，把牌照拆下帶回來。這並不是達米安車子的牌照號碼，與我們一起行動的警察核查後，發現這是好幾年前被偷的一輛贓車。

我們發現的另外一輛車在河的更遠處，接近一條路的轉角處。我們在河邊架好了設備，啟動水面供給潛水設備——這是一種在地面透過一根臍帶式軟管，供應水中潛水人員空氣的設備——這樣一來，潛水人員就不需要依靠揹著的氧氣瓶供應空氣了。我們的想法是游到河床上，先以攝影機拍下車牌號碼的影片，從確認汽車開始查起。我從船邊翻入水中，率先進入河裡。克里斯把水底相機遞給我。相機連著一條電纜，可以把相片傳輸到船上的螢幕中。我緩緩沿著潛導索向下潛行，但什麼都看不見。河水非常污穢混濁。我在一片昏暗中游著，直到觸碰到了車頂，然後圍著車子一面游動一面摸索著找到了車窗。車窗全都關得緊緊的，也都完整如初，也就是說如果車子入河時，達米安在車子裡——這是很可能的情況——那麼他就依然還在車子裡。我試著透過車窗往裡看，但根本不可能看清楚車內的任何狀況。試著打開車門或打破車窗，無疑是絕對行不通的作法，原因有兩個：首先，車子內很可能就是一個犯罪現場。儘管證據顯示達米安可能是自盡，但是在檢查車子之前，我們無法百分之百確定這一點，因此除非必要，我不想破壞現場。第二，達米安很可能就在車子裡面，我不清楚他是什麼狀況，但泡在水裡的屍體，我實在看得太多了，所以很清楚他的屍體狀態絕對不會很好，我一點都不想在打開車門或車窗的時候，他的屍體有任何部分隨波流逝。

完成了初步的偵察後，我游回水面，向團隊成員進行簡報。我的同事瑞克接手後面的工作，他下潛至車子那兒，把車牌帶了上來。車牌上鋪了一層藻垢與淤泥，等我們清除乾淨後，露出了車牌登記號碼，那一刻我們就知道那是達米安車子的牌照。我們找到人了。

確定找到目標後，我們通知警方。下一個階段的工作是要把車子打撈上岸。為此起重機進場，道路也都封了。這些都不是大眾需要看到的畫面。

在正常情況下，拉抬車輛的鐵鍊會穿過車窗，置於車頂之下，車子被水平地撈上來，然而這次因為要保留證據，無法打開車窗，瑞克與艾登只好重新潛入河中，將拉抬車輛的鐵鍊固定在車軸與輪子上。

車子慢慢地被抬至水面後，車子的後半部率先破水而出。隨著車子離開水面，車裡的水全流洩而下。我們依然無法看清楚車子內部，這一點實是在老天的恩典。就算是在大太陽底下，也看不出來車子原來的藍色烤漆。整輛車都是髒髒的棕色。鮮少有人瞭解，在水底的東西，只要經過幾個月的時間，外觀會出現多麼巨大的變化，如果憑藉肉眼搜尋，這台車很可能會被忽略，因為透過水下相機所呈現在螢幕上的車子，現在就是棕色的。

這件案子同時也進一步證實了我其中一個工作口號的必要性，永遠都要質疑別人告訴你的事情。如果我接受了環境局的聲明，相信水中如果有車，他們的監測器就會偵測到機油、汽油，我或許也會忽略車子還在河裡的可能性。

車子裡的水排乾淨後，起重機把車子拖吊過河岸，放在路上。這個時候，我擔心的是如果達米安真的在車子裡面，他很可能是身子前傾，靠在擋風玻璃上。我不希望擋風玻璃若出現脫落，會讓他的屍體流濺到路上。於是我們和起重機司機合作，謹慎作業，把這台標緻車先以車頂在下的方式放置在柏油路上，然後再把車子翻過來。我已經可以從空氣中的氣味判斷，車子裡面有東西在腐化。我們走近車子時，第一次可以看清車裡的樣子，也看到了位於後座的達米安屍體。屍體保存的狀況很不錯，但是他之前一直是浮在車子裡。下一步是打開車門，取出屍體，送到法醫那兒，並針對車子內部的情況進行檢驗與記錄，尋找證據，以防達米安是他殺而非自殺。

車門簡直就像是與車體熔接在一起了。我們只好把門鎖切開。我在車內檢查油門踏板是否有卡住等任何可能意味著謀殺的跡象。我也檢查了車裡所有操縱裝置的位置，因為車子的點火裝置若是被關掉，或車子未掛檔，也表示可能是他殺案件。不過點火裝置是開著的，車子掛在四檔，表示車子在衝過河岸掉入河中之前，處在高速行駛狀態。我想像著達米安送出那則最後的簡訊，以及結束自己生命之前，坐在十一月清晨一片寒冷的黑暗中，對自己之前的行為感到既困惑又羞愧的景象。

我們異常小心地移出了他的屍體，快速放入屍袋中，因為蒼蠅已經開始聚集。犯罪現場調查人員在他的口袋裡發現了他的手機。

對一條提早結束的生命來說，這實在是個令人難過的結局，而對我們而言，這也的確不是一份讓人愉快的工作。尋獲屍體從來都不是一件令人愉快的事，但是知道我們可以為死者家屬帶來失蹤家人的下落，卻又讓我得到一些安慰。

找到達米安．塔吉屍體，並解開了他令人難過的失蹤謎題幾個月後，我又接到了警方搜尋顧問的電話，要求協助另一起失蹤人口的案件。這件案子讓人摸不清頭腦。

失蹤者是希洛尼姆．傑奇摩維茲（Hieronim Jachimowicz），大家都稱他亨利。自二〇〇五年三月以後，就沒有人見過這位八十七歲的波蘭老先生了。他在失蹤前一直與兒子麥可住在赫特福德郡的博勒姆伍德市（Borehamwood）。麥可已退休，是六〇俱樂部後段班的成員，靠退休金為生，他也是他父親唯一的照顧者。

亨利失蹤後，麥可在不同的時間對鄰居與社工人員說他的父親還活著，並且搬去了其他地方居住，但他有時候說是立陶宛，有時候說波蘭，有時候還會說是布里斯托。另一方面，他在他們家位於西倫敦岡納斯伯里公墓（Gunnersbury Cemetery）的家族墓園墓碑上，卻又加上了他父親的名字與生平。

有位鄰居對於麥可前後不一的說法，以及亨利竟然會隻字不提自己的計畫，就這麼離開而起了疑心。她不斷地去當地警察局投訴，而且不但完全不相信她的鄰居，甚至懷疑對方殺了自己的父親，把屍體埋在整理得非常好的花園裡。她持續騷擾警方長達五年，最後還請了一位律師寫信給郡警察局局長，局長這才請倫敦警察廳專門刑事部開始真正進行調查。警方正式介入後，發現了許多不一致之處，引起了大家的警覺。深入調查後，警方發現麥可的銀行帳戶顯示他從父親失蹤開始，就持續領取老人家的退休金，累積的費用有好幾千甚至上萬英鎊。

這些資訊足以啟動監管者行動（Operation Provost）。警方擬定的行動計畫是某天早上出其不意地上門帶走麥可進行訊問，同時讓我和我的團隊進入他的家中搜尋。為此，我和我的搜尋小隊在某個寒冷的十一月早上，抵達了博勒姆伍德市的一個安靜住宅區，我們並沒有出現在任何人面前，一直待在自己的廂型車裡等待，直到麥可被警方帶走。我後來聽說警察上門時，麥可不願意開門，警方只好破門而入，將他逮捕。我還聽說由於他看起來並不像是會給任何人帶來威脅的人，所以在我們進行搜尋工作時，警方將他安置在一家飯店內。顯然他很愛他的父親、愛他的寵物，也愛他的房子與花園。

我們進入了現場，那兒看起來就是一棟經過細心整理的普通房子，完美的花園裡到處都是果樹與植物。麥可和他的父親無疑是非常優秀的園藝家。花園裡還有些空的蜂箱，老人家還在的時候，曾精心打理過這些蜂箱，直到他身體虛弱到再也無法處理相關的工作為止。

我粗略地搜尋了一下房子與花園，立即注意了兩顆手榴彈。一般來說，我應該會覺得驚訝，但是我拿到的亨利背景資料告訴我，亨利曾以士兵身份參與過二次世界大戰，而且我也馬上意識到這兩顆手榴彈已失效，不會造成任何問題。這兩顆手榴彈無疑只是一名曾在戰時服役的老兵所保存的紀念品。

我們和其他團隊成員一起進入花園，在花園現場與倫敦警察廳人類殘骸嗅探犬（human remains dogs）的管理者曼蒂・查普曼（Mandy Chapman）、法醫考古學家卡爾・哈里遜博士（Dr Karl Harrison）以及他的團隊一起進行搜尋。

我掃瞄著整個花園，試圖在腦子裡設身處地地想像某人可能計畫掩埋一具屍體的景象。這是我從經驗中學到的一種技巧。

「如果是我，我會把屍體埋在哪裡？」我自問。最合理的地方應該是花園裡大家最不會去看的地方。埋屍者絕不會把屍體埋在草地的正中央。

一整排蜂箱掩蔽在樹叢後，蜂箱下的空間應該足夠掩埋好幾具屍體。那裡會是一個明顯需要掃瞄的地方。我用雷達另外掃瞄了露台區域，以防萬一。資深調查員相信我們會在露台區域找到屍體，不過我對此抱持懷疑態度。把屍體埋在露台下是個大工程，而且根據心理學家的看法，處理屍體時，一般人都喜歡把屍體丟到遠遠的地方，而不是直接埋到自家後門外。雷達確認露台區沒有問題。我猜這位資深調查員可能看太多《布魯克塞德》（Brookside）[19]了。

標示了我認為最可能的埋屍地點後，我對整個花園進行了完整掃瞄，發現一個可能的目標區域。雷達顯示地下數呎處有土地翻動的跡象。我們針對這塊地區的土地進行探測、鑽洞，然後把一隻嗅探犬帶進現場。狗兒立刻就表明了這兒有東西。卡爾接手開始往下挖，看到了之前翻動過的土壤裡有切割的痕跡。他繼續往下挖，發現了一層盆栽土，這並非常見的作法。然後他挖到了實體的東西。在那個當下，我到搜尋現場還不滿一個小時，我想著：「我真是優秀，已經找到我們要找的屍體了。」

隨著挖掘工作的繼續，我們發現了木板。我知道部分斯拉夫文化傳統是要在棺材的上、下

19 譯註：《布魯克塞德》（Brookside）為一九八二年十一月至二〇〇三年十一月在英國播出了二十一年的電視連續劇，故事背景設定在利物浦布魯克塞德街（Brookside Close），以劇情寫實、具社會挑戰性而受到歡迎。

處，以水泥磚架設起一個框架，棺材上還要架起木板，以防棺材被土讓壓垮。

「這是波蘭典型的埋葬方式。」卡爾這麼說。

移開木板，露出棺材時，大家期待的結果不言而喻。但是有些地方不對勁。

棺材只有幾呎長。

「死者若非侏儒，就是遭到了肢解。」我這麼說。

這是一次非常費心的埋葬工作。棺材似乎是手工打造，經過綑綁與密封程序。卡爾撬開了棺材蓋。棺材裡躺著一個裹在塑膠布中的殘骸，那是一隻狗。

工作過程中碰到非常糟糕的處境時，若想好好處理當下的情況並維持不瘋狂的狀態，黑色幽默是極重要的工具之一。警察之間、救護車服務、消防隊、軍隊裡，都可以發現黑色幽默的蹤跡。有時候我們唯一能做的事情，就是在當下的環境中找出幽默笑點，我一點都不覺得羞愧地說，當棺材蓋被掀開，而狗兒「費多」盯著我們看的時候，大家全爆出狂笑。

「那傢伙一定是瘋了，竟然為一隻狗花費這麼多的精神和力氣。」有人開口道。

我們從洞裡取出了狗的棺材後，又查驗了棺材下面的土地，確定狗的棺材不是障眼法。之後，大家規規矩矩地把狗兒重新放回他的墓穴中，蓋上土。

經過了稍早令人興奮的事件後，我繼續回去重操雷達掃瞄的舊業。那位資深調查員依然堅持要把露台挖開。

「這是好幾天的工作量。」我向對方解釋。

「我可以讓我的人來幫你。」他這麼提議後，召來了帶著拆除錘的特勤支援團隊隊員，把整個露台區全拆光光。我在旁邊手撫著頭看著拆除工作的進行，我知道那裡什麼都沒有，若是有異狀，雷達一定會偵測到。果然，當灰塵落地，曾經是一塊露台區的地方，被徹底挖開，沒有看到任何埋起來的殘骸蹤影。

我把目標轉向蜂箱區，這裡是我最初懷疑並計畫要做探查的地方。蜂箱被安置在露台板上，我們把蜂箱移開後，又移開了露台板，然後開始掃瞄這個區域。雷達顯示地底有另外一個陰影，但陰影實在太小，不可能是一具埋起來的屍體——除非這對父子對倉鼠也舉行了和狗一樣慎重的葬禮。

但是我還是針對那個不明陰影開挖，以防有什麼證物埋在地下。結果我們挖出了三把左輪手槍與兩百發子彈。槍、彈都被小心翼翼地包裹了起來，我看得出來這些全是二次大戰時代的老東西。在經驗不足的人眼裡，這些東西很可能會引起高度質疑，但是我卻很有把握地認定，這些東西之所以被埋起來，是因為不想讓任何人有機會拿到後用來傷害其他人。把這些東西埋起來的人——不論是亨利或他兒子——可能都認為這樣才是負責任的態度。

這些槍彈需要提交作為證據，以防這件工作萬一轉變為刑事調查。當我在將這些東西裝袋時，聽到屋裡傳來一聲尖叫。

「手榴彈！立刻撤離！」

有人在車庫裡發現了手榴彈。

我起身跑進屋向大家解釋。

「沒事，只是啞巴彈，已經失效了。」

然而那位資深調查員堅持安全第一。於是所有的工作全部停擺，爆炸品處理團隊（Explosive Ordnance Disposal，簡稱EOD）被請了過來。他們的基地在牛津附近的迪德科特（Didcot），離這個現場有六十哩。一個半小時後，他們警笛大作地趕到。一位警官走進來。我告訴他我是前軍事人員，這顆小型炸彈是很老的失效MK2鳳梨手榴彈。他看了看，拿起來檢查後，確認手榴彈不會造成任何傷害。拆彈小隊於是回到了他們的車上，開車回迪德科特。我們接續之前的工作。

一個小時後，另一聲尖叫出現。

「立刻撤離！上面的臥室裡有兩顆手榴彈！」

又來了，我這麼想，現場工作再度全部停擺。結果那天長得像是過不完。爆炸品處理單位再次出現，確認手榴彈不會任何傷害之後，再次離開。

我們在現場工作了好幾天，接近週末的時候，突然下起大雨，阻礙了我的雷達掃瞄進度。那位資深調查員判斷雷達與嗅探犬都不會有任何建設性的發現了，所以決定結束搜尋行動。可是我還沒有結束我的工作，於是向他解釋我不可能在徹底檢查過所有可以想像的區域，確定真的一無所獲前離開。

用水泥板鋪起來的花園小道下方還沒有搜尋過。嗅探犬整個禮拜都在那兒跑來跑去，也沒有發現任何東西，但我知道狗兒只有在牠們可以偵測得到氣味時，才能找到屍體，而牠們無法聞到水泥底下的味道。

花園小道上原本有個桶子，被我們移開了。除了雷達外，我還動用了另外一套被稱為磁力計的儀器，這種儀器可以測量磁力與探測埋在地下的人工製品。

雷達與磁力計兩套設備共同運作的結果，顯示地下有翻動的痕跡。這個區域的側視掃瞄顯示就在離地約一呎的地方，有一個人形日標。這也許是另外一隻狗，但是為什麼要埋在小道的下面？

因為雨還在下，我們在這個區域支起了一個帳篷，移開了厚重的水泥板後，卡爾開始往下挖。他發現了原來挖掘的斷面，於是沿著這個斷面往下挖。他再次發現了盆栽土，另外還有些鋪設小道留下的殘餘物。接著卡爾發現了些小樹根，他朝樹根下挖。在樹根之下幾公分的地方，他挖出了一個老舊的塑膠牛奶桶。牛奶桶中有一張紙條，紙條上寫著：

亨利臨終的心願是與那些讓他覺得這輩子沒有白活的東西一起長眠，也就是：他摯愛的剛毛獵狐梗（三隻埋在這座花園中）、令人讚嘆的蜜蜂（這兒有六個蜂巢），還有他這座有二十四棵果樹的美麗花園。

他要我答應他，保證當他在這塊大地的最後一天來臨時，我會實現他的臨終心願。

為此，我實現了他的心願。

二〇〇五年三月十三日亨利被發現在床上去世。

致上我所有的愛與一輩子的敬重。上帝與你同在！

簽名，亨利獨子麥可書

備註：我眼眶含淚地寫下這些字。

卡爾接下來所挖出來的東西，僅是說明就令人動容。一個身材瘦小的屍體被裹在一塊油布裡。我們小心地把他抬了出來。屍體已經如木乃伊般乾枯。我們把他裝進屍袋後，送到了車庫中，以免被雨淋溼。醫生需要在車庫裡正式宣告他的死亡，經過這個程序之後，亨利才會被送去進行鑑識或驗屍，如果有必要的話。

一個小時後，有位年輕的醫生趕到。她脖子上掛著一根聽診器。「他在哪兒？」這位醫生一走進前門就開口這麼問。

「我來帶路，」我一面回答一面帶著她向車庫走過去。「妳不會需要聽診器。」

「這一點我會自己判斷。」她不客氣地回答。

我們走到屍袋前，我在彎下腰時，抬眼望著這位醫生。

「妳的聽診器準備好了嗎？」我問。

接著我拉開了屍袋拉鍊。屍袋中景象讓她稍稍退避。她一點都不覺得我的調侃有趣。

任務成功完成，我們找到了亨利，但這並不是一件惡質的刑案，反而像是在彰顯兒子對父親的愛。我讚賞麥可對他父親可能抱持的感情，畢竟是他父親要他承諾把自己葬在家中。麥可可能也想與父親繼續相處，但又怕這樣安排所帶來的影響，因為他很清楚未經許可就將人埋葬是犯法的行為。

司法系統不會從這個角度看待事情，而且站在客觀的角度，麥可冒領他父親的退休金對他也沒有一點好處。麥可被正式起訴，並於二〇一一年七月在斯納爾斯布魯刑事法院（Snaresbrook Crown Court）進行審判。檢察官宣稱他為了財務所得而隱匿他父親的死亡。

根據報導，麥可堅稱他只有隱瞞父親二〇〇五年三月十五日（編按：原文日期為二〇〇五年三月十五日，與字條上日期的三月十二日不符）自然死亡的事實，才能兌現將父親埋在家中的承諾。當他被問及為什麼不找醫生時，他回答：「那樣的話，父親會被送到附近的醫院，然後交給殯葬業者，埋在墓地。」

「所以我得面對一個擺在眼前的問題。我想著『我該怎麼辦？我要讓事情就這樣發展，還是必須做到當初對父親的承諾，把他埋在花園裡？』」

他告訴陪審團，「我慢慢理解到，我已經對父親許下了承諾，那個承諾就是把他埋在花園裡。」

傑奇摩維茲在法庭上說，他花了一整天挖出了一個墓穴，到附近的五金雜貨行買了「最貴的油布」來包裹自己的父親。

天黑之後，他抱起父親的屍體，來到了墓穴旁。

「然後，我盡可能溫柔地把他放在油布中。」傑奇摩維茲這麼說。

陪審團相信了麥可的話，消除了他殺人的罪名，但仍在二〇一一年九月因違法埋葬他父親而被判處十二個月的有期徒刑。這並不是故事的結局。一週後他又回到法庭。這次法庭命令沒收他在他父親去世後這六年，所冒領的退休金三萬六千六百零二塊英鎊，並裁定兩萬五千五百四十六塊英鎊的賠償金。

後來我明確聽說了一個類似圓滿的結局。相關單位同意麥可把他父親重新埋在這對父子最初選定的地方——自家的花園裡。

第十七章

在任何一個理想的世界裡，犯罪現場都應該被置於一個密封的膠囊中，管制與監控所有進出膠囊的人與物；現場的每一吋地方都要經過搜尋，每一點灰塵、每一片皮屑、每一滴體液都要經過檢測。然而這個世界與理想的距離太遠，到處都有犯罪現場，有時候犯罪現場還出現在最混亂與開放之處，從後院到車水馬龍的大街。人來人往地踩踏，使得大家全在不知不覺的情況下破壞證據。

這些實實在在的外界影響，都是調查人員必須面對的現實。除此之外，還有常常讓調查產生偏差的輿論，將眾人帶往毫無結果的死胡同當中。搜尋的地點與搜尋的周延程度，往往取決於負責犯罪現場人員的看法與臆測。在我的經驗裡，這個部分通常都是調查方向開始走偏的開始。每個人都會犯錯。沒有人是完美的。

問題是如果在犯罪現場搞錯了方向，遺失了證據，犯人會逃脫、司法正義無法伸張，受害者家屬就無法獲得答案。

早在二〇〇三年一件我初期接手的案件中，我就學到了這些教訓。當時倫敦警察廳的一位資深調查員要我搜尋位於西倫敦伊靈（Ealing）的一棟房子與花園，目標是一名已經失蹤了九個月的自由攝影師約翰・古德曼（John Goodman）。

古德曼是一名癌症病人，由鄰居通報失蹤。當警方上門想要釐清他的下落時，應門的是一名巴西流浪漢法比歐・佩瑞伊亞（Fabio Pereira），根據後來公開的資訊，佩瑞伊亞在約翰離家時擅自霸佔了這棟屋子，並殺害了返家後發現了這件事的約翰。他之後還使用約翰的信用卡、手機與銀行存款，大手筆消費了一萬英鎊。

佩瑞伊亞把錢拿去買香檳、看脫衣舞，以及上夜店。等到調查人員蒐集了足夠的證據立案，並正式起訴佩瑞伊亞時，卻找不到約翰的屍體。

佩瑞伊亞遭到逮捕並還押候審時，我接到了參與這起案子的電話。我的工作是搜尋屋子。倫敦警察廳已經有一組搜尋隊在那兒了，但他們沒有我們的先進設備。在花園裡蒐證的還有一位法醫考古學家，她告訴我花園不需要透地雷達掃描，因為她已經研究過現場，沒有翻動的地方需要檢視。

資深調查員介入後，大家得到的說明是我已經帶著我的團隊參與此案，而設備搜尋要比肉眼搜尋更有效。

「謝謝妳的建議，但是我們還是會依照要求執行。」我禮貌周全地向這位法醫考古學家這麼說。

我們將這棟房子的後花園劃分為不同的網格區，執行系統性的搜尋。我仔細沿著我們打下的格線樁，推著雷達掃描，幾分鐘內就鎖定了目標。雷達數據出現了一個很大的反射影像，而且顯示是埋在地下的金屬物品。我們就在那位法醫考古學家堅持已經挖過的地方，挖出了一根撬棍與一支鎚子。

「太尷尬了。」我心裡這麼想著。

我們繼續自己的搜尋工作。花園裡有一個小小的裝飾井，我們用排污泵把井裡的東西全抽了出來，井裡全是山楂果。我們把這些果子從像玩具槍裡射出去一樣，從泵浦射向一個篩子，確保沒有丟失任何證據，不過最後什麼都沒有發現。當我們完成了花園其他地方的掃描，並確定沒有漏網之魚後，就進入了倫敦警察廳團隊正在搜尋的區域。我掃描其中一個房間的地板，顯示地下有金屬物品，但結果是兩個埋在新鋪水泥下的銀盤。我們挖開地板，確認銀盤沒有遮蓋了其他更惡劣的物品。

這是一棟很大的老屋，所以我想要讓雷達進入地板下掃描，因為我知道地板下的空間是完美的藏屍地點。

「已經檢查過了。」一位警方搜尋顧問這麼告訴我。

「瞭解，不過我們反正還是需要再掃描一遍。我想把透地雷達放到地板下再掃一下，還有這個房子的其他地方也需要掃一遍。」我向對方這樣解釋。不過那位搜尋顧問對我說，國際專家集團、我們的透地雷達設備以及我都不需要像其他案件那樣徹底搜尋。數年之後，我可能會堅持捍衛自己的立場，表達強烈的不滿，不過我在犯罪現場能做的就是那麼多，如果犯罪現場負責人不需要搜尋特定區域，或者對我說某處已經搜尋過了，我就必須尊重他們的想法。我們於是沒有繼續搜尋，選擇相信對方的說法，相信所有地板以下的空間都已經過了徹底的搜尋。

那間屋子總共經過了三次搜尋，嗅探狗也進行了兩次的嗅探，但都沒有找到約翰，於是這件案子就在沒有屍體的情況下上了法庭，讓佩瑞伊亞可以堅持約翰依然活在世上的說法。

二〇〇四年十月，佩瑞伊亞經過審判後，被判殺人罪成立。判決一週後，就在判刑前，他承認殺人，並宣稱是意外，還告訴了警方藏屍的位置。約翰的屍體就是被藏在地板之下。儘管屍體已嚴重腐敗，但警探仍可以透過屍體瞭解到約翰的雙手被綁在背後，襯衫被掀起蓋住頭後打了結，外科用的彈性襪被當成了塞口布。佩瑞伊亞被判處了至少十六年的徒刑。

這是一件因為意見分歧而令人感到挫敗的案件，如果當初事情朝著正確的方向發展，我就會獲准搜尋我想要搜尋的地區，而受害者家屬也不用在不確定中，多掙扎了好幾個月。

時光匆匆，隨著我參與了更多犯罪現場的搜尋以及多次交出成果，當局也會聯絡我執行鑑識相關的工作，特別是封閉空間相關的案件。我曾為數起與空桶謀殺案類似的案件中，提供屍體的鑑識分析，在這些案件中，警方都要求我根據確實數據，進行條件控制的死亡現場模擬，並提出死因的測驗理論。

在某件令人悲痛的案件中，法醫試著查明一個與母親一起躺在床上的嬰兒死因。這是大家泛稱的嬰兒悶死案件。寶寶的母親是個吸毒者，因為毒癮讓她始終處於畏寒狀態，所以睡覺時要蓋三條羽絨被。在床上的孩子被發現時，躺在她身邊，已經斷氣。

我的工作是釐清一個人在三條羽絨被之下，是否真的會窒息。我在我們辦公室重建了現場，並設置了一張床、準備了相同托格值（tog）[20]的羽絨被，然後我拿著含氧監測器、溫度計，以及一個測量我血氧濃度的脈搏血氧飽和度檢測儀躺進羽絨被中。有位助理每隔一段時間就會從監視器上把數據記錄在一張試算表上。這張試算表接著會被送到一位小兒呼吸系統專家那兒做進一步分析，數據結果的調整也要納入考量，因為我的呼吸速率與一個小寶寶呼吸速率存在明顯差異。

根據我們得出的結果，在一條羽絨被下窒息確實是可能發生的事情。隨著時間過去，被子下會累積大量取代氧氣的二氧化碳，將氧氣量從百分之二十點九，大幅度降低到生命面臨死亡的危險程度。我把自己在這件案子中的發現，作為證據呈送利物浦的死因裁判法庭（coroner's court）。

不久之後，我又被要求協助另一起令人感到哀痛的案子，這件案子也與一名孩童有關。這個可憐的孩子在她早夭的生命中，一點機會都沒有。她的父親是名毒販，母親是個性工作者。

20 譯註：托格（tog）是英國用來測量衣物保暖性的熱阻計量單位，數字越高，表示保暖效果越強。

在她短短的生命中，始終沒有得到好好的照顧。她死在床架的一個收納抽屜中，嘴裡塞了一隻為了不讓她發出聲音的襪子。

這是對我衝擊最強烈的可怕案件之一，因為我也有年紀小的女兒，我完全無法理解怎麼會有人這樣對待一個小孩。

為了這起案件，我被通知前往鑑識科學服務單位所在蘭貝斯（Lambeth）的總部，與倫敦警察廳的警探、鑑識科學服務的科學家見面。他們想要我重建現場，釐清可能的死因。我的一位團隊隊員在我們辦公室做出了一張尺寸與那個小女孩喪生之處完全相同的床。我們在整個重建床外罩了一層塑膠，所以它是透明可見的，然後我們把床放到一個暖器機旁，那是小女孩喪生的那張床在犯罪現場擺放的位置。接著我們進行了與羽絨被窒息相同的測驗，由我們的隊員當作白老鼠，待在臨時搭建起來的床架裡。這一次我們用了雙刻度的含氧監測器，測量氧氣隨著時間變化的耗損狀況，另外還有一個溫度感應器記錄封閉空間內的溫度變化。

實驗顯示小女孩不太可能會出現窒息問題，但是溫度卻快速上升，所以最可能的情況，是受害者其實是因為身體過熱而亡。這是一種很可怕的死亡方式。我的證據被送到了中央刑事法院。孩子的父母被判處五年有期徒刑。但我認為這個刑罰實在太輕了。他們極其惡劣，理應接受更重的刑罰。

我們在另外一起年輕女子死亡的案子裡，也做了類似的測驗。那個女子在倫敦公園一輛車子的後座被發現死亡，全身赤裸。現場並沒有掙扎的痕跡，但這名已知有精神問題的女子身邊有兩個空的水瓶。一位病理學家認為她是窒息而亡，但屍體解剖的結果卻無法證實這個死因。

我們利用相同型號的車子，在我們的一個工業區域中安裝好了設備，然後將目標人物送進車子裡。這一次測試的目標人物由克里斯擔綱。雖然我們盡可能貼近現場狀況進行模擬，但還是要求克里斯穿著衣服，因為我們要提交的報告是測試車內是否會讓人窒息，所以並不需要他完全模擬被害人，但是克里斯無法打開車門，也離不開這台車，因為那樣做會影響含氧濃度與溫度變化，所以我們為他準備了一個塑膠瓶，作為需要處理生理問題時使用。

克里斯絲毫沒有辜負他的士兵本色，他在車子裡待了九個小時，證明車子裡氧氣含量，基本上依然維持穩定。但是儘管車子停在陰影下，實驗顯示車內溫度會上升十度，而那名死亡女子的車子一直都暴露在陽光直接照射的地方。這讓我們導出了一個理論，死者很可能出現了脫水與過熱的問題，然後導致神智不清，在死前自己扒光了身上的衣服。

對於這類封閉空間案件進行科學實驗的經驗，最終讓我花了兩年參與了一宗現代最令人費解的警方調查案件之一；這起持續許久的神祕袋中情報員案件，案中案的層次比洋蔥還多，也讓我至今都還對官方管道抱持懷疑的態度。

這件案子要回溯到二〇一〇年八月——這一年我參與案件的死亡人數，以驚人的速度累積。當時我們才剛從塞文河中找到達米安・塔吉的屍體沒過幾週，我正在休假，與家人到西班牙去試著放鬆。在西班牙時，我接到了倫敦警察廳專門刑事部的電話，問我是否可以看看位於倫敦皮姆利科（Pimlico）的一個犯罪現場。這個犯罪現場與座落在沃克斯豪爾（Vauxhall）的軍情六處總部很近。沃克斯豪爾在好幾部〇〇七龐德電影裡，都有過知名的特寫。

「事情相當緊急。」聯絡的人這麼說。這件案子已經上了新聞頭條，受害人名做蓋雷斯·威廉斯（Gareth Williams），是政府通訊總部（Government Communications Headquarters，簡稱GCHQ）借調至英國祕密情報局工作的人員。

我立刻感受到自己需要趕回倫敦投入這件案子的急迫性。聽起來像是一件撼天動地的大案子。

蓋雷斯死時三十一歲。他是個數學奇才，從二〇〇一年起，就在位於切爾騰哈姆（Cheltenham）的政府通訊總部工作，這是英國政府最機密的收聽與訊號情報單位。之後他接受了「積極行動工作」的訓練後，轉到位於倫敦的軍情六處工作，在倫敦時，住在離英國祕密情報局總部很近的一棟公寓裡。蓋雷斯要求提早歸建回到切爾騰哈姆，據說他並不喜歡城市生活。他姊姊後來描述他是個「鄉村孩子」，厭惡「永無休止的激烈競爭、閃車燈飆車，以及工作之後的喝酒文化」。他非常喜歡騎自行車與走路，預計九月就會歸建政府通訊總部。

他的朋友很少。他在切爾騰哈姆長達十年的房東說從來沒有人造訪過蓋雷斯的公寓，大家形容他是個猶如「瑞士鐘」般一絲不苟的「嚴謹風險評估者」。

蓋雷斯連著好幾天沒有上班，也沒有與任何人聯絡。最後，擔心的同事向警察通報了他的失蹤，而警方因此在二〇一〇年八月二十三日到他的公寓進行了一次「安危探查」。因為沒有人應門，警方逕自進入屋內。根據形容，屋子裡「極為整潔」，沒有任何被打擾的跡象。蓋雷斯的手機與兩張手機卡在桌上，筆電在地上。有位警員發現一張廚房椅的椅背角上掛著一頂女子假髮，其他的一切看起來都很正常，直到警方搜索了主臥室的浴室。浴缸裡有個鼓脹的紅色North Face大旅行袋，袋子的拉鍊不但全拉了起來，還上了鎖。浴室裡有一股很奇怪的味道。一位警員提起了旅行袋，有些液體跟著滲出，他意識到裡面有屍體。屍體已在這個袋子裡待了一個禮拜了，屍體嚴重腐化。

鑑識人員確認了死者為蓋雷斯，但是沒有任何掙扎的證據，浴缸邊緣也沒有指紋。

在發現屍體後的一週內，我趕回了英國，上樓進了蓋雷斯的公寓，與負責這起案件的倫敦警察廳兇殺及重案調查部警探賈桂琳．希拜爾（Jacqueline Sebire）碰了面。

在過去，我提供協助的犯罪現場都熱鬧非凡，有鑑識人員、法醫考古學家、警方的調查人員等等。但是這個現場卻很詭異，除了我和賈桂琳，以及兩名國家打擊犯罪調查局（National Crime Agency，簡稱NCA）的人員外，其他人全都離開了。然而鑑識調查的所有行當卻全留在現場：地上有一塊塊的磚，權允鑑識人員走過犯罪現場而不會污染地面的踏腳石；浴室裡的各個表面，依然可見覆蓋其上的指紋粉與魯米諾（Luminol）——一種透過紫外線光就可以辨識出血跡與其他體液的化合物。裝著蓋雷斯屍體的旅行袋已被帶走，但絕對不可能錯認的屍體惡臭仍然殘留在空氣中，再多的犯罪現場化學品也壓制不住那個味道。

我仔細地看著四周並評估現場，注意到那頂依舊掛在椅子上的假髮，卻沒看到任何掙扎的痕跡，浴缸周遭的指紋粉也沒有顯示出任何指紋。

我看了蓋雷斯在旅行袋裡的照片，照片裡的旅行袋拉鍊全拉了起來，還外加了一個耶魯鎖（Yale padlock）。當蓋雷斯被發現時，屋子裡暖氣溫度被開到最高，浴簾全拉上，浴室門也關著，前門從內上鎖。所有的一切都高度令人起疑。

幾天後，我與倫敦警察廳專門刑事部在亨頓（Hendon）開會討論此案。我問了好些問題。建築物內有閉路電視監控系統嗎？還有誰住在那裡？蓋雷斯經手了些什麼樣的業務？

會議中，大家討論了各種可能的狀況。會不會是犯罪鑑識知識充足的人下的手？會不會其實是一起故佈疑陣的自殺案？是不是有人刻意把現場擺弄成這樣，就像是一場出了岔子的性遊戲？然而根據這段時間所收集到的情境設想，大家認為最可能的狀況就是蓋雷斯一個人在家，然後一場變態的性遊戲出了差錯。換言之，為了讓自己興奮，蓋雷斯把自己鎖進了放在浴缸裡的旅行袋內，然後窒息而亡。說實話，我覺得這種推論根本難以令人置信。我知道有人會因為自慰性窒息或綑綁式的性交而獲得高潮，但是大家對這件案子所推論出來的技術性細節，根本不可行。儘管如此，我依然努力維持開明的心態。

大家對此推論的解釋是蓋雷斯的公寓裡發現了一件價值一萬五千英鎊的高級女性服裝，因此認為蓋雷斯的私生活複雜。

要想檢測蓋雷斯其實是死在自己手上的這個理論究竟行不行得通，最好的方式就是看看這種作法可不可行。像蓋雷斯這樣高一百七十三公分、重五十七公斤的成年男子，是否真的可以把自己鎖進一個浴缸裡的旅行袋中，卻完全不留任何痕跡。

我開始著手建構犯罪現場，並且親自下海扮演蓋雷斯，因為我的體型與他相似。我們在辦公室裡進行了實況重建，我試著鑽進一個相同品牌、相同型號的袋子中，結果發現這根本就是不可能辦到的事情。我一遍又一遍地試了許多次。我請我的隊員從外部拉上旅行袋拉鍊，我的膝蓋縮在胸前，頭也必須在脖子使出了全力的角度盡量壓低。進入了拉上拉鍊的旅行袋後，我立刻記錄下控制環境裡的氧氣濃度與溫度檢測值。我在脖子上掛著一把小刀，以防在必要時，自己割開旅行袋出去，現場也有緊急救護人員，隨時準備在我昏倒時進行緊急處理。

袋子裡的環境完全令人無法忍受，又熱又封閉。我根本無法想像隨著溫度持續升高，袋子裡內部環境的惡化程度會有多糟糕。空間實在太狹小，根本難以看到氧氣濃度指數。僅是自由呼吸，我就很快地就在這個狹小的空間中把氧氣消耗到危險程度，直接觸動了安全警報。根據實驗，如果蓋雷斯進入上了鎖了袋子裡還活著，他也不可能活過三十分鐘。我又用另外一個切開了邊角的旅行袋進行實驗，讓我有較大的空間嘗試看看是否有辦法控制外加的鎖。

我們接著帶著所有的設備與器具到飯店，租了一個房間，在浴缸中重複相同的實驗，結果證明可行性更低。我們把過程全錄了下來。當飯店員工看到一群男人帶著兩個大紅色的空旅行袋、攝影器材、鎖和監視螢幕走進飯店房間裡，會如何臆測，我連想都不敢想。

那次的經驗實在太恐怖。

我廣泛研究進入袋子裡的方法，結果發現了一個行李工的老手法，那是多年前有人抓到一群行李工在不破壞鎖的前提下，用筆撬開旅行袋的事件後，所暴露出來的作法。行李工撬開旅行袋後，會用拉鍊的鍊頭再沿著打開的拉鍊拉回去，將拉鍊重新拉合。但是這種手法不可能在旅行袋中完成。

蓋雷斯．威廉斯的這件案子裡，沒有任何指印、腳印或DNA。就算他奇蹟似地成功爬進旅行袋中，把自己鎖在裡面，也一定會留下掙扎的證據吧？我試了三百次，都做不到。就算是魔術大師胡迪尼（Houdini）也不可能做得到。

我向調查小組表達了我的看法。我認為蓋雷斯在被放進袋子前就已經死亡，而且袋子是被人提進浴缸中的，因為放在浴缸中，腐敗屍體的屍水才不會溢出，因此也不會讓如此強烈的異味滲入其他公寓中，帶來其他人的警覺。暖氣調到最高溫是為了加速屍體腐敗，摧毀所有蓋雷斯遭到傷害的證據。

十二月，相關單位公布了蓋雷斯私人生活的進一步細節，官方用「可疑」來描述他的死亡，而非謀殺。這份公布的資料解釋蓋雷斯在死前曾因為工作去過美國西岸。據了解，他在那兒涉入了一起電腦駭客案的調查。八月十三日回到英國後，他一個人去東倫敦看了一場變裝表演，手上還有另外兩張位於南倫敦且離軍情六處不遠的沃克斯豪爾酒館兩場變裝秀單人入場券，時間分別是接下來的兩週。

有位證人說，他們曾在當年稍早與蓋雷斯在一家同志酒吧裡聊天，但警方並未追查到蓋雷斯的任何性伴侶。蓋雷斯在二〇〇九年五月到他失蹤這段期間，曾瀏覽過五個不同的綑綁性交網站，但其中四個網站都是「操作指南」性質的網站，並非色情網站。

警方還公布了一對來自地中海沿岸的情侶電腦合成畫像，據說這對情侶曾造訪過蓋雷斯的公寓，警方呼籲曾經在夜店、網上或任何女裝店見過蓋雷斯的人出面。

蓋雷斯公寓裡被發現的女性設計師服裝、鞋子以及好幾頂假髮的相關細節也公布了。公布的資料表示所有的服飾都是威廉斯先生的尺寸，這份資料還揭露了蓋雷斯曾分別在二〇一〇年與二〇〇九，在晚上與週末，於饒負盛名的中央聖馬丁藝術與設計學院（Central St Martin's College of Art and Design in London）修過兩堂為期六至八週的服裝設計課，而且兩堂課都通過了考試。顯然倫敦警察廳積極地朝著性變態這條線索往下追。調查過程漏洞百出。顯然有人刻意在對媒體放消息。

這些公布的訊息，我一個字都不相信。這些訊息或許是在移轉大家的注意力，也或許是蓋雷斯的臥底行動需要他裝扮成女人。我與我認識的美國特勤組人員談過這件事，他們肯定地說或許蓋雷斯的臥底行動真的需要他裝扮成女人或變裝皇后。我認為有人試著醜化蓋雷斯，這實在是件令人覺得悲哀的事情。他是在為他的國家效命啊。

這件案子持續了將近兩年。有關單位不斷地要求我提供我的意見，而我認為他是遭到殺害。

二〇一二年三月，我在由法醫費歐娜・威爾考克斯醫生（Dr Fiona Wilcox）負責的蓋雷斯死亡調查中提供了證詞。她詢問了我的意見，我對這位死因審理官表示我並不是警探，但威爾考克斯醫生說我的經驗豐富，她需要我的意見。我告訴她暖氣溫度被調至最高、浴室門與浴簾全都關著，蓋雷斯不可能在浴缸、旅行袋、鎖或浴簾上沒有留下任何足跡、指紋或ＤＮＡ，就做到這些事情。我對這位法醫說，我認為蓋雷斯遭人謀害。蓋雷斯的家人也這麼相信，但大家持續對於他私生活的關注，卻令他們感到非常挫敗。他的家人相信有人曾經和他一起在公寓裡，不然就是之後闖進去，偷了東西。我給出我的證詞後，他的家人無聲地向我說謝謝。支持蓋雷斯涉入某種致死的變態性遊戲證詞十分薄弱，威爾考克斯醫生也詰問了這個部分。曾有一度，一位證人解釋公寓裡各個家具上都發現了精液，她解釋這不能證明任何事情，可能很多人的家具上都有精液的痕跡，這時候整個審理室內都爆出了大笑。

在我看來，醜化蓋雷斯的行動一直都在持續，而我覺得這種行為實在太糟糕。

威爾考克斯醫生記錄了口頭裁定，認為蓋雷斯的死亡為「非自然，且可能有犯罪行為介入。」她相信根據相對可能性的衡量，蓋雷斯是遭到了非法殺害，並被鎖封在置於浴缸中的袋子裡。

這項死因裁定搶先在倫敦警察廳另一次又持續了十二個月的調查結果前宣布，而那次的調查依舊讓倫敦警察廳相信蓋雷斯親手造成了他自己的死亡。他們同時還公布了一部影片，顯示一個比蓋雷斯矮了近八公分的女孩，如何成功地鑽進相同類型的旅行袋中，並從內將自己鎖在裡面——過程中有許多努力掙扎的部分。當這個影片直接針對我而來時，我直接提出了一個關鍵現實，在蓋雷斯的案子中，就算他成功把自己扭進了旅行袋中，也將自己鎖封在袋子裡，他一定會留下ＤＮＡ、指印或足跡。

二〇一三年十一月，倫敦警察廳副助理總監馬丁·休伊特（Martin Hewitt）宣布儘管重新檢視了所有的證據，蓋雷斯案依然沒有明確答案，然而依照他個人看法，他認為最可能的情況還是蓋雷斯意外將自己鎖在了旅行袋中，然後一個人死在了公寓之中。

這件案子在兩年後依然拒絕就此銷聲匿跡。一名前蘇聯間諜波里斯·卡皮奇科夫（Boris Karpichkov）叛出俄國，並於接受訪問時說俄國間諜在脅迫蓋雷斯成為雙面間諜的行動失敗後，將他殺害。根據這位俄國間諜的說法，蓋雷斯反過來威脅對方，聲稱要暴露俄國在政府通訊總部內的間諜身份。在薩利斯伯里（Salisbury）毒殺案[21]之前，這樣的事情聽起來簡直就是想像力過剩的結果，但是近代歷史開拓了我們的眼界，我們從近代的事件中知道，俄國在他國領土內執行膽大妄為刺殺行動的能力超強。

二〇二一年有報導指出DNA檢測的先進發展，已經可以針對在十年以上袋子裡的頭髮進行取樣，獲得寶貴的DNA細節。令人心急期待的是，鑑識科學或許終於可以告訴我們，那位旅行袋中的間諜究竟發生了什麼事情。

21　譯註：前俄國軍官與英國雙面間諜瑟蓋・斯克里帕爾（Sergei Skripal）和其女兒在二〇一八年三月四日於英國薩利斯伯里市遭到「諾維喬克」（Novichok）神經毒劑毒害。英國政府指稱該行動是俄國指使，因此於當年三月底陸續驅逐了一百五十三名俄國外交官。遭毒害者接受了數週的治療後出院。

第十八章

我比任何人都清楚，表面呈現出來的樣子，很可能是騙人的。一旦深入，事情往往就不是表面那個樣子了。水面上的大鵝平靜地在水面滑行，但牠的雙腳卻在水下拼命地划動。佈局嚴謹的花園小徑或廚房新鋪的地磚呢？誰知道底下埋了什麼、藏著什麼祕密？

我們看到的表面，只是故事的一半，這個道理，在時間轉入了二〇一〇年代的時候，也應用到了我私人的生活上。我的工作發展得很順遂，公司日益壯大，日子過得也很舒適。我在瑞蓋特丘（Reigate Hill）有一棟四房的獨立屋子。

我很喜歡我住的地方，但也一直想要搬到更遠的鄉間。當我有機會在薩塞克斯買下一塊三十英畝的土地時，我立刻抓住了機會，想著這塊土地可以提供給我身心靈所需要的空間。從我還是個小孩子開始，我就喜歡待在戶外，在鄉間閒晃。我喜歡動物，於是在那塊土地上蓋了庇護所，收容照顧一些豬。我還在那兒放了一台大露營車，沒事就在露營車上待著。那塊地方成了我想要出走時的去處，是我的世外桃源，我開始考慮在那兒蓋棟房子的可能性。

就在公司業務蒸蒸日上之時，家裡的問題卻無法解決，曼蒂和我決定分手。公司正朝著幾個不同的方向擴張。除了鑑識與抗議驅離的工作、全天候的消防救援支援之外，潛水團隊也開始愈來愈忙。需求的增加主要源於兩個因素。首先，我們有成功搜尋到失蹤者與證物的聲譽，第二就是政府持續縮減警方資源，代表擁有潛水人員的單位愈來愈少，甚至連部分維持海岸線治安的警力單位，都沒有配置潛水人員，在我看來，特別是從海上搜尋工作的困難度來說，這種情況簡直是不知所謂。

放眼全國，鮮少有警力單位擁有水下搜尋人力。許多組織都已解編。因此如果有人在河裡會湖裡遇到了麻煩，或者心愛的人淹水了，很遺憾地說，水下搜尋者出現的機會微乎其微。

我們的潛水團隊被要求提供協助的頻率愈來愈高，服務範圍涵蓋全英國。埃文與薩默塞特警察局會固定聯絡我們的潛水團隊使用側掃聲納，特別是想要快速鎖定失蹤潛水者位置的時候。通常我們會利用設備尋找目標，再由警方潛水隊下潛進行調查。多年來，我已經數不清我們接了多少這樣的案件了。

有一艘特別的沉船。據報那是多塞特海岸外吸引最多潛水人數的沉船，但這艘船似乎也比其他船隻奪走了更多的生命。事情要追溯回久遠的二〇〇五年，當時我們接獲聯絡，要去搜尋「凱亞拉號」（Kyarra）。這是一艘雙桅杆縱帆式的奢華鋼製輪船，一九一八年在安維爾角（Anvil Point）外，遭到德國潛水艇擊沉。

有時候即使可以鎖定屍體的位置，但由於水下情況過於危險，也無法打撈。這種情況就發生在一位「凱亞拉號」的遇難者身上。他是一位運動潛水者，利用聲納成功地找到了躺在海底的沉船。儘管我們鎖定了這位潛水者的位置，但海流過強，潛水人員無法下海，因此必須放棄搜尋任務。兩年後，我接到警方一位聯絡人的電話，被告知我們當初發現的那具潛水者屍體，在同一個地方被打撈了上來。潛水服的重量讓遇難者得以停留在原地，但是打撈出水後，乾式潛水衣裡只剩下了骨頭。

二〇一一年四月，我們再次回到那個熟悉的地區，要在多塞特郡萊姆灣外搜尋一位六十一歲的男子。他是一名經驗非常豐富的休閒潛水者，與一位朋友一起潛水，發出警報的就是他的這位朋友。當時兩人一起潛到二十二呎的深度，他的朋友發現他有了麻煩，試圖救他。

我們很快就抵達現場，並開始搜尋遇難者潛水地點方圓一公里的區域，但毫無所獲。遺憾的是這起案件並非職業傷害，而且一如二〇〇五年那位運動潛水者的狀況，就算我們可以鎖定屍體所在，也無法保證能夠打撈上來，這種情況在海上並非完全的意料之外，而這也是為什麼大家都用殘酷海洋這個詞彙的原因。

陸地上則是完全另一番景象了。如果我們有正確、可信賴的資訊，找到目標的可能性就很高，就像凱特．普洛特的案子，相關資訊直接來自於她的丈夫，也是殺害她的凶手亞卓安。

亞卓安是位千萬富翁。止在辦理離婚手續的夫妻兩人，因為凱特要求的分手金額而爭吵。她最後與這個世界聯絡的時間是下午三點二十九分，聯絡對象是她的銀行第一直銷（First Direct）。

亞卓安是一家鋪管作業企業與一個商業野雞射擊場的東家。凱特過去曾指控他威脅要殺了她，而且懷疑在她十一月二日提出離婚時，對方有外遇。亞卓安對於可能得賣掉自己那處位於格洛斯特郡瑞德馬利村（Redmarley），價值一百二十萬英鎊的野雞農場來支付凱特要求的八十萬英鎊和解金一事，氣得不得了。他在十一月七日向警方報案，說他妻子失蹤，結果十一月二十七日就因涉嫌謀殺而遭到逮捕，但第二天未獲起訴就被釋放。幾個月後，他再次遭到逮捕，警方還搜索了他的野雞農場。到了二〇〇九年，他已經和一位新的女友在一起，而且兩人很快就要當爸媽了，他又一次被控謀殺，且殺人罪成立，二〇一〇入獄服刑，但他依然不斷抗議，堅持自己的清白，聲稱是司法不公的受害者。他的朋友與家人都站在他那一邊。亞卓安同意接受測謊，但沒有通過，最後才向自己的未婚妻承認在一次激烈爭吵後，勒死了凱特，並將她埋了起來。

亞卓安對警官說，他殺了凱特後，用地毯把屍體裹起來放進車子裡，直接去了酒吧，然後在當天深夜時分，把她埋在一個野雞舍前。他在挖淺墳的時候，把身上的夾克掛在其中一根柱子上。

他自白後，我和我的團隊很快就接到了要求協助的通知，事發至今幾乎整整四年，凱特依然在當初被埋的地方。

第二年，我參與了歷來接手工作中最大規模的搜尋行動。當時我們接到通知，要協助搜尋住在波伊斯郡（Powys）的五歲小女孩愛普兒・瓊斯（April Jones）。有人看到她在自己家附近上了一部車後，就此失蹤。

直升機再次證明幫助很大。我飛著直升機去參加搜尋行動，我的團隊成員則開車緊跟在後，這次也帶了船，我們這樣可以善加利用所有手邊的設備。

我從未見過如此多人參與的搜尋行動。成千上萬的人想要幫忙，包括山區救援隊以及像是倫敦警察廳的曼蒂・查普曼，和她的狗狗專家團隊。最後全鎮的人都出動協尋，外加更遠處來的志願者與數百上千名的警力。整場行動的協調中心設在一個休閒中心裡，由於統御狀況實在太混亂，我根本無法與搜尋顧問說上話，於是我直接打電話給對方，問他要分配給我們什麼工作。我們要搜尋的地區是一座遙遠的山區以及一條河，對方要求我在山頂上飛繞幾圈，並利用聲納搜尋河道。我駕著直升機飛往山上，繞著山頂飛，搜尋著機身下任何可能的棄屍位置、可以藏人的地方，或孩子可能走失的地點。在一條偏遠的小徑上，我看到有一個排澇溝蓋被移開置於一旁。這個景象讓我有所警覺。我把直升機降落在小徑上後關掉了引擎，下機仔細檢查。排澇溝裡什麼都沒有。或許是協助搜尋的民眾發現了這個溝渠，掀開蓋子檢查後，忘了把溝蓋恢復原位。

當天稍晚，我又飛著達斐德—波伊斯警察局（Dyfed-Powys Police）的警用直升機上山，當我們圍著山丘飛的時候，看到了在森林一個偏遠的位置有輛看起來很可疑的露營車。若要把綁架的受害人藏起來，這個地方是很理想的地點。我們在當地休閒中心的後方降落後，我和我的隊員驅車趕到之前在直升機上看到的那輛露營車的山腳，接著步行上山確認。那時已接近晚上十一點，霧氣與雨水開始飄過來，我們在山裡走了約一個小時才接近到露營車。當我打開露營車的車門，冒險進入時，只覺得車內瀰漫著一種不祥、詭異的寂靜。車子裡裝滿了喇叭與擴大器，看起來已經很久沒有人碰過這些東西了。我們把喇叭搬出車外，對車內的空間進行仔細檢查，也檢查了露營車的下方，最終再把所有的喇叭整齊地搬回原位。

那次的搜尋行動持續了好幾個禮拜。當時的首相大衛・卡麥隆（David Cameron）還公開要求大眾提供線索。

有一名嫌疑人馬克・布里吉爾（Mark Bridger），他常常上山進入森林裡練習野地生活的技術。愛普兒失蹤二十四小時內，布里吉爾就遭到逮捕。他在十月六日遭控兒童綁架、殺害以及妨害司法公正罪，兩天後，又被控非法隱匿與棄屍罪。布里吉爾於二〇一三年五月接受審判後定罪。大家一直沒有找到愛普兒，但是警方在布里吉爾家中的壁爐旁發現了人類骨頭。一般相信他把愛普兒的殘骸散拋在住家附近的鄉間。

生活就這麼忙忙碌碌地過著，幾乎沒有時間做任何其他的事情。說實話，我覺得這樣的生活其實還不錯，反正已經跨入五〇俱樂部的我就是孤伶伶的一個人，沒有人可以一起分享日常生活。我並沒有打算找人一起過日子，恢復單身已一年多，對於那些約會遊戲或類似的活動，沒有太大的興趣，再說，我也不是網路約會那類的人，然而在遇到愛黛兒後，一切都變了。

我的朋友傑森是皇家薩里郡醫院（Royal Surrey Hospital）的應變規劃主管，當他意識到我對於女性關係變得有些出世時，有天晚上他邀我一起參加一個工作聚會。我一走進會場，立刻就注意到了吧台邊有個美麗的金髮女孩，正在與傑森那一群人說笑。傑森看到了我，招手讓我過去。我向這群人當中認識的人打了招呼後，傑森介紹這個吸引了我注意的女孩給我認識。

「這是愛黛兒，」傑森這麼說，「她也喜歡船，你們兩個應該會處得來。」

我們開始聊天，她就像她的外表一樣活潑、友善。她說她是醫院的溝通經理。我們聊了一會後她就離開了，她解釋得趕去一個之前就說好的約會，這讓我心裡挺難過的，不過我們也說了或許之後可以再聚聚，兩人就這樣說了再見。

數週後的十一月五號，傑森要舉辦一個聚會，我答應他負責聚會上的營火，還將工作用的搜尋拖車帶到現場當作吧台。由於斧頭、切割設備依然整齊地掛在拖車裡，所以給大家留下了深刻的印象。老爸和老媽也都來了。當我正在準備營火，灰頭土臉外加一身都是柴火的煙味時，一張熟悉的面孔走過來和我打招呼。來的人正是愛黛兒，而身為紳士的我，帶她走進我的拖車吧台，給她倒杯飲料。

我一邊為她倒著梅洛（Merlot）葡萄酒，一邊看到她環顧四周。

「我們現在在的這個拖車是做什麼用的？」

「我工作用的。」我回答。

「你是個斧頭殺手嗎？」她開玩笑的這麼說，對我的工作一無所知。

我們就這麼繼續上次未結束的話題，結果兩人的談興就像火燒屋般一發不可收拾，當天是煙火節，這樣的場景實在有點令人啼笑皆非。那天晚上宴會結束時，我問她想不想聚在一起喝杯，然後在接下來的幾個月間，兩人像朋友一樣碰了幾次面。我們都很喜歡對方的陪伴，而且有很多相同的地方。她和我一樣最近才剛走出婚姻關係。她是加拿大人，會駕駛帆船、熱愛戶外活動，而且與家人很親。我陷下去了。快過聖誕節時，我們確定了戀愛關係。一切讓我感覺如同重獲新生，我們相處得非常融洽，就像是已經認識了一輩子。

二〇一二年，我們在格瑞那丁（Grenadines）海灘享受浪漫晚餐時，我向愛黛兒求婚，當她說願意的那一刻，我簡直高興得找不到東南西北。我們也決定一起組織一個家庭，於是經過了令人身心俱疲的試管嬰兒流程之後，愛黛兒懷孕了。再為人父的想法讓人欣喜若狂，我高興極了。我們租了一間小房子，規劃著在鄉間買棟房子作為我們永久的家，再買些地養動物，把我們的女兒養得跟我們一樣熱愛戶外活動。

二〇一二年八月我們飛到加拿大溫哥華，在一個小島上舉行了一場只有至親參加的婚禮，有老爸老媽、愛黛兒的父母與她的兩個妹妹瑞秋與柯蕾特。

我們租了一艘五十呎的遊艇，航遊壯麗的寧靜灣是我們的蜜月旅行。在大家飛往科莫克斯

（Comox）去取租賃的遊艇期間，老媽的金屬髖關節在通關時啟動了警報。海關請她把上了鎖的行李打開，但老媽一時找不到鑰匙。

「有人有髮夾嗎？」我這麼問。

我伸手從老媽的頭髮上拔下一根髮夾，然後跪在地上，靈巧地撥弄著鎖，利用我參與無數次抗議者驅離工作中，解除抗議者鎖定狀態所學到的技術，打開了老媽的手提行李。

柯蕾特當時也跟我們在一起，她驚訝地看著我整個解鎖過程。

「哇，」她說。「太酷了。」

從那天的那一刻開始，她就一直用她給我取的外號「龐德」稱呼我。

那是趟恬靜的蜜月旅行，我們徜徉在世界的這個美麗角落，待在美麗的船上，再次擁抱著喜悅的心情成為對方的另一半，期待即將降臨的寶寶。感激老爸也跟著一起來。他當時已罹患攝護腺癌，但是精神很好，他非常喜歡那艘遊艇以及令人摒息的美景。這是我生命一個新篇章的開始，我開心極了。

＊

許多通知我協助的案子都令人哀痛，我的情緒很難不受影響。進行鑑識搜索時，還可以躲在冷靜的客觀盔甲之後，想著自己是因為工作才會出現在現場，若想盡全力做好工作，就需要維持一顆科學與條理分明的頭腦。我沒有多餘的空間留給情緒。但是當案件涉及孩童與年輕孩子時，要不難過或憤怒，根本就是不可能的事情。

我最難接受的就是溺斃事件。不是因為這類的案件要比謀殺案更令人悲痛，讓我無法接受的原因是這類的事故根本就發生得毫無道理，而且完全可以避免。當我們在這類案件中搜尋屍體時，我們與遇難者是實實在在地直接接觸，但在許多謀殺案中，我們不會直接接觸到受害者，我們存在的目的是尋找證物。

二〇一三年八月，我們接到通知，要去尋找一個二十歲的年輕人屍體。這場悲劇也是一件完全可以避免的事情。遇難者喝了酒後，因為沒趕上最後一班回家的渡輪，所以涉水走入鄰近漢普頓（Hampton）的泰晤士河中，想要游泳過河。他背著背包。目擊者說看到他游了三分之二的距離後，就從水面沉了下去。兩個還在上學的男孩看到這個情況，立即跳進河中想要把他救起來，但還是沒能來得及。我們很快就接到了通知，花了三個小時找到了他。他沉在兩公尺的水底。

僅僅一個愚蠢的決定，就這樣葬送了自己的生命。

二〇一三那年，我的個人生活非常忙碌。首先女兒小夏出生，接著找到了我們永久的家，那是一棟位於西薩塞克斯的莊園。這個家需要投入許多的勞力、想像與金錢，但是我們知道這裡將會是個完美的家。新家佔地很廣，有幾座湖、幾片林地、一棟主屋、幾棟我可以停放直升機與其他設備的附屬建築，還有一間獨立的小木屋。我考慮著是否要在這裡舉辦一些鑑識搜索訓練，若真的要辦，就會需要一些地方進行示範與操演。新家並不缺空間，整塊地有一百四十英畝。

我知道這個地方聽起來很壯麗，不過有一個問題：主屋破舊失修，土地也是野草瘋長。房子已經四年沒有人住了，廊道的屋頂都塌了下來，爛了的窗子脫落，屋內的牆面全因為潮濕而長了黑黴。車道上覆滿了厚厚的苔蘚與野草。因為草叢與荊棘叢長得太高，沒有人看得到湖。小木屋也破破爛爛，穀倉裡全是垃圾。

幸好愛黛兒和我都不是迴避挑戰的人，我們依然去了現場。當巨大的前鐵門第一次打開讓我們進去時，愛黛兒說：「這道門為我們而開。」

我想要好好看一看這個地方，不過地實在太大、草木實在太多，根本就不可能步行查看，於是我們團隊的一個年輕小伙子把我們的八輪多地形車亞戈貓（Argocat）用拖車送了過來。

這塊地產的前地主因為無力償付貸款，由銀行收回，所有權屬於銀行，而銀行打算整包拍賣。愛黛兒和我看到了這整個地方的潛力。我們可以在這兒養動物，我的父母也可以住在這塊地產上的小木屋中。

最後，我們並沒有考慮太多就決定購置。在財務面是個巨大的壓力，我們必須下許多說服的功夫，才能讓銀行提供貸款，除此之外，還有大量的修整工作。光是清理這塊土地，把所有的建築物恢復到可以住人的程度，就必須付出巨大的心力，但是我還是向銀行出了價。接下來我們月復一月地和不同的貸款銀行進行查勘與協議。

這段期間，老爸的狀況開始惡化。他在五十八歲時，身體還很健壯。有天他告訴我他做了活動精子密度檢查，醫生也在之前就給他開了血壓與他汀類的藥物。持續服藥幾個月後，他感覺到疲倦，而且完全變成了另外一個人。他開始出現瘸跛的情況，需要換膝。對老爸來說，這實在是件令人感到挫敗的事情，因為他的身體一直非常好，他自己也很好動。眼睜睜看著我生命中對我影響如此深遠的一個巨人變得如此孱弱，我也非常難過。老爸眼中的光芒與幽默感仍在，但他的身體卻不斷地令他失望。二〇一三年底，老爸八十三歲，躺在家中前面房間的一張醫院病床上。然後有一天，他變得特別虛弱，而且呼吸困難，我們把他送進醫院。

我帶老媽去醫院，看到他如此痛苦，我們都感到震驚。老爸呼吸急促，院方已經為他戴上了氧氣罩，但並沒有掛點滴。我雖然不是醫生，但有些醫療經驗，我知道老爸有脫水的問題，需要有人檢查他的呼吸狀況。我於是要求與醫生碰面。結果卻被告知三個小時內都沒有醫生。

「我父親需要緊急輸液，而且需要一位呼吸方面的醫師，」我這麼說。「總有人可以幫他打點滴吧？」

「你是醫生嗎？」是我得到的回覆。

我愈來愈焦躁。

「我現在就需要一位呼吸方面的醫師來看看我父親。」我重複一遍需求。

但是我也再次被告知沒有醫生，因為當天是週末。

接下來的三個小時，我坐在老爸身邊，看著他持續掙扎著呼每一口氣。最後，終於有一位呼吸專門科的護士出現，同意老爸應該打點滴，而這個決定揭露了老爸之前就已接上了點滴，卻被人拿掉了。護士去釐清是否確有此事。當時照顧病人的都是醫療助理。我知道不是他們的錯——人力真的嚴重不足。

我鼓勵老爸繼續堅持，要他專注進行緩慢的深呼吸。不論我做任何事，他都是一直引導我、影響我的力量。在我這一生，他曾教過我太多的東西，始終支持著我，現在輪到我來支持他了。我靜靜坐在老爸身邊，回想著父子曾經共同冒險犯難的那些事情。老爸是我的一切。

等到醫生來看過他，讓他變得比較舒服些時，已是午夜。我問呼吸科的護士接下來要怎麼處理，她解釋會給老爸抗生素，幾天內應該就可以出院了。老媽和我累壞了，我們回家睡會兒覺。

第二天早上，十一月十七日星期天，老媽打電話到病房詢問老爸的狀況後，打電話給我，告訴我老爸狀況穩定，整個晚上都沒有不舒服。我掛了電話後，大大鬆了一口氣。十分鐘後，電話響了。老媽在電話中哭嚎。我幾乎聽不清楚她在說什麼。「你爸走了。」

我完全說不出話。我不知道該說些什麼。時間就這麼停滯在當下。壓在耳邊的電話似乎靜默了好幾個小時。

「可是他們說老爸狀況穩定。」這是我下的結論。

現在回想起來，老爸那時很可能已經去世好幾個小時了，只是沒有人注意到而已。一直到老媽打電話過去，他們才去做了他們責任範圍內的確認。

接下來的幾個小時、幾天全是一片模糊。我眼淚不停地掉，但仍試著為完全被擊垮了的老媽而堅強。我到醫院去看老爸，而且為了表示尊敬，我穿上襯衫與三件式的正式西裝。老爸總是要我衣著得體。這應該是他希望看到的樣子。

老爸躺在病床上，維持著我昨天晚上離開他時的樣子。他看起來很平靜，但也很疲憊。我站在他的床邊啜泣。我的生命被扯開了一個洞，一個永遠也無法補起來的洞。

那天下午回到家後，腦子裡一片空白，我正在設法釐清究竟發生了什麼事。這時傳來了敲門聲。我們租屋的房東來通知我們，他打算賣掉房子，要求我們週五前搬家。

「我父親才剛過世，」我這麼對房東說。

「請節哀，但是我需要你們在週末前搬家。」他重申來意。

接下來的五天，我必須籌辦喪禮、辦理死亡證明、找地方搬家、打包準備搬家、經營事業、照顧新生的寶寶與悲傷欲絕的母親。老媽已經搬來與我們同住了。那段期間簡直就是一個殺戮戰場。我的腦子隨時處於凌亂的狀態。

非常感謝工作團隊的介入，幫我分擔了許多壓力。在辦公室工作的珍更是棒極了，她幫我們找到了一個落腳的房子。我們當時還在與銀行討論貸款的事情。

我們家有一塊家族墓地。鑑於我在工作職場的經驗，我要求老爸躺在銅棺中，不要那種會腐爛的木棺。安排好所有的事情後，我的團隊在喪禮前幫我把所有的東西都搬進了短期租賃的新家。

謝天謝地，那段時間連續好幾個禮拜工作方面都很平靜，讓我們有時間哀傷以及慢慢接受失去親人的事實。不過大自然的威力始終沒有減弱，祂對我們自有祂的一套規劃。聖誕夜前夕，季節性暴風雨降臨，我們和薩里郡消防與救援簽訂的支援合約獲得了充分的發揮。

那年的冬天很濕，持續不斷的冷鋒從大西洋橫掃而入，雨水澆灌著全國。東南部受襲特別嚴重，我在國際專家集團的多爾金基地看著摩爾河（River Mole）河水不斷上漲，感到非常擔心。我告訴薩里郡消防與救援的應變規劃部（Emergency Planning Department），我覺得摩爾河可能會決堤。我們與環境局開了一場電話會議，被告知電腦模擬的模型認為不會淹水。我們同意第二天早上再開一次會，但我並不滿意這樣的結果。我沿著河岸的不同位置測量過水位高度，全都高到危險值，而且水勢完全沒有減緩，遑論預期還會降下更多的雨。

我回到公司基地，要團隊做好準備。

不出所料，凌晨三點，我的呼叫器嗶嗶作響。最恐怖的暴風雨正在屋外強迫樹木低頭彎腰。我打電話給控制中心，得知有棵樹倒在一棟屋子的屋頂上，有一個人因此被困於屋內。我打開了藍光警示燈，一路閃躲從天砸下的斷落樹枝。除此之外，我們的應變急救車也正帶著電鋸與救援設備，一路也從多爾金左閃右避地向前行進。我們同時抵達現場。倒塌的樹木毫不誇張地直接把屋子切成了兩半，幸運的是所有人都安全撤離，沒有人受傷。我們才剛準備回去，呼叫器又響了，於是轉道趕往位於摩爾河畔博士山（Box Hill）腳的伯福德橋飯店（Burford Bridge Hotel）。報告說三十二名飯店房客被困在水位不斷上升的洪水當中。

在這個節骨眼，消防隊員本來要舉行一次罷工，但因為重大災難事件出現，他們決定取消罷工活動。我們抵達現場時，飯店裡的水位還在繼續上漲，消防隊已進駐，正在協助房客涉水至安全地點。

我們也加入協助，直到傳來另外一個緊急任務。西德洛（Sidlow）上漲的洪水中，有個人被困在牛奶車上。當時全國都已出現了河水決堤的問題。我們判斷牛奶車的工作最緊急，所以直接衝到現場。抵達通報的地點後，並沒有看到任何人或事故的跡象，於是又返回伯福德橋飯店，繼續協助房客撤離的工作。另外一通電話打過來，提供了牛奶車的確切位置。那裡離老媽以前當管家的一座很大的鄉間老莊園很近，我對那個區域相當熟悉。我們死命地加速趕到現場，發現有個人站在陷在湍急洪水中的牛奶車車頂——他腳下的牛奶車，只露出水面幾吋。那個人不斷地顫抖，呆愣著不知所措。我們放船下水後，出發去接應他。毫不誇張地說，我的隊員真的是把他從牛奶車車頂硬扯下來，帶到船上，再把他安置到安全地點。牛奶車很快就會沒頂，到時候他絕對逃不過溺斃的命運。

等我們把人送到醫院進行檢查時，又接到了另一個任務。一名年輕的女孩子、她母親以及一名男子被困在陷於上漲洪水中的計程車裡，地點靠近布洛克漢橋（Brockham Bridge）。我們抵達時，消防隊已在現場，但是洪水太過湍急，他們無法把人從計程車中救出來。車裡的三個人已經從天窗爬到了車頂，正站在車頂上。我的團隊把船放進水中後，開始與急流對抗，努力搶到計程車旁。那次的救援過程比戲劇更精彩。三個人及時被帶到了安全的地方，而就在他們被帶離計程車的兩分鐘後，整輛車就翻覆，並在表演了一記烏龜翻後，隨著洪水快速流走。那名女孩、她母親與計程車司機若未及時脫困，必然會被淹沒在水裡。後來我們團隊有四名團員因為這起救援事件，得到了英勇獎項的榮譽。

然而大家在當時完全沒有放鬆的片刻，計程車救援後，又直接被召去了多爾金的一個磨坊，協助受困的民眾。

那天，所有的應變成員一直處在高壓狀態。我們馬不停蹄地在各救援工作中穿梭，不斷地從把人從陷在洪水中的屋子、車子裡救出來。中間完全沒有停下來的時間，人也疲憊不堪，但是我們一直在拯救生命，而這才是最重要的事情。

我從來沒有見過那樣的景象。我曾預測會發生那樣的事情，只是沒有人相信我——這才是令人失望的部分。我們所有的事情，都依賴電腦計算出來的模型，但是遺憾的是電腦運算的結果不見得永遠正確。有時候經驗與人類直覺要比演算法更敏銳。

身為飛行員，我很清楚在洪水前抵達的鋒面代表什麼意義，同時我也在戶外、野外、鄉間待了夠長的時間，足以知道土地含水量已飽和，再也無法吸收更多的水了。那麼這麼多的雨水只有一個地方可去——河裡。

聖誕節慶期間，我們提供了三天的救援協助。這段期間，我們把一位才剛完成髖關節置換手術的先生從他家樓上送出來。他家沒電、沒暖氣，樓下也遭泥水淹入。我聯絡了消防隊控制中心，要求對方提供當地議會在洪水期間所設置的臨時安置所地址。

「很遺憾，臨時安置所在聖誕節期間不提供服務。」控制中心接電話的人這麼說。在民眾受苦受難的時刻，有關當局竟然做出這樣可惡的決定，著實讓我火冒三丈。我詢問這位先生他最近的家人所在。他說他們住在梅德斯通，於是我請我的兩名團隊隊員，用我們的車輛送這位先生去梅德斯通，讓他可以與家人共度聖誕。我們終於在聖誕節凌晨三點把工作都做完了。

建築物泡在水裡、車子也沒在水中。這個區域從來沒有見過這樣的慘狀。有些地方根本就是聖經中出現的場景。

後來洪水終於退了，但是暴風雨鋒面持續湧入。二〇一四年二月，洪水再現。這次受災的區域是泰晤士河在斯坦尼斯（Staines）與切特西（Chertsey）段的氾濫。

我們協助了許多困在一所莊園裡的人，將他們安全帶到船上。那次洪水氾濫的救援行動規模很大，所有人都出動了——陸軍、消防隊、緊急救護人員、警方、志願者，還有救世軍（Salvation Army）。

當我們涉水進入一棟房子時，客廳裡正坐著一名塊頭很大的男子，屋裡的水已深達他的脛骨。

「哈囉，先生，您還好嗎？」我這麼問。

「我還好，很高興看到你。」他回答。

「別擔心，我們很快就會把您帶出去。我們外面有條船。」我這麼對他說。

他垂眼看了看自己，然後又看著我。

「你可能需要一架他媽的航空母艦才能把我弄出去，小子。」他大笑地說。

他是個非常特別而且可愛的人，在長長一整天的煎熬與辛勞後，類似這樣片刻的大笑，對所有人來說，都是振奮精神的補品。

這次的救援行動持續了好幾天，我們動用了直升機，並使用機上軍用攝影機提供空拍支援。空拍照片為倫敦內閣辦公室簡報室的會議，提供了每日最新的資訊。洪水最後終於消退，大家開始查究淹水狀況為何如此嚴重。我的看法是多年來我曾經歷過各種惡劣天候的事故，儘管氣候變遷毫無疑問地正在發生，但世界上的所有防禦作法，都阻擋不了當時發生的事情。水從各方湧入。

第二年，二〇一四年，首先迎來的是暴風雨的聚集，不過我們到了春天還是碰到了值得慶祝的事情。購買新房子的貸款申請終於通過了，遺憾的是老爸再也看不到了。我們在四月搬進新家，入住後的首要工作之一，就是翻修老媽要住的莊園小木屋，這樣她就會住在我們身邊了。我難過又開心地迎接新家，有新出生的小寶寶、老媽也住在她的小木屋裡，但是老爸卻永遠離開了我們。

第十九章

我全心投入工作之中，我想這大概就是我的應對機制吧。很幸運地，我們一直都很忙，而工作——一如既往地多樣化——也不斷湧入。父親的離世，在我的生命中留下了一個大洞。幸好我還有愛黛兒、小夏、娜塔莎與丹妮耶，我們互相扶持，共同照顧老媽。所有人的生活中都有喜樂，也有悲愁。工作時，我常常要用一點點時間自我振作，因為碰到的事情，總會讓我想起老爸。我常發現自己正在做著老爸曾經教過我的事情，這時我就會在心裡默默地感謝他。

二〇一五年，抗議者又開始活躍，這讓我有許多機會回想老爸和我以前並肩工作的景況，然後慢慢接受他已經過世的事實。有次我們接的工作是要清理一個工業社團在布里斯托一小塊民眾租來種花草蔬菜的土地上所設立的營區。他們為那次的抗議示威活動取了一個非常有趣的名字，「拯救我們的芹菜」。老爸一定會為此大笑。這塊土地已預定為布里斯托都會巴士（Metrobus）計畫的一部分。我開著直升機飛過這塊區域，瞭解抗議者營區的規模。環保鬥士當時都已入駐其中。經過了兩週的仔細規劃，我們與執行官在第一道曙光出現的時候進入營區，執行官也開始封鎖這個區域。現場還有保全人員，他們告訴我，他們打算先將堵在入口、阻撓驅離行動的那台老舊大露營車拖走。我立刻阻止了他們。

「什麼東西都不要動，等我說安全了再動手。」我這麼說。

還好我介入了。

露營車門上貼著一張海報，海報上是一張照片，在照片裡，有條電纜線把樹屋與露營車門連在一起。照片下寫著「致死的危險」。這個警告指的是懸吊的樹屋，全靠綁在露營車上的電纜線固定。如果為了移動露營車而剪斷電纜線，那麼樹屋就會全部砸落，裡面的人也一樣。

露營車上了鎖，但是靈巧撬鎖技能在身的我，還是迅速進入露營車內。在車裡，我看到的地上有一條羽絨被，被子下是一個側躺的女孩，她的一隻手臂伸進了露營車地板的一個洞裡。我走到車外，查看露營車下方的天地，想要弄清楚她的手伸向何處。我看到她的手臂鎖定在一根管子裡，而管子則是被水泥封在地下，這個狀況實在把我嚇壞了。我在心中默默地感謝那位保全人員，沒有直接把這台露營車鉤在他們的四輪驅動車上拖走，否則這個女孩的手必然會被硬生生扯斷。

我們先處理電纜線與樹屋的問題，接著又解決了一個坐在露營車下的洞裡自言自語的傢伙，他把自己鎖定在一根用水泥封在地下的管子裡。最後，輪到了那個露營車裡的女孩。這個解除工作很棘手，因為我們必須先爬到車子下面，沿著管子挖開水泥，然後才能把她拉出來。

剩下的行動也很複雜。大家用了四天時間才將位於高高白楊樹上樹屋裡的抗議者驅離完畢。工作結束後，我還是必須要對抗議者表示讚嘆之意，這麼多年過去，他們為了目標所使用的各種巧思以及甘心自我傷害的方式，依然成功地讓我驚嘆。

後來的幾年，出現了更多反對石化燃料探勘的重要抗議活動。其中一次在薩里郡利斯山（Leith Hill）。那一次，警方有理有據地表示除非事件升級為公共秩序案件，否則不願意投入大量資源。我認為根本就不應該逮捕與指控抗議者，因為這麼做了之後，所有的重擔全移轉到已經不堪負荷的法院，但是目的是什麼呢？一點點的罰款以及不痛不癢的小小懲罰。

從某個角度來看，利斯山猶如先前抗議活動的一次「最大成功」。那次的抗議活動中有地道、樹屋、高塔、填滿了水泥與焦油的桶子，還有一位女士，用氪石D型鎖，把脖子鎖在一輛四輪驅動車的前保險桿上。

我們用往復鋸一路直搗黃龍，進入了抗議者的堡壘。那是一個令人印象深刻的結構體，裡面還配置了一個一塵不染的廚房。我們條理分明且安全地清理了營區。消防隊也在旁待命，以防有人點燃現場的棧板。

那年後來我們還參與了驅離薩里郡霍斯山（Horse Hill）附近一個反水力壓裂抗議者營區的行動。英國石油與天然氣公眾公司（UK Oil and Gas Plc）已經開始在這裡開採韋爾德盆地（Weald Basin）地下的部分石油，預估總藏量高達一千兩百四十億桶。

執行這些任務的空檔期間，我也在找時間拓展我的技能清單。我去了一趟美國，在那兒待了七週，拿到了美國的高性能飛機飛行員執照。

接踵而至的工作佔用了我所有的時間，也讓我能夠不再聚焦於依然在不斷努力應對的悲傷。我很高興自己能忙到這種程度。

回到英國後，才回過神，就發現自己身處薩里郡一個冷清小村子的殺人現場，尋找致命槍擊後的證物。槍擊案的發生與這個地點的組合，實在過於違和。海德利（Headley）是個很小的小村子，很安靜，村子上只有一家酒吧與一間郵局，四面環繞著起伏的山丘與種馬場。槍擊案發生在一場超大型的宴會席間，會場是一座租賃來的豪宅，參與者超過四百人，全是布里克斯頓（Brixton）與南倫敦來的雷鬼音樂迷。初期的報導表示那是一場性濫交的宴會，但這個說法遭到主辦單位的否認。諷刺的是這場宴會舉辦的地點，距離當地那個店名恰如其分的雄雞酒店（The Cock Inn）僅一步之遙。

宴會的照片顯示與會賓客聚集在屋內水池當中，牛飲香檳的混亂場面，還有穿著暴露丁字褲比基尼與高跟鞋的女孩們。音效系統大力播放著音樂，直到凌晨時分，一場狂歡變成了一場混亂。多起槍聲響起。一位客人瑞卡多・杭特（Ricardo Hunter）被殺，另一名女子則是腿部中彈。

第二天早上，當宴會留下的垃圾依然散落在會場與附近的道路上時，我們接到了警方搜尋顧問的通知，主要的工作是進行水中搜尋。抵達現場時，整個村子都已被警方貼了封鎖膠帶。

警方要求我們搜尋的第一個區域，是村裡教堂外的一個小水塘。

「我潛下去看看。」我開著玩笑這麼說。水塘深度僅十二吋。我用了水下金屬探測器，並穿上乾式潛水衣，躺在水塘底整片的水草上，尋找可能丟棄於此的手槍與彈藥。我並沒有找到武器，但發現了一個丟在這個池塘內的電腦硬碟，在這個池塘裡發現這樣的廢棄物，有些奇怪。

我們在搜尋這個水塘時，警方團隊也在周遭的灌木叢中搜尋，除此之外，在會場內還啟動了一個大型的鑑識行動。我們在完成了水塘的搜尋工作後，也進入會場與鑑識人員會合。

在這座豪宅的會場中，我們負責搜尋屋內的那個水池。儘管池子裡的水很清，卻滿是宴會留下來的東西。有很多衣物與瓶子，水面上還漂著一堆老天爺都不知道是什麼的東西。池子裡遭到尿液與其他可能的體液污染，所以我還是決定穿著自己的乾式潛水衣執行任務。

這是個加熱的水池，搜尋工作相當累人。我小心翼翼地沿著水池底部移動，尋找著一把槍、一盒子彈，或任何嫌疑物的時候，總覺得自己像是盜獵者的目標。這裡的搜尋同樣一無所獲，但至少可以把兩個區域的水池，從武器可能棄置的調查清單上剔除。

有關單位於二〇二一年十二月對這起槍擊事件舉辦調查審訊時，凶手依然逍遙法外。有人指認嫌疑者，電視節目《繩之以法》也呼籲伸張正義，但是警探們在調查審訊上說他們未能找到任何確鑿的證據，目擊者也都不太配合。

證物搜尋是我為警方工作的很大一部分。多年來，我找回了許多槍、刀、武士刀，甚至遭到竊取的自動提款機。有一件發生在西約克夏的案子，兩名毒販在路邊停車場遭到射殺。凶手被捕後承認把凶器——一把十二口徑的霰彈槍——丟入了附近的湖裡。一般而言，水下搜尋隊週末並不值勤，所以警方通知我們協助。我們用聲納以及水下金屬探測器找到了槍。

凶手宣稱殺人是個意外，他說自己因為滑倒才扣動了兩個槍管的扳機。然而當我們找到凶器後，打開槍膛，卻看到槍管中只有一顆子彈。以十二口徑的霰彈槍而言，槍枝一旦發射出彈頭，除非打開槍膛，退出子彈，否則子彈仍會留在槍管中。單一子彈在膛，代表他曾經發射過一次，重新裝彈後，又再發射了一次，所以絕對非意外事件。

二〇一六年夏天即將結束時，警方請我們尋找一起殺人案現場的證物。在這起殺人案中，一位無辜的釣客在泰晤士河一個靠近沃爾頓（Walton）的小島上紮營，結果被三個也在島上紮營的惡棍毆打致死。

史考特．威爾金森（Scott Wilkinson）經常到鄰近桑伯里水閘（Sunbury Lock）的驢島（Donkey Island）釣魚旅行，有時候還會在那兒一待就是好幾天。每當他踏上這樣的旅程時，他的女友和朋友就會負責提供他食物與乾淨的衣物。七月時，他正在島上，而還是青少年的克勞特（Crawt）兩兄弟，連尼（Lenny）與蕭恩（Shane），以及他們二十一歲的表哥查理．史密斯（Charlie Smith）也出現在島上。連尼出生在這個地區，當時才十六歲，剛從黑潭

（Blackpool）的一間兒童之家逃出來，為了避免被人發現，躲到了島上。

七月二十七日晚上十一點十八分，植入史考特胸部的動態心電圖記錄了一波突然間不穩定的心跳，就像他的腎上腺素突然狂飆。大概在同一個時間，一位住在驢島附近的目擊者說他聽到了男子數次的叫囂。十一點二十二分時，監控系統顯示三個男孩離開驢島。在那一刻，史考特的命運就已劃上了句點。三個年輕人用一個鈍物攻擊他，史考特的頭部嚴重受創，導致腦部出現了不可逆轉的損傷。遭到攻擊之後，史考特又維持了三個小時的生命。第二天下午，有人在水邊發現了他的屍體。這起攻擊事件發生的原因始終不明。

我們接手了河底搜尋證物的工作，而我是那天值勤的潛水員。當我聽說這起殺人案有多麼無厘頭，而史考特又只是一個獨自享受戶外活動的人時，我就下定決心，一定要用手指觸搜殺人現場附近的每一吋河底。

我環顧史考特的帳棚，注意到他選擇作為遮蔽處的幾棵樹當中，有一棵樹的樹枝被砍了下來。我辨識出了斧頭的痕跡，而樹下也有碎木屑。史考特曾在樹上鑽洞，把釣竿夾持器固定在一棵樹上。我在腦子裡記著下河後得尋找斧頭與鑽孔機，因為就我所知，現場並沒有看到這兩樣東西。

最後我在河裡搜尋了兩個小時又二十分鐘，用手指四處觸搜，希望能找到可以將凶手定罪的東西。這次待在水下的時間，創下了我的潛水團隊水下搜尋最長的紀錄，而我決心一定要找到凶器。最後一次以手指掃觸時，我發現了一把大的廚房用刀。警方帶走了這把刀，成為起訴凶手們的證物之一。

二〇一九年三月，殺害史考特時尚未滿十八歲的克勞特兄弟殺人罪刑成立，各自獲判十二年的監禁。年紀較長的史密斯過失殺人罪成立，判刑十三年。

二〇一六那年，我們不斷接到去水邊支援的要求。在我記憶中，那一年是溺斃事件發生頻度最高的其中一年。我們一再從河底或湖底撈出屍體。

其中一起事件是好幾名年輕的波蘭人從朋友在泰晤士河的私人碼頭下水，往河裡游，其中一人出現了問題後，從水面上消失。我們趕到時，消防隊告知該搜尋的區域。我堅持與遇難者家人溝通，取得正確的位置。結果家屬提供的搜尋區與消防隊提供的資訊完全不同。

處理那起案件時，我們團隊第一個下水的潛水員是巴尼。他以特定的搜尋模式在水中潛尋了四十五分鐘，同時我裝備齊全地以潛水員備員的角色在旁待命，不斷把河水打在自己頭上，保持冷靜。輪到我下水搜尋時，我從巴尼歇手的地方開始，在渾濁的河水中，慢慢地沿著水下纜繩，也就是桅桿的穩定索，進行搜尋，每移動一呎，就拉住另一根新的搜尋導引繩。就在我一面游，一面觸搜著周遭時，我突然摸到了溺斃者的肩膀。僅僅一個小時前，這個人才在和朋友享受下午的河上時光，現在卻成了另一個不幸的統計數字。他大張的眼睛看著我，我緊緊地把他夾在手臂之下，帶著他游回碼頭。

七、八月的熱浪代表大家會蜂擁衝至水邊，在涼快之際也享受陽光。事實一再證明，太陽、水與酒精的結合，是一杯致命的雞尾酒。一名年輕人在梅德威河（River Medway）的河灘上喝了酒後，決定游到對岸。他在水裡出了問題，溺死在途中。事故發生後，我們很快就尋獲了他的屍體。

某個溫暖的週五晚上，在薩里郡的美麗景點弗吉尼亞湖小鎮（Virginia Water），一個年輕人與一名女孩第一次約會，他們決定到湖裡泡一泡。兩人游出去後，年輕人感覺疲累，並開始掙扎。女孩雖然泳技絕佳，也試著撐住他，但還是無法成功把他拉上岸，年輕人直沉至約二十四呎的水底。

她報了警，消防隊最早趕到，但無法確認他溺水的位置。我們抵達時，夜色已經很深。消防艇已在女孩通報年輕人下沉的位置下錨。我們把側掃聲納放入水中，短短幾個畫面後，螢幕上就出現了躺在湖底的屍體，蜷曲像是睡著了。我的潛水員入水把年輕人帶了上來。

幾天後，我們又回到那片接近桑伯里水閘的泰晤士河水域，尋找一名十五歲的男孩。當天下午我們把那孩子打撈了上來。他焦急難過的家屬全在河邊等待結果。

這麼多年來，我與曾經目睹自己深愛的人、親人、好友溺斃者溝通的次數實在太多了。每件案子都不同，而這也是最難卻最必要的工作之一，因為目擊者需要協助確認遇難者的位置。

工作職場中最艱困的工作之一，是與一個九歲孩童的對話。他的父親在他們釣魚的時候，從船上跌落水中溺斃。這個可憐的小傢伙就這麼獨自在船上隨波逐流，不斷呼喊著他的父親，直到有人把他救了下來。我們在第二天接到協助警方行動的通知，我要求與遇難者的兒子對話，因為他是唯一知道他父親失足落水位置的人。

在一位家人和一名警官的陪同下，這個孩子和我在河邊見了面。

「我來這裡找你爸爸。很對不起，但是你可以告訴我他是在哪裡掉進河裡的嗎？」我輕聲地問。

他指著河中的一個位置。我向他道謝後，必須立刻走開。我不知道該說些什麼。不管我能說出什麼，都不可能讓他感覺好過一點，但是至少我可以幫他找到他的父親。

我向我的團隊進行簡報，潛水員已整裝準備出發。憑藉著小男孩與聲納設備提供的資訊，我知道我可以很快找到孩子的父親，而我也確實做到了。熟悉的形狀出現在螢幕上。我們把加重裝備連接一條附著浮標的繩索——潛導索——藉以標示出位置。

遇難者的家人都在水邊等待消息。打撈的屍體必須謹慎而周到地處理。我們需要找一個僻靜與隱密地方，讓屍體「上岸」。如果附近有群眾，我們會在水下把屍體裝進屍袋中，若情況許可，我們會帶著屍體游到僻靜的位置後，再將屍體帶出水面。

潛導索就位後，我回到我的團隊與警方那兒，向他們進行簡報。我想要對遇難者家屬解釋發生的事情，因為不論情況多糟，他們都需要知道事件的最新發展。一位警官領著我走到遇難者家屬那兒，把這個令人痛心的消息帶給他們——令人大大鬆了一口氣的是他們已經把那個孩子帶回家了。

「恐怕我要帶給各位壞消息了，」我這麼說。「很遺憾，我想我們已經找到遇難者了。」那個人的妻子與母親直接在我面前倒下去，悲傷、震驚與哀痛地哭喊。那是令人非常難以接受與情緒化的片刻。我致哀後離開，抬手抹去了眼裡的淚。

我一直都瞭解這樣的悲傷，也知道這種悲傷的衝擊與痛苦有多麼強烈。第一次領略到這樣的悲傷，是祖母去世的時候。失去老爸的悲痛，更是強烈到直至今日依然感傷。每個人儘管有不一樣的悲傷情緒，但我可以感同身受地瞭解這家人的哀痛，從自身的痛苦經驗中，我也知道任何人說的任何話、做的任何事情，都蒼白無力。

我和我的團隊接著上場，開始這項打撈屍體的嚴肅工作。潛水員在水下帶著遇難者繼續往河的下游游，直到一小段距離外的隱密所在。我在船上跟著過去，把屍袋遞給他們，在水下將屍體裝進屍袋中。確認周遭沒有人後，大家才合力把遇難者抬出水面。他的家屬什麼都沒有看到。

一到了夏季，各河川就變身成為死亡輸送帶，其中又屬水堰最為致命。雷丁（Reading）的一道水堰就在連續兩週內，先後奪走了兩條生命。第一起意外的遇難者，當時正走在水堰上方，結果失足落水，一路翻滾到水堰最底部，才被水堰吐了出來，但發現時已身亡。當時天氣很熱，我們很快就尋獲了他的屍體，送到我們架起來的一個帳棚內。儘管人已經在屍袋中，但蒼蠅還是立刻就飛了過來。我們被告知喪葬業者無法在兩、三個小時內將他的屍體運走，我只號決定重新將遇難者放回水中，維持較低的溫度，遠離蒼蠅。我們用安全繩將屍袋綁在擔架上，確保大眾不會看到。

喪葬業者最後終於抵達，把屍體放入他們貨車的冷凍櫃裡。車子離開時，貨車後門突然被甩開，置於輪架上的屍體也就這麼滑出車外。我們一路追著車，才把這個可憐的傢伙重新安置回車內。

兩週後我們又被召回到相同地點，要求協助搜尋一名在穿越水堰時，碰到同樣可怕死亡過程的青少年屍體。

每當我們找到屍體或目標物時，都會用「五鈴」密碼傳遞訊息。潛水員若在水底找到了東西，會拉扯五次自己的安全索，那麼位於繩索另一邊的水面上的人就會知道目標物位置已經確定。只要我們在水面上周遭有群眾，或者我們若使用無線電，可能會有人不小心聽到時，就會使用「五鈴」這個詞。

二〇一六年的夏天，我們經手了十六起溺斃事故。頻率實在太過頻繁，而對於這些年輕人毫無意義的喪生，我也不斷地感到挫敗。所有的事故都可以避免。

其中一件發生在吉爾福德的案件，我們幾乎是在當事人從曳船道一落入威河（River

Wey），沒有再冒出頭後，就立刻收到通知。我們很快就找到了他，並進行急救，距離他落河時間不到一個小時。溺水之人有九十分鐘的機會之窗，或許可以把人救回來。但在這件案子中，我們並沒有成功。

另外一起特別讓人難過的案子，是一名新世紀旅遊者[22]游泳失蹤的意外。我們接到通知趕往瑞普利（Ripley）附近的一座湖邊後，遇難者的狗正坐在岸邊盯著湖中的一個點，嗚咽哀叫。我們派潛水員在狗兒凝視的位置下水搜尋。湖水清澈見底，但我們從水面上只看得到水草。我們的潛水員很快就找到了遇難者，水草一撥開就看到了屍體。那隻忠誠的寵物精準鎖定了牠主人曾經所在的位置。

然而那年發生的所有事故當中，最關鍵的一起事件發生在五月初的春天，當時英國的東南邊正在享受一段氣溫維持在二十五、六度的溫暖時光。

我們才剛剛開心地過完了五月的第一個週末，我穿著西裝、打著領帶，正準備去參加一場週一的會議。愛黛兒打電話到辦公室，並說有急事，要盡快和我通電話。她傳來了一則新聞的連結網址，在新聞裡，一個家庭正拼命地試著找到他們落水的十多歲兒子。愛黛兒問我是否可

22 譯註：新世紀旅遊者（New Age traveller）泛指擁抱一九六〇年代嬉皮、波希米亞文化，以車為家，沒有固定工作，過著現代游牧生活的人，主要住在英國。

以幫幫他們。

這名青少年的名字是艾利斯．唐尼斯（Ellis Downes），十六歲，與朋友在牛津郡卡勒姆（Culham）的泰晤士河邊享受週六下午的時光。一群人在河裡泡水後，他感覺脫力，朋友們試圖救他，但他還是沉入了水中，再也沒有冒出頭。岸邊、水面上開始了驚慌瘋狂的搜尋，然而可憐的艾利斯卻已躺在河底，只能靠潛水員尋獲。由於水太深，除了潛水員，沒有其他的方法，所以整個搜救行動很快就收隊，讓遇難者的家人處在沒有訊息、沒有答案，也不知道該怎麼辦的困境當中。絕望的家屬轉向社群媒體求救，訊息被媒體注意後播了出來。

當時國際專家集團與薩里郡的消防救援隊還有合約關係，所以我做了該做的事情，致電消防救援隊隊長羅素．帕森（Russell Pearson），詢問他是否介意我重新部署團隊到泰晤士河河谷協助遇難者家屬搜尋屍體。他同意了。於是我的團隊就聯絡泰晤士河谷與漢普郡警局的聯合控制室，讓他們知道我的潛水團隊將協助搜尋。我把我們團隊的詳細狀況向他們說明了之後，又聯絡了國際專家集團的控制室，向團隊簡報情況。大家接著將裝備搬上車出發。我開的是自己的車，大家約好在卡勒姆會合。

在前往卡勒姆的路上，在現場的警方搜尋顧問打電話給我。他是位一般警員。

「你現在就立刻掉頭回去，不准來現場。」

我非常意外。

「什麼理由？」

對方並沒有給出理由。

我告訴他我在出發前已經與他的主管把事情安排好了。他對我說他的主管太忙，根本不可能跟我說話。

「很抱歉，我還是會去。」我這麼說。對方沉默了一會兒，然後告訴我，我的團隊和我必須改道去亞平敦的一個停車場，他會在那裡與我們碰面。那的地方離搜尋現場很遠。

「好。」我說完後掛上了電話。

這麼說吧，這位警員的態度讓我很不高興。我是要去幫遇難者的家屬。從過往令人無法釋懷的經驗中，我很清楚這件案子不可能出動潛水員，因為泰晤士河谷警察局沒有配置潛水單位。他們的潛水單位早在二〇一四年就被他們的警察及犯罪委員（police and crime commissioner）在大幅刪減警力預算的行動中遭到解編。

我打電話給我的團隊。

「先警告各位，我們這次會遇到自大狂。」

等我們抵達停車場後，這位警員已在一台沒有標示的白色廂型車中等著我們了。雖然他的階級不高，但他代表的是警方搜尋顧問，所以整個搜尋行動由他指導。他走過來，要我從哪兒來，回哪兒去。我再次重申我的堅持，並要求與他的上司通話。

「我不要業餘潛水的傢伙。」他這麼說。

「我們是專業潛水團隊，」我糾正他的說法。「我要到河邊去，與家屬溝通，並告訴他們，如果他們希望我們幫忙，我們就是來這兒幫忙的。」

「你們只要靠近河邊，我就逮捕你們，聽懂了嗎？」他警告我。這個傢伙真的把我惹毛了。為了證明我們的資格，我直接打電話去國家打擊犯罪調查局的服務台，然後把手機拿給那位警員。對方向這位警員確認國際專家集團的確是在他們的資料庫中，是警方授權的支援團隊，並且受到警方高度尊重。一點都沒錯，我們是全英國唯一一支可以執行警方潛水隊工作的團隊，而且具備完整的鑑識能力。國家打擊犯罪調查局的接線人員建議那位警員接受我們的支援。

那位警員走到遠一點的地方，打了一通電話。十分鐘後他又走回來，依然告訴我們不可以入水，命令我們離開。

「搞什麼啊？」我不可置信地對他這麼說。

「我知道國際專家集團是誰，我之前是英國警方潛水隊隊員。」他這麼說。

「原來是這麼回事啊，」我接口這麼說。「河底下有個少年，而你卻讓政治介入，阻撓他的搜尋工作？我真是受夠了你的態度。我就是要去河邊與家屬見面。如果你不讓我們下水，明天早上這件事就會登上全國新聞台。」

「你試試看，」他說。「如果你敢過去，我就逮捕你。」

我上車，離開停車場。

我把車停在已遭封鎖的搜尋現場外，直接走向封鎖膠帶。另外一名警員正站在那兒，先前那位警員顯然已經與他聯絡過，也警告了我的到來。

「福爾丁先生，你再走近一步，我就會逮捕你。這裡是犯罪現場。」這位警察這麼說。

「犯罪現場是嗎？好啊。請出示你們的犯罪現場紀錄，警察先生，」我提出要求。「你們惹錯人了。」我另外加了一句。

「哦，我們沒有犯罪現場紀錄。」他結結巴巴地回答。

「因為這裡不是犯罪現場，對嗎？你騙我，」我說。「我要從膠帶下過去。如果你想要逮捕我，請便。現在，請讓路。」

我拉起膠帶，繼續往前走；我很清楚自己沒有違法。

這位警員也知道我並沒有違法，因此他站在那兒不知所措，也不知該說些什麼。

我在現場向焦慮到快發瘋的家屬自我介紹後，環顧了一下四周。河邊周圍到處都是大批的群眾。現場有一些社區警察支援人員（police community support Officers，簡稱PCSO），但是他們並未執行任何搜尋行動。有位全國性報紙的記者正在與家屬的一位朋友通電話，他在追蹤遇難者家屬於網路求救後的後續發展狀況。當他們得知我們遭到警方阻擋，不讓我們搜尋艾利斯時，都非常震驚。

這起案件是我生平僅見最糟糕的搜尋行動，完全沒有溝通，也沒有協調。一開始的搜尋由消防隊員與志願救援團隊執行，他們用了所有他們可以動用的設備，譬如立在支架上的攝影機，也盡了他們最大的努力，但支架攝影機在深水環境中的效果很差，儘管如此，我依然對他們的付出表示讚揚。週六晚上與週日也有人用過聲納系統搜尋，但使用的系統效果也很糟。如果聲納系統有效，艾利斯應該立刻就會被找到。環境局也曾派出一艘船，努力搜尋艾利斯。

我試著找出一位現場負責的人，向他解釋我有潛水團隊，這家人需要我們的協助。沒有任何一位警員願意上前與我或家屬溝通。

這個時候，這件事情在新聞上的關注度愈來愈高，當地社區愈來愈多人出現在河邊表示支持。

最後，有位警探在那天晚上現身，遇難者家屬圍住了他的車。他們非常生氣，想要一個答案。沒多久，這起案件被正式宣告為重大事件。基本上，這就代表整個事情都搞砸了。

艾利斯的父親戴倫迫不及待的希望我們下水搜尋他的兒子。他啜泣不止，懇求警方讓我們下水。我親眼所見的情況，讓我震驚異常。最後家屬說如果警方不同意我們下水，他們就自己下水。他們已經租了一艘船，要到河裡去自己找。

直到這個時候，那位警探才終於讓步，但是天色已暗。我們車上並沒有泛光燈設備，因為我們出發的時候，以為搜尋行動很快就會結束，大夥兒還可以回家喝個下午茶。我詢問警方是否可以借用他們的泛光燈，卻被告知他們沒有可以借給「一般百姓」的泛光燈。這些人為了證明他們的一個觀點，竟然刻意不提供任何協助，完全不以絕望家屬的最大利益作為行動依據，實在太令人難以置信。

圍觀的群眾幫我們把船以及潛水設備運到河邊，警方與社區警察支援人員卻冷眼旁觀，沒有提供任何協助。他們的作為讓我覺得噁心極了。

上了船，在艾利斯朋友指稱他溺水的區域用側掃聲納搜尋後，我們立刻就找到了他的屍體。他在水底躺了三天。我的團隊下水撈起了他的屍體，而這一切在四十分鐘內就完成了。

從水中尋獲屍體後的標準作業，必須要從發現屍體的地方，採集水樣本，以防有必要進行鑑識檢測。我們請警方提供裝水的樣本瓶，他們說手頭上沒有現成的，我們只好空出一個礦泉水瓶替代。

艾利斯的家人儘管悲痛萬分，卻依然感謝我們終於把他們的兒子帶回他們身邊。接下來的幾天，他們對自己所經歷的一切，表達了他們的憤怒。特別是戴倫，他的批評力道尤其猛烈。簡單地說，這就是一場一團糟的搜尋行動。

一如預期，全英國幾乎所有的新聞都在報導這起事件，而泰晤士河谷警察局當時的副局長妮琪・羅斯（Nikki Ross）則是罕見地在YouTube上傳了一段公開道歉的影片。我從來沒有見過她，但是我為她感到難過，因為她是被推出來背鍋的人。隨後，警方自行向獨立警方投訴委員會（The Independent Police Complaints Commission，簡稱 IPCC）舉報此案，委員會啟動正式調查。

這起災難性事件之後沒多久，我就在年度女警獎（Women in Policing Awards）典禮上與妮琪碰了面。我固定會在這個典禮上頒發獎項。我提議一起喝杯咖啡聊一聊，而我們也確實這麼做了。她說她對於之前發生的事情感到憤怒，而我則痛惜整個地區這麼多警方潛水隊遭到解編，以致於各地警力在需要潛水員的時候，資源配備不足。我提出了一個解決方案，建議國際專家集團與泰晤士河谷警察局簽訂一份備忘錄，讓我們成為警方的水下搜尋單位，就像我們與其他警方單位的作法一樣。後來雙方也確實簽訂了合約，我們那年常常接到通知到泰晤士河谷區域幫忙搜尋溺斃的遇難者。

獨立警方投訴委員會第二年公布了他們的調查結果，文件中記錄了遇難者家屬如何被迫等了「一個小時又一個小時」，卻始終等不到警方的聯絡。這份文件也批評了警方對於艾利斯家屬所展現出來的「無禮與缺乏專業性」的態度。我希望艾利斯案件的教訓，能讓未來不再出現有家庭遭受如此的對待，也沒有家庭必須如此沒有意義地等待，才能等來他們心愛的家人。妮琪之後就退休了，但我們還是常常聯絡，而我們與泰晤士河谷警察局以及局內的優秀警員，現在也都維持著極佳的關係。

第二十章

坐下來寫這本書時，距離讓我從此步上這條不平凡道路的紐伯利與霍尼頓第一次道路抗議事件，已超過二十五年。儘管四分之一個世紀是段很長的時間，物換星移，許多人事已非，但是從另一個角度來看，許多事情卻又一成未變。

環保鬥士繼續阻撓著大型基礎建設計畫，為環境奮鬥。他們現在更靈活了，擁有像反抗滅絕（Extinction Rebellion）這樣的組織，動員社群媒體，協調不同地方的抗議團體。抗議者應用的方式也不一樣了，結果證明把自己黏在前輩試圖阻止興建的道路上，是擾亂大批人馬並獲得關注的一個簡單又有效的方法。部分抗議的主題也變了。氣候危機的急迫性成了行動動員的首要號召議題。

然而更多「傳統的」抗議目標與方法依然保留了下來。在二〇二〇年代的英國，許多環保人士轟動武林的抗議目標是二號高速鐵路（High Speed 2，簡稱HS2），這是一條具爭議性的高速鐵路線，從倫敦接到伯明翰與西南部。為了延緩施工進度，配備了地道的抗議者營區，紛紛沿著鐵路線設立，一些老面孔也重出江湖，支持新一代的抗議者。多年來與我相處愈來愈愉快的沼澤哥就是其中一位。我們擁有許多共同的經驗，也彼此敬重，偶爾還會在電話中聊一聊，交換著以前交手的老故事，也分享著各自對新近抗議者的看法。儘管分屬衝突的不同陣營，但是抗議者相信我，我們擁有相同的目標——維護大家的安全。

從抗議活動的公共秩序維護行動角度來說，二號高速鐵路標示了一次方向的改變。身為許多重大基礎建設計畫頗受敬重的一名顧問，我經常在工程規劃階段，提供當局執行抗議者管理方面的意見。一位運輸部（Department of Transport）的人員與一位二號高速鐵路的保全顧問，就曾針對這個興建計畫，來到國際專家集團總部，尋求我們提供抗議者管理應該如何制訂的建議。他們讓我看了一份由某家昂貴的大型顧問公司所準備的報告。這家顧問公司與相關單位簽約，針對二號高速鐵路路線上所有可能的抗議活動提供意見。這份報告在摘要部分表示「極少或根本不會有反對二號高速鐵路的示威活動，因為這條鐵路線切穿的是英國鄉間的大片土地。」顯然撰寫這份報告的人，從來沒有接近過任何抗議者營區。

我挺憤世嫉俗的。我帶著來訪的客人在我們各工業單位走了一趟，向他們介紹為了安全執行這些驅離行動，我們需要準備的所有專門設備。午餐期間，我為他們做了一次簡報，權充一記當頭棒。我向他們解釋過去抗議活動曾經出現過的複雜性與廣大的覆蓋性，也列舉了所有環保鬥士搞破壞的手法。來訪的客人們下巴都掉下來了，其中一位代表還出現了臉色發白的情況。一九九〇年代英國道路抗議風潮迅猛成長至今，二十年間，大家的記憶都已褪淡。有些參與二號高速鐵路規劃的人，當時還是孩子，對於那些曾經的抗議活動有多浩大毫無記憶。

「不要懷疑，必然會出現抗議活動，而且這些抗議將來勢洶洶、具良好組織力，目的就是造成最大程度的擾亂，」我這麼說。「你們必須要有準備。」

隨著二號高速鐵路工程的進行，我持續提供我對這個計畫的建議與指導。相關單位詢問我有關保全方面的問題，我的建議是：最具經濟效益的解決方法，就是雇用一家抗議者驅離公司，處理專家相關的工作，再聘僱另一家保全公司負責現場的保安。我認為根本不存在萬靈丹的解決方法。安全驅離抗議者是一件複雜、高度專業化的工作，需要專門的工具以及相對應的技能知識，絕對不是一家雇用了孔武有力的保全人員以及配備了一套鋼線剪的保全公司就可以處理的情況。聘僱技能不足者所可能帶來的影響，在我眼中，再也清楚不過了。在驅離過程中，沒有經驗的人無意間致使裡面有人的地道坍塌，或在移除水泥桶時，扯斷鎖定在其上的抗議者手臂，都是實實在在的風險。

遺憾的是承包商並沒聽從我的建議，他們只公告徵聘一家專業公司，在我看來，這就是在浪費納稅者的大筆稅金，因為保全公司終究還是必須下包給驅離抗議者的第三方公司，然後再在這個分包費上加上他們自己的獲利比例。在招標階段，有三家參與招標的保全公司聯絡國際專家集團，要求我們提供抗議者驅離的解決方案。

抗議活動很快就展開了。一個自稱二號高速鐵路抗爭（HS2 Rebellion）的團體，就在二號高速鐵路位於尤斯頓車站（Euston Station）旁的尤斯頓廣場花園（Euston Square Gardens）總部外，偷偷挖了一個深達一百呎的地道系統。抗議者儲存了足以維持數週的食物與飲用水，在二〇二一年一、二月間，於地道裡待了三十一天，持續不斷地挖掘並補強他們的地道傑作。

這個抗議團體成員包括了沼澤哥與另外一位高知名度的抗議者拉奇・麥克西博士（Dr Larch Maxey）。我興趣盎然地看著事件的發展，好幾家新聞台都來詢問我的看法。最後當執行官進入現場後，他們的一些作法開始讓我擔心。顯然現場並沒有待命的支援救援團隊，驅離者在地道入口附近使用重型的廠房機具，沒有為抗議者提供空氣，雙方也沒有溝通機制。

拉奇與沼澤哥在地道裡打電話給我，表達他們的憂慮。現場開始出現執行官重重踩在抗議者手上的影片。

我立刻致電安全衛生執行署，明確說出我的看法。

「這個驅離行動必須停止，不然就會有人死在現場。」我這麼對安全衛生執行署說。

那天晚上安全衛生執行署中止了驅離行動，並下令待命的救援團隊進入。

抗議者的法律團隊要求我到現場進行評估，但是一位非常生氣的二號高速鐵路保安單位經理，透過電話警告我不得接近現場。最後一名挖地道的抗議者終於也自願離開了地道。所有人都遭到逮捕，那年稍晚，「尤斯頓廣場六人幫」（Euston Square Six）因為他們三十一天的地下生活，在海布里角裁判法院（Highbury Corner magistrates court）面臨了加重非法入侵罪的起訴。除此之外，檢察官還針對拉奇個人增加了一條損壞手機的起訴罪行。法官裁定所有人都無罪，大家就地解散。

這起事件只是一個開始。隨著鐵路興建工程的展開，這條鐵路沿線又發生了多起抗議活動，阻礙施工進度、快速拉升整個計畫的成本。但是這個工程的相關單位不但沒有在保全與抗議者驅離的行動上，提出仔細斟酌後的作法，反而把警方請到現場，有效地把警方當成了私人企業的保全公司。我覺得這種作法簡直可恥。私人土地上的驅離行為屬於民事侵權事件，只有在涉及到生命安全威脅、刑事損壞，或執行團隊無法控制情況時，警方才應該介入。警方應該遠離民事事件，他們應該處理的是嚴重的刑事犯罪案件。儘管我並不選邊站，但是處理的方式必須符合比例原則。民事事件應該由私人保全機構對應。

再說，這條鐵路線興建計畫的初估保全費用，後來呈倍數成長，預計會超過兩億英鎊。

完全不應該發生的溺斃事件數字，已經讓我忍無可忍。二〇一九年肯特警察局聯絡我去搜尋一個失足墜入肯特桑威治（Sandwich）附近斯陶爾河（River Stour）中的六歲小男孩時，我決定要做些事情阻止這種根本就是可以預防，但每年夏天我卻不斷目睹的生命流逝事件。

魯卡斯．道博森（Lucas Dobson）是我們接手搜尋溺斃者任務中，年齡最小的遇難者。當時他和我的女兒小夏同齡。魯卡斯是個總是掛著頑皮微笑的快樂小男孩。他的父親奈森（Nathan）有一條二十五呎的船，父子兩人常常開船在河上兜風。八月十七日，這對父子正走向停靠在河岸的船準備要登船時，魯卡斯毫無預警地嘗試跳到另外一艘有其他孩子在上面玩耍的船上。但是他沒有抓準間距，直接墜入了河中。河中水流湍急，魯卡斯落水後，轉眼就被沖走了。奈森和另外三名男子全跳下河中想要救他，但是連他們在河中都非常吃力，當然也無法找到魯卡斯。

在死因審訊庭上，奈森淚流滿面地說：「我想要看他浮出水面，但他一次都沒冒出來。沒有人看到他，他就像在拔掉了塞子的浴缸中，就這麼被吸了出去——那條河就這麼把他吸走了。」

我們接到通知後，參與了這個落水孩子的搜尋，但水流實在太過湍急，而且潮汐影響很大，河裡又長滿了蘆葦，在水裡整天被沖過來刷過去。我們在這樣的情況下，根本無法鎖定孩子的位置。四天後，一位警官在離魯卡斯落河不遠的河岸上，看到了魯卡斯的屍體，我們這才將他打撈起來。

魯卡斯的家人透過死因審訊庭外的一份聲明，哀悼他們失去的孩子。

「魯卡斯．道博森是個漂亮、討人喜歡，又活力四射的六歲男孩。他喜歡唱歌、跳舞、汽車與自行車。家人因為失去他而遭到嚴重打擊，魯卡斯的母親克莉絲蒂（Kirsty）今天甚至無法在此面對這一切。」他們在聲明中這麼說。

「造成魯卡斯離世的一連串事件，其實全都可以避免。魯卡斯的家族將全力確保魯卡斯的死，能讓大家更注意河上的安全問題、大人必須在有孩子在場時，投注更多的關注與照顧，還有永遠都要使用救生浮具。」

二十多年來，經歷過各種打撈溺斃受難者以及目睹遇難者家屬遭受的毀滅性打擊後，我認為正面運用自己經驗，做些實際可以降低溺斃悲劇的事情，強化民眾水上安全意識的時候到了。奈森與魯卡斯母親克莉絲蒂的想法是在斯陶爾河沿岸放置救生圈，並希望政府能通過孩童必須穿上救生衣的強制性規定。

我則是擬定了一個計畫，成立全國性的水上安全方案，透過這個方案，學校可以出借救生衣給學生，就像圖書館裡的書一樣。我的構想是每個參與這個方案的學校都會收到一組八套救生衣，學生的父母若要去接近開放水域的地方，就可以要求借用。於是在與巴爾提克救生衣（Baltic Lifejackets）合作下，魯卡斯．道博森水上安全活動（The Lucas Dobson Water Safety Campaign）成立了。巴爾提克救生衣同意以接近成本的價格提供我們救生衣，並在每件救生衣上印上魯卡斯活動的標誌。這個標誌上有一個魯卡斯的圖像，不但與活動極為契合，也充分說明了真的有個小男孩不幸溺斃，而一件救生衣本來可避免這件悲劇事件的發生。

透過一個群眾募捐網頁的協助，我們募集到了一萬三千塊英鎊。魯卡斯．道博森水上安全活動在二〇一九年十月十七日啟動。我利用自己的時間與費用，親自用直升機把救生衣送到全英國各地的學校去。看到直升機降落在他們的操場上，孩子們總是非常興奮，然後我再對他們講解一番水上安全的相關資訊。學生、父母與師長們對於這個活動出乎意料的迴響，一直是募款得以持續的動力，而我也盡可能親自遞送這些救生衣。

水上安全是一件我覺得非常重要的事情，我下定決心盡所有力量去改善大家取得免費救生衣的管道，進而降低溺斃事件。水上安全並不是全國中小學課綱的一部分，這是我打算要改變的事情。我樂見有一天英國每一所學校都能提供免費的救生衣，而水上安全意識的影片也能成為大家強制必須觀賞的影片。

有時候正義之輪會毫不費力地輕鬆轉動，系統制度也會本份地發揮功效，就像照護員莎曼珊・伯恩（Samantha Byrne）在二〇二〇年十一月發現那個躺在血泊當中的屍體一樣。莎曼珊・伯恩在抵達她的一位客戶奈吉・查普曼（Nigel Chapman）位於薩里郡的屋子時，被前門門口地上一張塗鴉紙條弄得摸不清頭腦，紙條上的內容是要給她和她同樣也是照護員妹妹的訊息，紙條上這麼寫：

抱歉，凱莉（Kelly）／珊，太早了，所以沒打電話給妳們。

我去公園餵鴨子。

當時是早上七點四十五分。莎曼珊一點都記不起來奈吉何時曾一大早去餵過鴨子，她立即警覺到事情不對勁。她用奈吉給她的鑰匙開了門，進屋後就聞到了一股刺鼻的漂白水味道。

她大聲叫著查普曼先生，卻沒有任何回應。她進到他臥室後，驚恐地發現牆上與地毯上都有血液噴濺的痕跡。向下看，就看到查普曼先生一動也不動地躺在地上，面朝下，浸在一攤他自己的血液之中，腰部以上赤裸。他已經斷氣，臉上、胸部與脖子被人連續用刀捅了許多次。解剖屍體後發現，奈吉的死因是朝著心臟的兩次捅刺，頸部與臉部的刀刺傷都屬於皮肉傷，他的手臂與手上也有防禦性傷口。在攻擊中，凶手使用了好幾把不同的刀。

奈吉．查普曼一位酗酒成癮的朋友珍妮佛．關．洛伊德（Jennifer Gwen Lloyd）立即成了可能的嫌疑人。她曾在數月前毆打奈吉。有名目擊者當時看到她用力踩踏奈吉的胸部與肚子，還將一捲衛生紙用蠻力塞進他的喉嚨之中。

兇殺案調查很快展開，有位目擊者出面指認，取得的電視監控系統影片也顯示洛伊德在奈吉遭到殺害當天離開他家，並在門口留下字條。

警方搜尋顧問在奈吉屍體被發現的幾個小時後，致電我們的控制室，要求協助，因此國際專家集團也參與了這件案子的調查。我們被分配的任務是在附近的河岸與河裡搜尋所有遭到丟棄的證物。河水很淺，所以我們使用潛望鏡（bathyscope）這種水下檢視器，並很快就找到了奈吉的鑰匙與信用卡。洛伊德還把一個裝了奈吉衣服、兩把刀、漂白水空罐以及奈吉後門鑰匙的袋子丟在河中。當天下午她因涉嫌蓄意殺人而遭到逮捕。她否認拿刀捅刺奈吉，還表示奈吉打算和她結婚。她對警官的攻擊性愈來愈強、辱罵內容也愈來愈不堪，後來甚至出手攻擊警方，必須被限制行動自由。

一年後的二〇二一年十一月，洛伊德殺人罪名成立，判刑至少監禁十五年一百六十二天。

這是我們參與的案子中，結果令人滿意的一件，因為我們的搜尋行動很快就有了具體結果，協助確保了正義得以伸張。證物極為重要，此案在審判過程中，洛伊德就是因為證物而從無罪答辯改為認罪。第五電視台為這件案子製作了一部紀錄片《犯罪現場的凶手》（Killer at the Crime Scene），我的團隊在這部影片中也是主角。

然而令人難過的是像這樣對應如此快速的案子極少。司法系統總是運轉緩慢。出了問題的案子會變成什麼樣子？調查人員像是無頭蒼蠅，或者沒有人循著線索向下追查呢？受害者家屬又會如何？

近幾年，我曾參與過妮可拉・派恩（Nicola Payne）與海倫・麥寇特（Helen McCourt）這兩起英國最惡名昭彰的懸案之二。

我協助這兩件案子中的兩對受害人年邁父母，搜尋他們遭人殺害的女兒殘骸。兩件案子的正義都沒有降臨，但是對於這兩件案子的受害者父母來說，正義並不是最重要的動機。確實，以海倫的案子來說，凶手早已遭到判刑、入獄，甚至都已經出獄了。她的家人真正期盼的是一個結束以及心靈的平靜，希望知道他們深愛的孩子入土安息。但是這樣期盼卻因為凶手的剝奪而成為奢望。

找不到屍體，受害者家屬就一直陷在可怕的深淵當中。儘管海倫與妮可的家人都已接受她們離世的說法，卻找不到可以向她們告別與對她們表示哀悼之處，沒有可以照護的墓地，也沒有可以坐下來與他們心愛的女兒與家人談談心或僅僅只是靠近的地方。

因為多年的工作體驗，我比任何人都瞭解這一點。我很幸運，父親就在離我不遠的地方，我知道自己可以去一個接近他的地方。但是這些受害者家庭卻什麼都沒有，特別是她們的父母，凶手粗魯地用塑膠袋或舊毛毯把女兒裹起來，然後隨便丟棄在垃圾堆中、埋在淺淺的土裡，或隨手扔在湖裡的想法，不斷困擾著他們。

寫這本書時，這兩件案子仍然未解，但我發誓要繼續搜尋，直到所有的可能性都被探查過為止。

海倫在一九八八年二月失蹤，當年二十二歲。她在離自己位於默西塞德郡（Merseyside）畢林格村（Billinge）的家約六百五十公尺的地方失蹤。她的失蹤引發了全英國規模最大的失蹤人口盤詢行動之一。當地的酒吧房東伊恩·希姆斯（Ian Simms）在強而有力的鑑識證據下，因殺人罪被判刑，但他拒絕吐露海倫屍體的去處。

海倫的母親瑪麗（Marie）在一九九二年寫信給正在服刑的希姆斯，哀求他告知她女兒在哪兒，希姆斯不但拒絕，而且他的回覆滿是威脅。

瑪麗於是發起運動，要求政府通過《海倫之法》（Helen's Law）。所謂海倫之法就是凶手若拒絕透露他們掩藏受害者的位置，就讓他們更難獲得假釋。希姆斯在牢中待了三十二年後，於二〇二〇年二月出獄，當時海倫之法尚未實施，因此也沒有為瑪麗帶來她應得的內心平靜。她期盼的一直都只是把女兒找回來而已。

在海倫的家人聯絡我，要求我的協助之後，我開始參與受害者的搜尋。數年來，我分析證據，重新審視案件，找出在最初調查中可能失漏的地方，也在新科技的裨益下，重新調查需要探尋的區域。寫這本書時，手上的這件案子依然處於進行式，我持續在搜尋一個特定的區域。我相信海倫應該是被埋在我一直在搜索區域的兩百呎地下。

妮可拉一九九一年十二月十四日星期六失蹤時，才十八歲。她的兒子也僅僅只有六個月大，她很期待與兒子過第一個聖誕節。她失蹤的前一晚住在鄰近考文垂市（Coventry）波特斯格林區（Potters Green）的男友家，失蹤那天早上她出門散步，穿過一小塊當地人稱為黑墊（Black Pad）的荒地，要去就在幾百呎之外的她父母家。黑墊是一條通往她父母家的捷徑，但是她一直沒有走到目的地。

當年為了搜尋妮可拉，警方出動了八十名警員、嗅探狗，以及配置了熱成像攝影機的直升機。妮可拉失蹤後的幾天間，好幾名目擊者都描述曾看到兩個男人在那個時候、那個地區鬼祟行動。這些目擊者還說在附近看到過一輛獨特的藍色福特卡普里（Ford Capri）。警方逮捕了幾個人，但一直沒有找到人或屍體，所以這個案子難以破案。一般而言，案子未能釐清的時間拖得愈久，破案的可能性就愈低。線索變少、證物受到玷污、屍體與證物棄置地點的植物重新生長、屍體分解、記憶褪忘。

在妮可拉的案子裡，新資訊帶來了新的搜尋。一九九六年，警方挖掘了一座花園、二〇〇一年疏通了安斯地（Ansty）附近的牛津運河段。二〇〇五年妮可拉的家人重新公開要求大眾提供線索。二〇〇七年三月，有關單位重新審查這起案件。妮可拉[23]的兒子十六歲時，也發表了一個聲明，公開要求大眾提供線索。同年十一月，警方逮捕了一名男子並進行偵訊，但並沒有任何起訴，那名男子被釋放。二〇〇八年，警方又挖掘了另一座花園。二〇一二年六月，更多的土地被挖掘與搜尋，警方逮捕兩人，只不過調查後再次不了了之。二〇一二年十二月，妮可拉[24]失蹤滿二十一年那天，她的父母再次公開要求大眾提供線索。兩年後的二〇一四年三月，警方開始搜尋科姆公園（Coombe Park）的漁場。二〇一四年五月，最初的兩名嫌疑人重新遭到逮捕後交保釋放。二〇一五年十月兩人受審後裁定無罪。

被告形容警方一九九〇年代初的調查「草率馬虎」，並強調保存證物的不一致性。

二〇一六年，一位目擊者出面表示，曾在妮可拉失蹤那天，看到兩名男子在科姆郊野公園（Coombe Country Park）的湖邊行動鬼祟，警方因此在那個區域展開了為期十二週的搜尋。一

23 譯註：原文誤植為Helen。

24 譯註：原文誤植為Helen。

無所獲。

妮可拉失蹤三十年後，她的家人依然不知道她的下落，而殺害她的凶手也依舊逍遙法外。一般相信她遭到綁架與殺害後，屍體被丟入了她失蹤處附近的河流或運河中。她那對身心俱疲、健康狀況很糟的父母，之前主導過一個尋找妮可拉的活動，後來交由妮可拉的兄弟與表兄弟接棒。另外，若有人所提供的訊息可以找到妮可拉的下落，還有十萬英鎊的賞金。

我因為認識電視節目主持人，也是前警探馬克・威廉斯－湯瑪斯，才參與到這件案子中。我和馬克一起深入研究相關證物，規劃搜尋策略，並且開始再次搜尋最初與後來調查中的那些重要地區。我出動了透地雷達設備與側掃聲納，一如海倫・麥寇特的案子，我相信我們正在縮小搜尋地區，最終一定可以找到妮可拉，或至少知道她究竟遭遇了什麼事情。

這些久遠以前的懸案當初在調查時，並沒有專家警方搜尋團隊，鑑識方面的認知也不如今天這麼紮實。讓這些受害者家庭可以懷抱希望的一件事，就是科技一直都在進步。即使是一般人都可以使用的開放原始碼技術（open-source technology），現在也被用來當作解開懸案之謎的工具，使得搜尋行動可以較輕鬆地執行。舉例來說，幾年前警方請我搜尋一個被認定可能是琳達・拉瑟（Linda Razzell）謀殺案棄屍地點的可疑地區。二〇〇一年琳達・拉瑟在去斯溫登學院（Swindon College）工作的路上失蹤，從此人間蒸發。

她的丈夫葛萊恩（Glyn）因殺害她而被定罪。當時這對夫妻已經在進行離婚相關程序。他在牢裡不斷辯稱自己無辜，並爭取到了審判不公運動者的支持，讓他的案子成為二〇一八年的紀錄片《定罪：市郊的殺人案》（Conviction: Murder in Suburbia）的主題，但是他的這番操作卻讓他收穫了反效果。由於這個節目並未提出有效線索，反而讓琳達悲傷不已的親友更難過與氣憤，於是保釋官員以此為理由，拒絕他的假釋申請。後來他又試著申請假釋，但在《海倫之法》的規定之下，再次遭到否決，因為他拒絕說出他把琳達的屍體藏在何處。

有關當局重新審視這起案件時，要求我協助搜尋通風井、某一片林地，以及好幾處開放水域。我在搜尋的其中一道通風井中找到了一袋骨頭，可惜都屬於獾的殘骸。因為誘獾是違法行為，難怪犯行者會把殘骸丟在那兒。由於琳達案案發距今相隔過久，我們授命搜尋的地區改變幅度相當大，所以我利用谷歌地球（Google Earth）的歷史衛星圖像，讓時光倒轉，精準復原了這些地區在當初琳達失蹤時的模樣。這也讓我可以規劃出搜尋網格，根據這些地區在二〇〇一年的地貌，找出可能的棄屍地點。

谷歌地球是現在的調查人員可以輕易取得的許多工具之一，能夠幫助調查工作的進行。以琳達．拉瑟的案件為例，她的屍體一直都沒有尋獲，但是我可以繪製出一間早已被拆除的公廁面積，這間公廁是當時該地區搜尋的一個重點地方。

我參與了許多其他的失蹤人口案，而科技最終很可能會協助我們解開迷團，再加上大眾對於犯罪與鑑識的興趣日增，希望這也代表有一天麥寇特家、派恩家與所有其他因為心愛家人失蹤而飽受心痛折磨的家庭，可以得到一個劃上句點的答案。

訓練也是一件非常重要的事情，我經常會在自己的農莊為一群群鑑識科的學生舉辦訓練課程。我給他們上課，並展示最新的儀器與工具。當我救回來的動物壽終正寢後，我會將牠們埋在農莊的不同地方，研究這些小傢伙墳墓的變化，然後讓學生在牠們的安息之處，練習使用透地雷達設備。我們發現了好幾處埋著羊駝屍體的地方。

我是個異常幸運的人，才能擁有這樣的生活。在校時，我是學校刷下來的學生，對於自己想要做的事情，只有一個非常模糊的概念，但是我堅持了下來，並努力工作與學習。當我發現自己的熱情所在時，我更是專心一志，即使遭遇挫敗，也保持著正面的心態。

國際專家集團剛草創之初，是個非常不起眼的小公司，現在這家企業不但日益壯大，而且在一些極具挑戰性的情況下，表現出色。現在的國際專家集團已是國際知名的組織，是個具有高度專業與紀律的團隊，可以在陸上與水下執行危險且複雜的行動。

我們現在與一些警察局都簽訂了水下搜尋與打撈行動的合約。

我曾與這個領域的一些最優秀執法人員、緊急救援服務人員，與其他專家合作，他們為了更大的善，奉獻出自己的生命。我對他們所有人以及他們的工作，都懷抱著最高的敬意。

能夠有機會與學生，甚至更廣大的大眾，透過電視節目和訪問分享我的專長與知識，也是件非常幸運的事情。作者彼得・詹姆斯（Peter James）的犯罪小說、電視影集《緊急行動》

（Call Red）製作人的地下救援情節，都有我提供搜尋技巧方面的建議。（我甚至在《緊急行動》中客串演出。）我曾帶領我的團隊參加天空電視台的情境秀《搶劫》（The Heist），在節目裡，與賽團隊要「偷」錢，並且把偷來的錢藏起來。成功保住贓物下落的隊伍，可以把偷來的錢留下來。我們的工作是要找出贓物，結果我們把所有錢全找了出來，讓所有與賽者大失所望。除此之外，我也不斷出現在許多犯罪相關的播客節目與紀錄片中。

一直以來，我得到了家人的全力支持，我的家人是任何人所能期待擁有的最棒，也是愛意最濃厚的家人。我永遠都感激他們。與心愛的家人、我的動物一起待在農莊的日子，是我最開心的時候。我的職場生活有時候令人感到相當沮喪——這一點無可避免。但是我的家就是我的避難所。我在家可以做我自己、可以放鬆、可以紓解壓力。

然而相較於我的實際工作，所有這些工作上附帶而來的事情，根本微不足道。從礦坑中把人救出來、把抗議者從坑道驅離、搜尋埋在地下的屍體或殘骸、在湖底有條不紊地尋找失蹤者，知道我可以為一個悲傷的家庭，帶來一個可以讓事情劃下句點的終結，都讓我理解到，我現在的位置，就是我應該身處的地方，不論要搜尋的地點是陰暗之處，還是地下、水底。我對於自己今天的成就感到非常驕傲，但是若沒有老爸在我還是個孩子時，就帶我深入礦坑，這些事情都不可能發生。我非常想念老爸，也非常希望他還在我身邊，親眼看到我今天的成就。從五歲一個人鑽進漆黑一片的礦坑時，我就知道自己注定要待的地方是哪裡了。

謝辭

首先，我必須感謝我那對天下無雙的父母約翰與諾拉，他們給了我無盡的支持，培養出了我的冒險精神，並鼓勵我追逐自己的夢想，永遠不言放棄。我的生活幾乎從來都不在舒適圈之內，他們必然為我輾轉難眠了許多個夜晚。

我非常感激尼克·哈定（Nick Harding）在協助我寫出自己故事的過程中，所展現的耐心、指導與幽默——我們不僅擁有許多個小時的相處，還擁有許多的歡笑。

謝謝妳，編輯莉迪雅·拉馬（Lydia Ramah），還有海倫娜·卡登（Helena Caldon）、喜安·席爾佛斯（Sian Chilvers）、莎拉·辛文斯基（Sara Cywinski）、珊曼莎·佛萊卻（Samantha Flether）、羅斯·傑米森（Ross Jamieson）、荷莉·謝爾德雷克（Holly Sheldrake）、娜塔莎·圖雷特（Natasha Tulett）、荷西·透納（Jose Turner）、史都華·威爾森（Stuart Wilson），以及潘·麥克米倫（Pan Macmillian）團隊出版我的書，還有讓我有機會訴說我的故事的其他優秀成員。

這一生，我遇到過許許多多奉獻自己、貢獻專業的人——多到不勝枚舉。從警界、緊急救援服務領域，到軍方，不論是英國抑或是全球，他們都為了大我的利益而奉獻出生命，為此，我謝謝你們。我也要謝謝所有我在傘兵團結交的好友。

謝謝我在國際專家集團的優秀團隊，他們全天候地在各種天氣情況下執行一些令人痛苦不堪的艱困工作、拯救生命、為失去摯愛親人的家屬帶來慰藉。

謝謝我在英國、加拿大與澳洲的家人。

謝謝我美麗的女兒小夏、娜塔莎與丹妮耶，妳們讓我感到極為驕傲。謝謝妳們總是陪在我身邊。最後謝謝我的靈魂伴侶愛黛兒給我的愛與鼓勵。謝謝妳一路陪著我。我們是最棒的團隊。

國家圖書館出版品預行編目資料

你不知道的搜救與犯罪現場：密閉空間救援與懸案鑑識調查紀實 / 彼得．福爾丁（Peter Faulding）著；麥慧芬譯. -- 初版. -- 臺北市：商周出版，城邦文化事業股份有限公司出版：英屬蓋曼群島商家庭傳媒股份有限公司城邦分公司發行，2024.05

面；　公分

譯自：What lies beneath : my life as a forensic search and rescue expert.

ISBN 978-626-390-114-8（平裝）

1. CST: 刑事偵查　2. CST: 鑑識

548.69　　113004762

你不知道的搜救與犯罪現場

密閉空間救援與懸案鑑識調查紀實

原著書名／What Lies Beneath: My Life as a Forensic Search and Rescue Expert
作　　者／彼得．福爾丁（Peter Faulding）
譯　　者／麥慧芬
企畫選書／陳玳妮
責任編輯／林瑾俐

版　　權／吳亭儀、林易萱
行銷業務／周丹蘋、賴正祐、林詩富
總 編 輯／楊如玉
總 經 理／彭之琬
事業群總經理／黃淑貞
發 行 人／何飛鵬
法律顧問／元禾法律事務所 王子文律師
出　　版／商周出版
城邦文化事業股份有限公司
台北市南港區昆陽街16號4樓
電話：(02) 25007008　傳真：(02) 25007579
E-mail：bwp.service@cite.com.tw
發　　行／英屬蓋曼群島商家庭傳媒股份有限公司城邦分公司
台北市南港區昆陽街16號8樓
書虫客服服務專線：(02) 25007718；(02) 25007719
服務時間：週一至週五上午09:30-12:00；下午13:30-17:00
24小時傳真專線：(02) 25001990；(02) 25001991
劃撥帳號：19863813；戶名：書虫股份有限公司
讀者服務信箱：service@readingclub.com.tw
城邦讀書花園：www.cite.com.tw
香港發行所／城邦（香港）出版集團有限公司
香港九龍土瓜灣土瓜灣道86號順聯工業大廈6樓A室
E-mail：hkcite@biznetvigator.com
電話：(852) 25086231　傳真：(852) 25789337
馬新發行所／城邦（馬新）出版集團【Cite (M) Sdn. Bhd.】
41, Jalan Radin Anum, Bandar Baru Sri Petaling,
57000 Kuala Lumpur, Malaysia.
Tel: (603) 90578822　Fax: (603) 90576622
Email: cite@cite.com.my

封面設計／萬勝安
排　　版／陳瑜安
印　　刷／韋懋實業有限公司

經 銷 商／聯合發行股份有限公司
電話：(02) 2917-8022　傳真：(02) 2911-0053
地址：新北市231新店區寶橋路235巷6弄6號2樓

■2024年5月初版
定價499元

Printed in Taiwan
城邦讀書花園
www.cite.com.tw

商周出版

廣	告	回	函
北區郵政管理登記證			
北臺字第000791號			
郵資已付，免貼郵票			

115　台北市南港區昆陽街16號8樓

英屬蓋曼群島商家庭傳媒股份有限公司城邦分公司　收

請沿虛線對摺，謝謝！

商周出版

書號：BK5220　書名：你不知道的搜救與犯罪現場：密閉空間救援與懸案鑑識調查紀實　編碼：

請於此處用膠水黏貼

商周出版

讀者回函卡

線上版讀者回函卡

感謝您購買我們出版的書籍！請費心填寫此回函卡，我們將不定期寄上城邦集團最新的出版訊息。

姓名：＿＿＿＿＿＿＿＿＿＿＿＿＿＿＿＿ 性別：□男 □女

生日：西元＿＿＿＿＿＿年＿＿＿＿＿＿月＿＿＿＿＿＿日

地址：＿＿＿＿＿＿＿＿＿＿＿＿＿＿＿＿＿＿＿＿

聯絡電話：＿＿＿＿＿＿＿＿＿＿ 傳真：＿＿＿＿＿＿＿＿＿＿

E-mail ：

學歷：□ 1. 小學 □ 2. 國中 □ 3. 高中 □ 4. 大學 □ 5. 研究所以上

職業：□ 1. 學生 □ 2. 軍公教 □ 3. 服務 □ 4. 金融 □ 5. 製造 □ 6. 資訊

□ 7. 傳播 □ 8. 自由業 □ 9. 農漁牧 □ 10. 家管 □ 11. 退休

□ 12. 其他＿＿＿＿＿＿＿＿＿＿＿＿＿＿＿＿

您從何種方式得知本書消息？

□ 1. 書店 □ 2. 網路 □ 3. 報紙 □ 4. 雜誌 □ 5. 廣播 □ 6. 電視

□ 7. 親友推薦 □ 8. 其他＿＿＿＿＿＿＿＿＿＿＿＿

您通常以何種方式購書？

□ 1. 書店 □ 2. 網路 □ 3. 傳真訂購 □ 4. 郵局劃撥 □ 5. 其他＿＿＿＿

您喜歡閱讀那些類別的書籍？

□ 1. 財經商業 □ 2. 自然科學 □ 3. 歷史 □ 4. 法律 □ 5. 文學

□ 6. 休閒旅遊 □ 7. 小說 □ 8. 人物傳記 □ 9. 生活、勵志 □ 10. 其他

對我們的建議：＿＿＿＿＿＿＿＿＿＿＿＿＿＿＿＿＿＿＿＿

＿＿＿＿＿＿＿＿＿＿＿＿＿＿＿＿＿＿＿＿

＿＿＿＿＿＿＿＿＿＿＿＿＿＿＿＿＿＿＿＿

【為提供訂購、行銷、客戶管理或其他合於營業登記項目或章程所定業務之目的，城邦出版人集團（即英屬蓋曼群島商家庭傳媒（股）公司城邦分公司、城邦文化事業（股）公司），於本集團之營運期間及地區內，將以電郵、傳真、電話、簡訊、郵寄或其他公告方式利用您提供之資料（資料類別：C001、C002、C003、C011 等）。利用對象除本集團外，亦可能包括相關服務的協力機構。如您有依個資法第三條或其他需服務之處，得致電本公司客服中心電話 02-25007718 請求協助。相關資料如為非必要項目，不提供亦不影響您的權益。】

1.C001 辨識個人者：如消費者之姓名、地址、電話、電子郵件等資訊。
2.C002 辨識財務者：如信用卡或轉帳帳戶資訊。
3.C003 政府資料中之辨識者：如身分證字號或護照號碼（外國人）。
4.C011 個人描述：如性別、國籍、出生年月日。

請於此處用膠水黏貼

小時候的我與老爸在記著名字的牆邊留影。那時我們剛鑿通了礦坑的一個新區域。

完成了某個週日的礦坑探險後，走向車子的畫面，頭盔上裝了一盞電石燈。

九歲時在四十五呎深的豎井頂。我們後面的地區現在已是倫敦M25高速公路。

老爸（中）與丹尼斯・馬斯托、羅賓・沃斯初次見面。他們的相遇開啟了我們長期的地底冒險旅程。

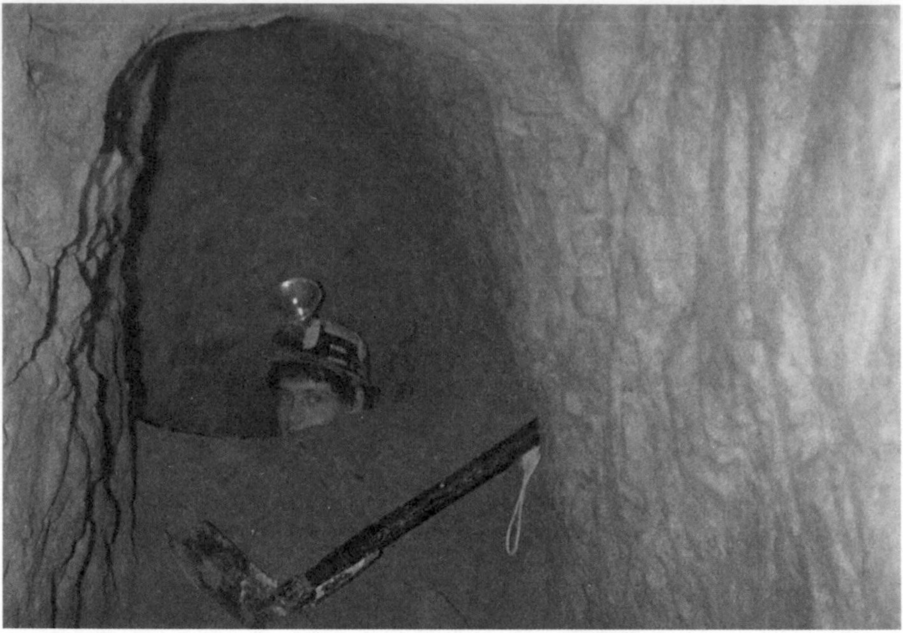

典型的週三夜礦坑探險，鑽過燧石層，發現礦坑的新區域。

與傘兵們全裝備戰鬥行軍十哩後休息時的合照。中間那個沒有穿上衣的是我。

十七歲全家旅遊。與老媽、老爸在希臘合影。

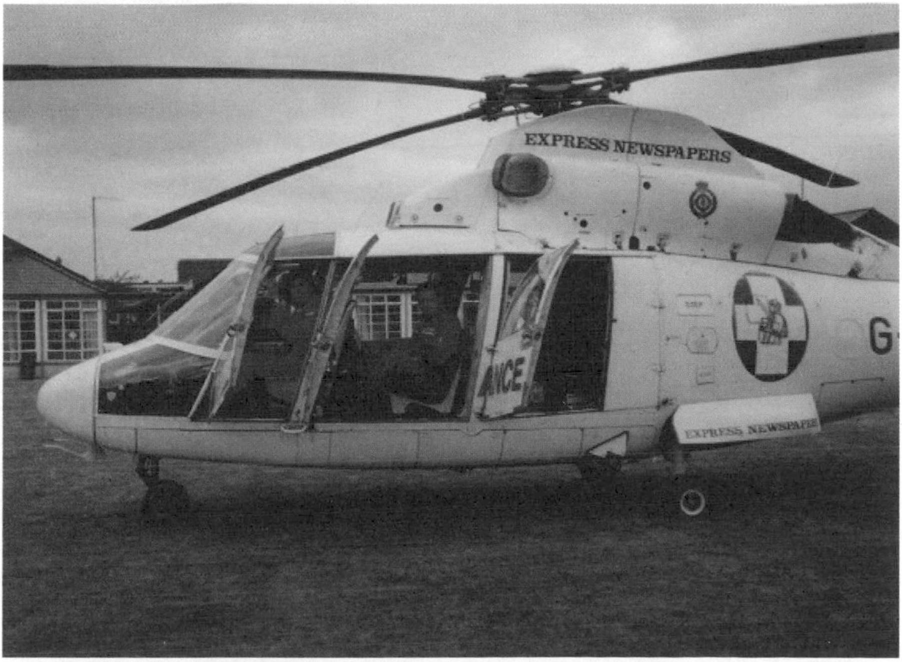

一九九〇年代在空中救護服務直升機上。

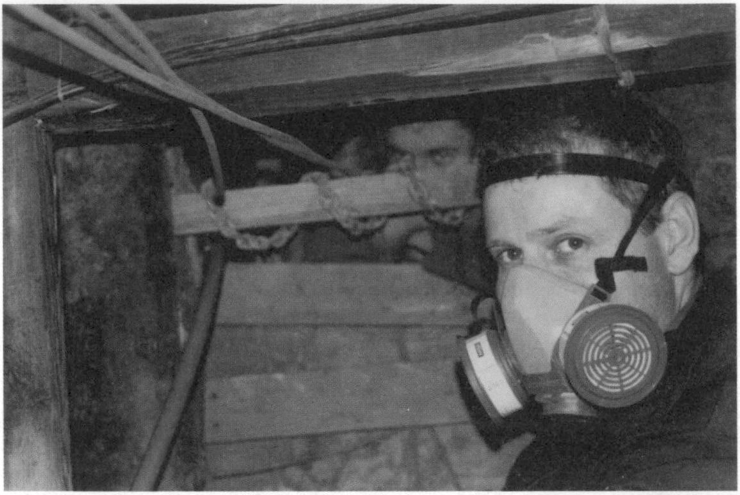

一九九七年霍尼頓外環道路抗議期間，與抗議者沼澤哥在地道中。

二〇〇二年在沼澤哥家中討論我這本書的內容。

伯明翰北環疏通線抗議現場

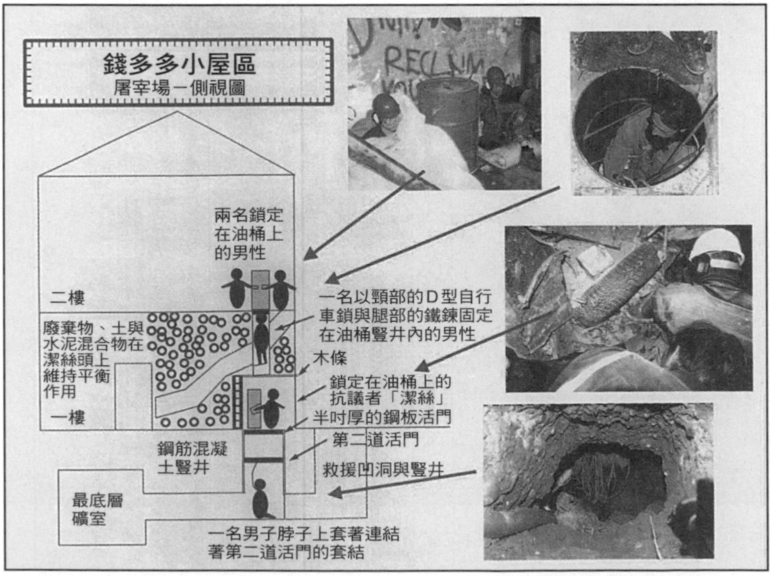

一九九七年曼徹斯特機場抗議期間，挖出一位鎖定在一個十六呎豎井底部的女性抗議者。

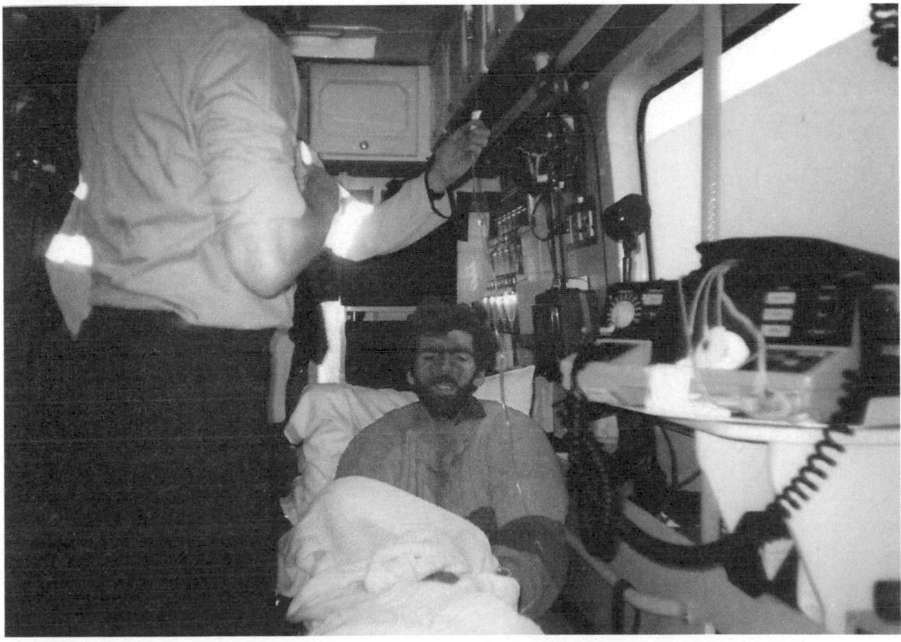

救護車上的迪斯可戴夫。我從坑洞中把他帶出來十分鐘後，整個洞穴坍塌，他因為驚嚇而昏倒。

一九九九年，受美國特勤組之邀至白宮作客。

搜尋船體時，潛水訓練提供了很大的助益。

A130 公路延長工程抗議期間，在埃塞克斯為了解開一名抗議者頸部的鐵鍊，我頭上腳下地進入一個豎井中。

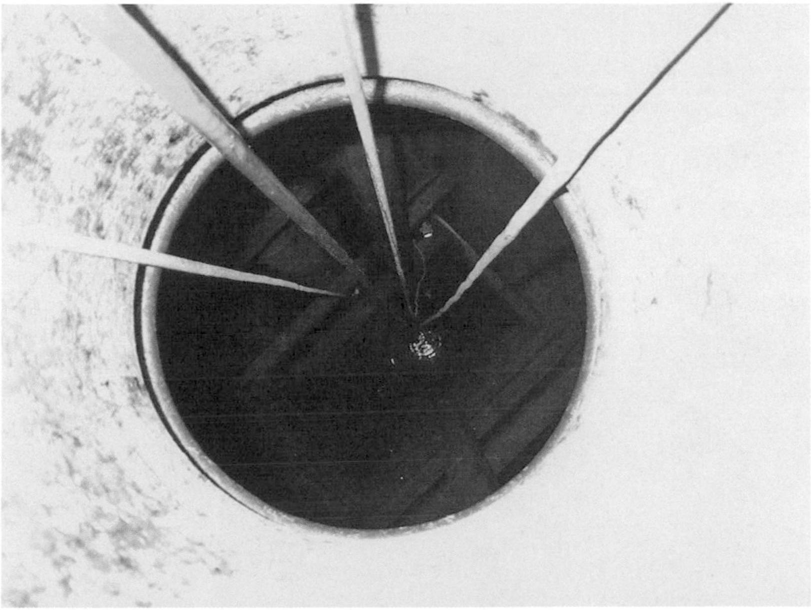

俯瞰蘭哈里村深達七百五十呎礦坑的一個淹水豎井。我在這個豎井中找到了哈利與梅根．圖茲案的霰彈槍彈殼關鍵證據。

我們的透地雷達是世上最先進的設備之一。地上的記號標示著巴南茲．瑪哈默德搜尋案的可能目標區。

我的團隊成員，國際專家集團，進行訓練的照片。

與克里斯、羅賓利用透地雷達翻搜連環殺人犯彼德．托賓在巴斯蓋特的花園。

利用透地雷達翻搜托賓的廚房。

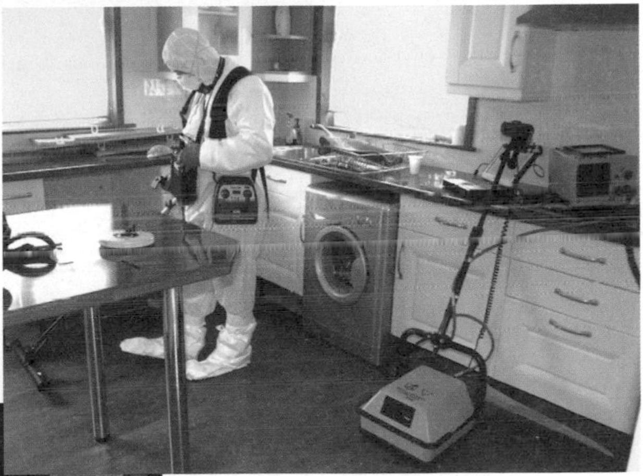

翻搜托賓在漢普夏的南海城舊址。這個時候已不再是黑衣人，更像是白衣人。

教宗本篤十六世二〇一〇年訪英期間，在西敏宮的屋頂上放哨。

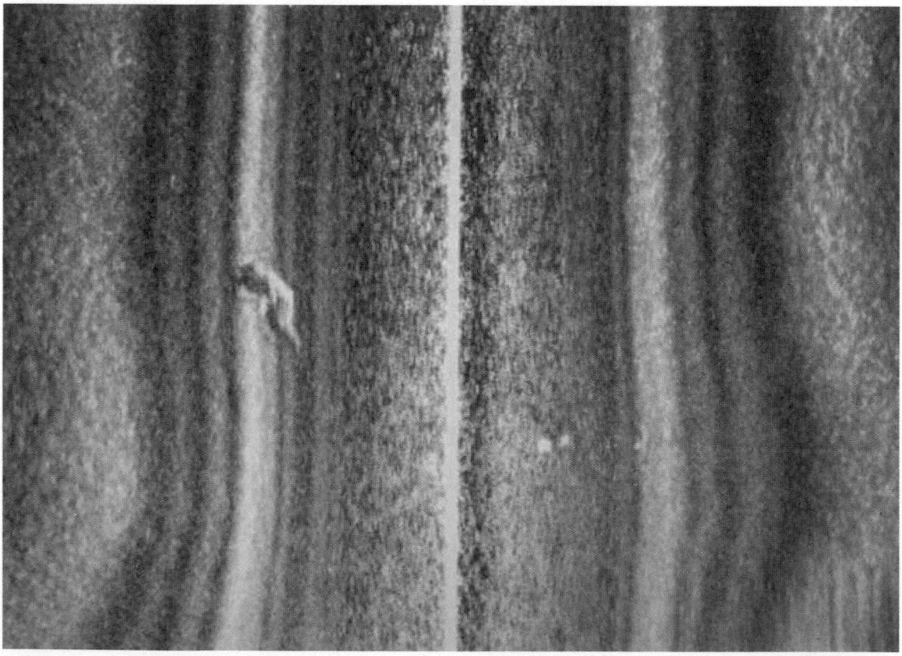

聲納顯示出的溺斃者圖像。

準備下河搜尋達米安．塔吉的車。

為了能將屍體移出，強行破壞車門的畫面。

在希洛尼姆·「亨利」·傑奇摩維茲案調查期間，我找到了三把埋在花園裡的手槍。

在亨利自家的花園中，低頭看著他的墓地。

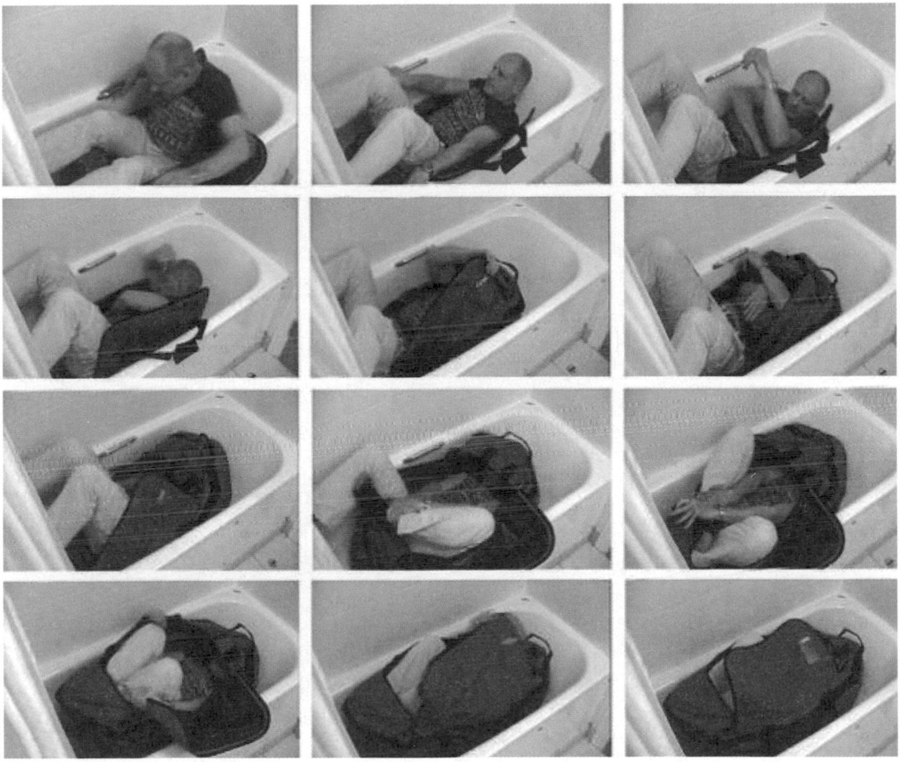

我反覆進行各種試驗，試圖釐清英國秘密情報局人員蓋雷斯．威廉斯在浴室中把自己反鎖在一只旅行袋中的可能性。

二〇一三～一四年洪水肆虐期間，與我的團隊在薩里郡不眠不休地執行救難任務。

海德利泳池宴會殺人案調查期間，搜尋一個長滿了水草的池塘。

為史考特・威爾金森遭到殺害案尋獲關鍵證據。

利用透地雷達搜尋自一九九一年起就失蹤的妮可拉．派恩。

為找到琳達．拉瑟的下落，搜尋深深的通風井。

我與女兒們的合照。丹妮耶（左）、小夏（中）與娜塔莎（右）。

二〇一二年八月，愛黛兒和我在結婚那天的合照。